Wissen Sie, was man unter Affenfett versteht? Kennen Sie einen Bröselgeier? Woran denken Sie, wenn man Ihnen Beinvogelschmalz anbietet? »Die Wiener Küche« beantwortet diese und viele andere Fragen zum Wiener Küchenwortschatz. Das Wiener Küchendeutsch ist vom Hochdeutschen meilenweit entfernt und wird mitunter schon in Salzburg oder München kaum noch verstanden. Es präsentiert sich halt als sprachlicher Eintopf der ehemaligen Kronländer der Donaumonarchie. Tschechische, ungarische, italienische, kroatische, bosnische oder jüdische Lehnwörter sind in die Wiener Küche ebenso eingeflossen wie Ausdrücke des Wiener Dialekts. Die Leserinnen und Leser werden im vorliegenden Band sehr wohl Stichwörter wie »Tiroler Knödel«, »Salzburger Nockerln« oder »Kärntner Kasnudeln« finden, doch auch das ungarische »Gulyás« oder die böhmischen »Powidltatschkerln«. Garniert mit den hundert besten Altwiener Rezepten – etwa »Zwiebelrostbraten«, »Kaiserschmarrn« und »Zwetschgenröster« –, darf das vorliegende Lexikon in keiner Kuchlkredenz fehlen.

insel taschenbuch 2266

Die Wiener Küche

Die Wiener Küche

Von Christoph Wagner

Mit den 100 besten Altwiener Rezepten
und zahlreichen Abbildungen

Insel Verlag

insel taschenbuch 2266
Erste Auflage 1998
Insel Verlag Frankfurt am Main und Leipzig

Lizenzausgabe mit freundlicher Genehmigung
des Deuticke Verlags, Wien

Hinweise zu dieser Ausgabe am Schluß des Bandes
Vertrieb durch den Suhrkamp Taschenbuch Verlag
Umschlag nach Entwürfen von Willy Fleckhaus
Satz: Hümmer GmbH, Waldbüttelbrunn
Druck: Nomos Verlagsgesellschaft, Baden-Baden
Printed in Germany

1 2 3 4 5 6 – 03 02 01 00 99 98

Für meine Mutter Augustine Wagner, die, obwohl Linzerin,
meine Liebe zur Wiener Küche zu wecken verstand.
Und zum Andenken an Marie von Rokitansky,
deren 1897 erstmals erschienenem Kochbuch
nicht nur die beigefügten Rezepte entnommen
sind, sondern deren Werk mir während
der Arbeit an diesem Buch – zu der neben
dem Schreiben auch das Nachkochen zählte –
zahlreiche höchst kulinarische Stunden
beschert hat.

Vorwort

Die Wiener Küche ist die einzige der großen Küchen der Welt, die ihren Namen nicht nach einem Land, sondern nach einer Stadt trägt. Das macht sie zwar unverwechselbar, bringt aber auch spezielle Probleme mit sich.

Das Wiener Küchendeutsch ist vom Hochdeutschen meilenweit entfernt und wird mitunter schon in Salzburg oder München kaum noch verstanden. Es präsentiert sich als Konglomerat sprachlicher Einflüsse der ehemaligen Kronländer der Donaumonarchie, die die Wiener Küche maßgeblich mitgeprägt haben. Tschechische, ungarische, italienische, bosnische, kroatische, serbische und jiddische Lehnwörter sind in die Wiener Küche ebenso eingeflossen wie Ausdrücke des Wiener Dialekts und des Rotwelschen, der Gaunersprache. Obendrein hegte die höfische Gesellschaft in Wien lange Zeit eine besondere Vorliebe für das Französische, was sich kulinarisch in Ausdrücken wie Menasch (frz. menage) oder Soß (frz. sauce) manifestierte.

Das vorliegende ›Lexikon der Wiener Küche‹ möchte allen deutschsprachigen Lesern, sei es in Frankfurt, Hamburg, Zürich oder in Wien selbst, ein verständliches Glossar des traditionellen Wiener Küchenwortschatzes bereitstellen, der immer mehr in Vergessenheit gerät. Das Vokabular des »Küchendeutschen« wurde dabei nicht auf fachkundliche Begriffe reduziert, sondern insbesondere auf solche aus der Umgangssprache in Gast- und Kaffeehäusern, auf Märkten oder beim Heurigen ausgedehnt. Ebenso wurden Stichwörter zum Wiener Wein,

Bier und Branntwein in das Lexikon aufgenommen. Biographische Angaben zu bedeutenden Persönlichkeiten der Wiener Küche ergänzen die Auswahl.
Nicht berücksichtigt wurden Ausdrücke im Zusammenhang mit österreichischen Regionalküchen, die in Wien keine oder nur eine unbedeutende Rolle spielen. Die Leserinnen und Leser werden auf den folgenden Seiten daher sehr wohl Stichwörter wie »Tiroler Knödel«, »Salzburger Nockerln« oder (Kärntner) »Kasnudel« finden – allesamt Gerichte, die von der Wiener Küche genauso vereinnahmt wurden wie das ungarische »Gulyás« oder die böhmischen »Powidltatschkerl«. Speisen mit ausgeprägtem Regionalcharakter wie »Pongauer Kasnocken«, »Vorarlberger Nüdele« oder »Tiroler Honiknidei« werden Sie indessen vergeblich suchen.
Das »Lexikon der Wiener Küche« versteht sich nicht zuletzt als Kompendium klassischer Wiener Kochrezepte, die hier in ihrer originalen, aber heute noch ohne weiteres nachkochbaren Form wiedergegeben werden. Als Marie von Rokitanskys ›Österreichische Küche‹ – aus der sämtliche hier abgedruckten Rezepte entnommen sind – 1897 erstmals publiziert wurde, hatte sich das Repertoire der Wiener Küche bereits aus seinem hochherrschaftlichen und bürgerlichen, aber auch aus seinem ländlich-proletarischen Kanon gelöst und eine eigene Regelhaftigkeit entwickelt.
Die Rezepte, die in der Sprache der Jahrhundertwende wiedergegeben sind, ermöglichen einerseits einen aufschlußreichen Blick in die Arbeitsweisen der Küchen und kulinarischen Vorlieben von anno dazumal. Andererseits stehen sie unserer Zeit weder in Hinblick auf die verwendeten Zutaten noch aufgrund ihres sprachlichen

Duktus so fern, daß man sie nicht mit Gewinn verwenden könnte. Natürlich erfordert das »Kochen nach Rokitansky« zuweilen ein wenig guten Willen und etwas Phantasie, es ermöglicht aber zahlreiche kulinarische Erkenntnisse und Erlebnisse, wie sie nun einmal nur aus Kochtöpfen und nicht aus Büchern zu gewinnen sind.
In alten Kochbüchern waren aber genaue Mengenangaben, wie sie heute üblich sind, nicht die Regel. Bratenstücke, Wild und Fischgerichte wurden – unabhängig von der Zahl der Esserinnen und Esser – meist als Ganzes verarbeitet und dann erst portioniert. Aus einer Torte schnitt man früher acht Stücke, heute sind es gewöhnlich zwölf.
Marie von Rokitansky schreibt daher in der Einleitung zu ihrem Kochbuch: »Genaue Maße anzugeben ist nicht möglich, weil da allzu sehr individuelle Verhältnisse vorherrschen.« Sie räumt jedoch ein, daß sie sich bei den meisten Rezepten bemüht hat, eine für etwa vier bis fünf Personen ausreichende Menge festzulegen. Dabei muß man berücksichtigen, daß sich die Eßgewohnheiten seit der Jahrhundertwende geändert haben. Ein nach damaligen Verhältnissen für vier Esserinnen und Esser bemessenes Gericht sättigt nach heutigen Maßstäben leicht sechs Personen.
Außerdem weist Marie von Rokitansky darauf hin, daß es keineswegs gleichgültig ist, ob man ein Gericht im Rahmen eines mehrgängigen Menüs oder als einzigen Gang serviert. Die im ›Lexikon der Wiener Küche‹ abgedruckten Rezepte sollten also auch unter diesen Gesichtspunkten gelesen werden.
Da manche Ausdrücke im Wienerischen oft andere Geschlechter haben als im Hochdeutschen, war es generell

angebracht, diese jeweils im Anschluß an die Stichwörter anzugeben. Zu beachten ist, daß bei manchen Wörtern die Endungen variieren, je nachdem, ob ein bestimmter oder unbestimmter Artikel verwendet wird: der Heurige – ein Heuriger; das Kälberne – ein Kälbernes. Dies wird durch Klammern kenntlich gemacht: Heurige(r), Kälberne(s).

Das Zeichen → vor einem Stichwort weist auf ein anderes hin, das entweder eine Worterklärung, eine Ergänzung oder weiterführende Information bietet. Steht es vor einer Aufzählung, so gilt es auch für die anderen Wörter in dieser Reihung.

Literaturtips zu einzelnen Stichwörtern finden Sie am Ende der betreffenden Artikel. Ein Verzeichnis mit bibliographischen Angaben zu historischen Kochbüchern und weitere Literaturvorschläge sowie ein Register der Rezepte sind am Schluß des Lexikons zusammengestellt. Eine Liste der verwendeten Abkürzungen finden Sie im Anschluß an das Vorwort.

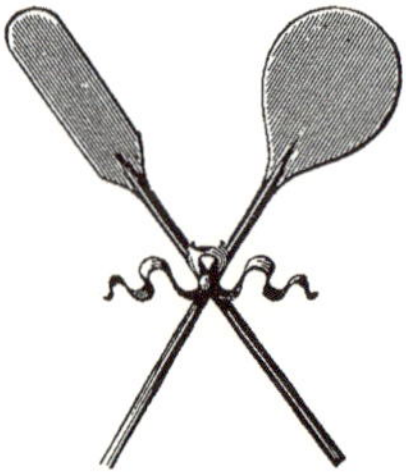

Abkürzungen

ahd.	althochdeutsch
altfrz.	altfranzösisch
as.	altsächsisch
Bot.	Botanik
bzw.	beziehungsweise
d. h.	das heißt
dkg	Dekagramm = 10 Gramm
Eig.	Eigenname
eigentl.	eigentlich
engl.	englisch
etc.	et cetera
Ez.	Einzahl (Singular)
frz.	französisch
germ.	germanisch
ital.	italienisch
lat.	lateinisch
Lit.	Literatur
m.	männlich(en Geschlechts)
ma.	mundartlich
mhd.	mittelhochdeutsch
mlat.	mittellateinisch
Mz.	Mehrzahl (Plural)
nhd.	neuhochdeutsch
NÖ.	Niederösterreich
OÖ.	Oberösterreich
österr.	österreichisch
russ.	russisch
s.	sächlich(en Geschlechts)
slaw.	slawisch
slowak.	slowakisch
slow.	slowenisch
tschech.	tschechisch
u. ä.	und ähnliche(s)
u. a.	unter anderen (anderem)
u. dgl.	und dergleichen
u. s. f.	und so fort
ugs.	umgangssprachlich
ung.	ungarisch
w.	weiblich(en Geschlechts)
z. B.	zum Beispiel

»Frißt du, so gedeihst du«

Ein anekdotisch-kulturgeschichtlicher Streifzug durch Wiens Küche und Gastronomie

In reichem, vollem Maße war alles dort bereit,
was sie zu haben wünschten.
Ottokar von Horneck, 1264

Wer sich zu Wien nicht nähren kann,
ist überall ein verdorbner Mann.
Wolfgang Schmeltzl, 1540

Mich umwohnt mit glänzendem Aug' das Volk der Phajaken,
Immer ist Sonntag, es dreht immer am Herd sich der Spieß.
Friedrich Schiller, 1796 über die Wiener

Im Ausland haben's ja eh die Vorstellung von Wien,
daß da alleweil die Backhendl'n h'rumfliegen.
Hans Jörgel von Speising, 1852

Die kulinarische Sprache der Wiener

Was ist von einer Stadt zu halten, die gleich einen ganzen Stadtteil nach dem Essen benennt?
Vergeblich wird man in London etwa einen Vorort namens Eating, ein römisches Mangiare-Viertel oder ein Pariser Arrondissement mit der Bezeichnung Diner suchen. In Wien reicht ein Blick auf den Stadtplan, und schon fällt einem der Stadtteil Speising hinter Lainz ins Auge, um dessen Namen sich – wie um so vieles in Wien – eine kulinarische Legende rankt.

Sie handelt vom Sohn eines Babenbergerfürsten, der sich im damals noch urwaldgleichen Wienerwald verirrte und völlig ausgehungert zu einer einsamen Hütte gelangte. Dort fand er jedoch freundliche Leute vor, die ihm ausgiebig zu essen und zu trinken gaben. Als dem Markgrafen davon berichtet wurde, begab er sich selbst dorthin und führte im Troß die größten Köstlichkeiten seiner Hofküche mit sich. »Ihr habt meinen Sohn gespeist«, soll er zu den gastfreundlichen Leuten gesagt haben und dann in deren Dialekt verfallen sein, »dafür speis i eng wieder.« Damit war der Ortsname Speising – den manche Historiker auf das Geschlecht der Spisungen zurückführen – ein für allemal begründet.
Sobald in Wien vom Essen und Trinken die Rede ist, scheinen sich prompt auch dichte Schwaden von Küchendunst über die historische Wahrheit zu legen. Ob es um die (angebliche) Gründung des Kaffeehauses

Georg Franz Kolschitzky

durch Georg Franz Kolschitzky (1640-1694), die Erfindung des Millirahmstrudels, die Entstehung des Wiener Schnitzels oder das Copyright am Faschingskrapfen geht: Allenthalben muß sich der nüchtern forschende Geist durch einen ganzen Brei von Halbwahrheiten, Gerüchten und echten Geschichtsverfälschungen durchkämpfen, um schließlich erst nichts Genaues darüber zu wissen, wie es im Wiener Schlaraffenland von anno dazumal wirklich ausgesehen hat. Aber, war es das tatsächlich?

Wenn man die oft genug auch ganz und gar gegenteilige soziale Wirklichkeit teilweise ausblendet, so scheint doch einiges dafür zu sprechen. Selbstverständlich haben auch die Wiener die Utopie der schlaraffischen Gegenwelt niemals erreicht. Doch sie unterscheiden sich von anderen dadurch, daß sie niemals aufgehört haben, es aus ganzem Herzen und mit ganzer Seele zu versuchen.

Von Hans Sachs bis zu Adalbert Stifter findet sich kaum ein ausländischer Berichterstatter, der nicht ausführlich auf die kulinarischen Vorlieben des wienerischen Menschenschlags einginge, dem nicht schon seit altersher die sprichwörtlichen »Backhendln in den Mund fliag'n«. Nahezu alle bekannten Typologien reduzieren den Wiener auf seine Lebenslust und seine Musikalität – gegebenenfalls auch noch seine Liebe zur Intrige, doch die hat uns in diesem Zusammenhang nicht zu interessieren.

Dieser genußsüchtige Zug des Wiener Wesens gipfelt keineswegs – wie etwa in Paris – in einem übertriebenen Hang zum Tafelluxus. Wenn die kulinarische Mentalität der Wiener sich von jener anderer Großstädter unterscheidet, dann sicherlich in der Fähigkeit, sich zu allen Zeiten – das heißt in guten wie in schlechten Lebensverhältnissen – ein gewisses Quantum – der Wiener würde sagen, ein »Alzerl« – Sinnlichkeit und Genießertum zu bewahren.

Das enge Verhältnis des Wieners zum leiblichen Wohl beginnt schon in seiner Sprache, am deutlichsten vielleicht in der Wendung, daß man jemanden »zum Fressen gern« hat. Die Wiener Freßlust findet sich auch in zahlreichen anderen Aussprüchen: »jemandem aus der Hand fressen« – von jemandem bis zur Untertänigkeit abhängig sein, »da hab' i schon g'fressen« – das regt mich auf, »er wird dich schon net fressen« – er wird dir nichts antun, »i bin ang'speist« – ich bin sauer oder »den kann i net verkiefeln« – den kann ich nicht ausstehen. Ein Wiener, dem das Leben übel mitspielt, »kriegt seine Fett'n ab«, und ein Vorschlag, der in aussichtsloser Situation offeriert wird, »macht das Kraut a net fett«. Wen etwas kalt läßt, dem ist das – je nach individueller Vorliebe – entweder »Blunzen« oder »Powidl«. Wenn sich der Wiener im Gegenteil jedoch für etwas ganz besonders interessiert, so hat er »einen Löffel dafür«. Sollte das Objekt seines Interesses eine Person des anderen Geschlechts sein, so »gabelt« man den möglichen Partner kurz und bündig auf.

Auch die Wiener Mehlspeisküche hat ihre eindeutigen Spuren in der Wiener Umgangssprache hinterlassen, wenn sich etwa langweilige Sitzungen »wia a Strudeltaag« ziehen oder ein einfältiger Mensch sich schlicht »dalkert« verhält.

Daß die kulinarische Metaphorik des Wienerischen eine lange Tradition hat, wird daraus ersichtlich, daß die Wiener Mönche des Mittelalters, die ihren Ordensregeln zufolge meist einem strengen Schweigegebot oblagen, sogar

Das erste Kaffeehaus in Wien-Leopoldstadt

eine eigene Zeichensprache entwickelten, um Eßbares darzustellen. Käse wurde beispielsweise dadurch symbolisiert, daß man beide Hände ineinanderschlang und zusammendrückte, um damit das Pressen des Käses zu umschreiben. Um Honig anzudeuten, legte man einen Finger auf die herausgestreckte Zunge. Ein ausgestreckter Daumen mit zusammengefalteten Fingern verhieß eine Zwiebel, die gegen ein verzogenes Gesicht geführte Handfläche deutete – den Ekel vor – Knoblauch an. Fuhr ein Mönch mit dem Finger von einer Augenbraue zur anderen, so wollte er eine Forelle essen. Und ein aus Daumen und Zeigefinger gebildeter Kreis versinnbildlichte, wenn er zum Auge geführt wurde, den großäugigen Lachs.
Im Wiener Schottenkloster ist übrigens auch ein anderer urwienerischer Küchenausdruck, nämlich jener des »Häferlguckers« (= Topfbeschauers), entstanden, der später auch für die Lebensmittelinspektoren der Leopol-

dinischen Ära im 17. ahrhundert verwendet wurde und mittlerweile für die unwillkommenen Küchengenossen gilt, die der Köchin oder dem Koch nicht nur bei ihrer Arbeit zuschauen, sondern auch ihre Finger nicht von den Töpfen lassen können.

Die erste Erwähnung der Wiener Häferlgucker stammt aus der Zeit des Babenberger-Markgrafen Heinrich Jasomirgott (1107-1177), der sich gegenüber den Mönchen des Schottenklosters verpflichtet hatte, dieselben aus der Hofküche verköstigen zu lassen. Dieses Gelübde brachte es mit sich, daß die Speisen auf offener Straße von der Hofburg ins Kloster getragen werden mußten, wobei sich regelmäßig zahlreiche Schaulustige einfanden, die auch nicht davor zurückschreckten, die höfischen Speisenträger zu belästigen und dabei die Deckel zu lupfen, um wenigstens eine Duftschwade oder auch einen kleinen Bissen der Köstlichkeiten zu erhaschen.

Jasomirgott störte daran weniger die Inkommodierung seiner Dienstboten als der Umstand, daß bald jedermann in Wien wußte, was der Landesfürst gerade gespeist hatte. Seine Majestät reagierte darauf auch prompt mit der Verordnung, daß er, »damit man nit wissen soll, was in seiner Kuchl auf seiner fürstlichen Gnaden Leib gekocht wurd, den new hergebrachten Bruedern etlich Einkhumen geben (möge) für die Speiß, damit sie sich (des Essenholens) enthalten«.

Die Schottenmönche, mittlerweile an die gediegene Kost aus der Hofküche gewöhnt, wußten die so gewonnenen finanziellen Mittel wohl anzulegen: Sie gründeten damit die späterhin berühmt gewordene Kochschule des Wiener Schottenklosters.

Wie wichtig den Wienern die Erhaltung ihrer kulinarischen Sprache ist, läßt sich schließlich auch an der Vehemenz erkennen, mit welcher anläßlich der Beitrittsverhandlungen Österreichs zur »Europäischen Union« um die Eigenständigkeit österreichischer Speiseausdrücke gekämpft wurde; übrigens mit – wenngleich letztlich bescheidenem – Erfolg. Laut ›Amtsblatt der Europäischen Gemeinschaften‹ wurden u.a. folgende österreichische Bezeichnungen unter »EU-Denkmalschutz« gestellt: Beiried (= Rippenstück aus dem Rinderrücken), Eierschwammerl (= Pfifferling), Erdäpfel (= Kartoffeln), Faschiertes (= Hackfleisch), Fisolen (= grüne Bohnen), Grammeln (= Grieben), Karfiol (= Blumenkohl), Kohlsprossen (= Rosenkohl), Kren (= Meerrettich), Lungenbraten (= Rinderlende, Rinderfilet), Marillen (= Aprikosen), Melanzani (= Auberginen), Obers (= Sahne), Paradeiser (= Tomaten), Powidl (= Pflaumenmus), Ribisel (= Johannisbeeren), Schlögel (= Keule von Kalb, Schaf oder Schwein), Topfen (= Quark), Vogerlsalat (= Feld- bzw. Ackersalat), Weichseln (= Sauerkirschen).

Von Minnesängern und anderen Wiener Genießern

Das Wiener Gabelfrühstück – eine kleine warme Zwischenmahlzeit, die traditionsgemäß zwischen elf und zwölf Uhr vormittags eingenommen wird – ist offensichtlich ein Teil der Wiener Wirtshauskultur, der heute von manchen Gastronomen wiederbelebt wird. Man verbindet das Gabelfrühstück, zu dem unter anderem Bruckfleisch, Beuschel, ein kleines Gulasch oder ein faschiertes Laberl gehörten, heute vor allem mit Josef Weinhebers berühmtem Gedicht vom Wiener Phäaken,

also damit, was man gerne »die gute alte Zeit« nennt, auch wenn dieselbe, trotz Gabelfrühstück, erwiesenermaßen gar nicht so gut war.
Tatsächlich ist die Tradition des Gabelfrühstücks viel älter als Biedermeier, Gründerzeit und Fin-de-Siècle zusammen. Eine der ältesten Erwähnungen des vormittäglichen Happens geht bereits auf den Minnesänger Tannhäuser (ca. 1200-ca. 1270) zurück, der keineswegs nur im Venusberg und auf der Wartburg seine Harfe erklingen ließ, sondern vor allem auch am Babenbergerhof zu Wien.
Hier war »Der Tannhäuser« in den Jahren 1235-1246 unter Herzog Friedrich II. (1210-1246) nicht nur wohlgelitten, sondern wurde von der Obrigkeit geradezu gehätschelt. Friedrich schenkte dem fahrenden Sänger außer einem Haus in Wien auch noch das Gut Leupoldsdorf bei Luchse – in Leopoldsdorf beim heutigen Laxenburg – sowie ein Anwesen in Himberg, nördlich von Wien.
Wer nun freilich meint, Tannhäuser habe angesichts so reichlicher herzoglicher Zuwendung keinerlei Geldprobleme gehabt, der irrt. In seinen eigenen Liedern führt er darüber Klage, wie er seinen Besitz nach und nach »verzehrte und verpfändete«, weil er von den schönen Frauen, dem guten Wein, den Bädern und von »diu mursel« ganz einfach zuviel gekostet hatte. »Diu mursel«, dem französischen »morceaux« verwandt, bedeutet nichts anderes als Leckerbissen oder kleiner Vormittagsimbiß – also Gabelfrühstück und damit jene Mahlzeit, die nicht nur Tannhäuser allmählich in desolate finanzielle Verhältnisse versetzte. Kein Wunder, daß den Minnesänger, wie er selbst einräumt, »die Wirte lieber gehen als kommen sahen«.

Die Wiener Küche stand zu Tannhäusers Zeit unter dem Eindruck einer sensationellen kulinarischen Umwälzung, die mit den Kreuzzügen über ganz Europa einsetzte. Die Revolution der Gewürze, die damals alle europäischen Küchen von Grund auf umkrempelte, ermöglichte es, einfache, bäuerliche Braten- und Topfgerichte plötzlich mit ungeahnten Farben und Gerüchen zu versehen, was auch auf die weitere Entwicklung der Wiener Kochkunst ihren Einfluß nicht verfehlen sollte.

Daß Safran etwa – was heute leider nicht mehr der Fall ist – früher in ganz Niederösterreich, hauptsächlich in der Wachau und auf den Hängen des Manhartsbergs angebaut wurde und von da aus nicht zuletzt die Wiener Mehlspeisküche eroberte, hat damals seinen Ursprung.

Der Safran verdankt seine Anwesenheit in der österreichischen Küche, wie so vieles, einem legendenumwobenen Eid. Diesen hat gegen Ende des 12. Jahrhunderts Ritter Walther von Merkenstein (auch: Marquatstein) gegenüber der von ihm zutiefst verehrten Hulda von Rauhenstein abgelegt, bevor er ins Heilige Land zog.

Zuvor hatte der tapfere Walther für die schöne Hulda noch in einem Turnier gekämpft und mit ihr anschließend, wie es damals gesellschaftliche Sitte war, »von einem Teller gespeist«. Während die gebratenen Pfauen und Fasane kredenzt wurden, war jeder Ritter dazu angehalten, vor dem Kreuzzug noch irgendeinen mehr oder minder frommen Eid abzulegen. Walther versprach seiner Hulda, ihr die angenehmste und nützlichste Pflanze aus dem Orient mitzubringen – und so kam, zumindest der Überlieferung nach, besagtes Gewürz auf Umwegen nach Wien.

Recht würzig – wenngleich auf etwas andere Weise –

ging es auch am Hofe von Herzog Otto dem Fröhlichen (1301-1339) zu, der weniger durch seinen Feldzug gegen die »heidnischen Preußen« in die Geschichte einging als durch seine ungezügelte Lebenslust. Um letztere stets am Köcheln zu halten, engagierte der Landesfürst, der sich auf Gemälden gerne mit Rosen bekränzt darstellen ließ, sogar zwei legendäre »lustige Tischräte« – nämlich Wiegand von Theben, alias Gundacker von Thernberg, auch der »Pfaff vom Kahlenberg« genannt und Otto Neidhart Fuchs von Burtbreitenbach –, die ihn in wichtigen Fragen der Lebenskultur – etwa bei der Ausrichtung eines Veilchenfestes im Wiener Prater – zu beraten hatten.
Gute Ratschläge ganz anderer, aber ebenfalls kulinarischer Natur kamen von einem anonym gebliebenen Gottesmann, der im 14. Jahrhundert eine erst vierhundert Jahre später in der Bibliothek des Wiener Minoritenklosters aufgetauchte »Tischzucht« verfaßte, die dem lustigen Treiben der Wiener Gesellschaft wenigstens einen minimalen Anstandsrahmen verpassen wollte, wenn er beispielsweise schrieb:

»Und in das Tischtuch schneuzet sich,
Als ich deß kann besinnen mich,
Kein züchtig Mann.«
(...)
»Ihr laßt auch, lieb' Gesellen mein,
Das Suchen mit der Zunge sein
In dem Munde, das übel stat (steht),
So ihr von dem Tische gat (geht).«

Ob die Benimmregeln des Minoritenkaplans bei seinen Zeitgenossen auf fruchtbaren Boden fielen, sei dahingestellt. Wenn man an den Dichter Peter Suchenwirth (ca. 1320-1395) denkt, darf man jedenfalls einigermaßen skeptisch sein. Der offiziell beamtete Reimsprecher am Wiener Hof wetterte zwar gerne gegen dekadente Auswüchse seiner Zeit wie Schnabelschuhe oder Wämschen mit Glockenschellen, war aber, wenn es um Speis und Trank ging, alles andere als ein Kind von Traurigkeit. Das läßt sich allein schon an seinem selbstgewählten, sprechenden Künstlernamen ablesen, der sich von »Such den Wirt« herleitet.

Ähnlich wie Suchenwirth hat auch der Arzt und Satiriker Heinrich von Neustadt (um 1312) die Laster seiner Zeit aufs Korn genommen – und, wie etwa die folgenden Verse zeigen, mit Kritik an der Schlemmerei der Wiener nicht gespart:

»Fraßheit hat genommen überhand
Und allermeist im Osterland (= Österreich),
Trunken, voll und nimmersatt
Ist mancher Mann in der Wiener Stadt,
Und etlich Fraun auch allda.
(...)
Sie trinket leicht ein Angstel (Fläschchen) eh'
Und isset auch vielleicht ein Huhn,
Das muß ihr gar sanfte thun
In dem Haupt und in dem Magen
Sie macht feist ihren Kragen,
Damit sie pfnaust wie ein Schwein
Damit will sie dann heilig sein.«

Ganz ohne Moralinsäure, aber um nichts weniger treffend hat hingegen Wolfgang, der gegen Ende des

14. Jahrhunderts lebende »österreichische Eulenspiegel« und dazumal weithin bekannte Possenreißer, formuliert, was die Wienerstadt schon sehr früh auszeichnete: »Frißt du, so gedeihst du. / Frißt du nit, so gedeihst du nit.«

»Fast alle Bürger haben Tavernen«

Aenea Silvio Piccolomini (1406-1464) kannte seine Wiener Landsleute wie kaum ein anderer. Er lernte sie als kleiner Pfarrer kennen, beschrieb sie als von Friedrich IV. gekrönter Dichterfürst, analysierte sie als Historiker und besuchte sie gerne wieder, nachdem er es später als Pius II. zum Papst in Rom gebracht hatte.

»*Wo Du zu einem Bürger gehst, meinst Du in eines Fürsten Haus zu treten. (...) Die Keller sind so tief und weit. (...) Unglaublich ist die Menge der Lebensmittel, die täglich in die Stadt geführt werden. Viele Wagen voll Eier und Krebse, gebackenes Brot, Fleisch, Fische, Vögel ohne Zahl und schon vor der Vesperzeit ist nichts mehr davon zu sehen. (...) In Wien ist es keine Unehre, eine Weinschank im Hause zu haben. Fast alle Bürger halten Tavernen, heizen die Stuben, halten gute Küche, laden leichtes Volk zu sich und geben ihm die Speisen umsonst, damit es umso besser trinke. (...) Das Volk hält sehr viel auf Speise und Trank. Was es die ganze Woche über verdient hat, das wird am ersten Feiertag wieder verzehrt.*«

Daß das Gewerbe des Gastwirts in einer solchen Stadt auf goldenen Boden fiel, braucht wohl nicht extra erwähnt werden. Und wenn man heute – im Vergleich mit Paris oder Brüssel mit herzlich wenig Erfolg – eine Bestandsaufnahme noch existierender historischer Wiener Gaststätten versucht, so ahnt man erst, was dieser Stadt an gastronomischer Substanz vor allem im Verlaufe zweier Weltkriege und ihrer Folgen alles verlorengegangen ist.

Noch im 19. Jahrhundert war die Stadt der »Flascheltrager« – so wurden die Wiener gerne von auswärtigen Beobachtern genannt, weil sie so auffällig oft mit Weinflaschen durch die Gassen zogen – ein einziges großes Wirtshaus. Die Vorstädte westlich des Linienwalls nannte man sogar des »Heiligen Römischen Reiches größtes Wirtshaus«, weil allein in Neulerchenfeld von gezählten zweihundert Häusern achtzig Gasthäuser waren.

Freilich war Wien niemals eine Stadt der eleganten Luxusgastronomie. Die noble Bewirtung vornehmer Herrschaften fand vielmehr noch bis ins vorige Jahrhundert hinein eher hinter den Fassaden privater Paläste als in öffentlichen Restaurants statt. Die Wiener Wirtshaustradition steht vielmehr von Anfang an im Zeichen jener mittelalterlichen Badstuben, die nicht ganz zufällig auch als »Freß-, Sauf-, Unzuchts- und Luderhäuser« bezeichnet wurden.

Entsprechend elend – das Wörtchen »Elend« wurde tatsächlich als Synonym für die mittelalterlichen Arme-Leute-Schenken verwendet – war auch der Ruf des Wiener Gastgewerbes, dem man wenig Gutes nachzusagen wußte – außer, daß es dort für gewöhnlich eine gute Küche gab.

Eufemia von Kudriaffsky zeichnet in ihrem 1874 erschienenen Werk über die ›Historische Küche‹ folgendes »Culturbild« des Wiener Gasthauses im achtzehnten Jahrhundert:

»In den gewöhnlichen Wiener Gasthöfen waren die Betten zu kurz, die Kissen mit blauen Überzügen versehen, damit man den Schmutz nicht sehe. (...) Der Wirth mit der traditionellen fetten Sammetmütze und blauen Schürze war gleich unausstehlich, er mochte sich durch Grobheit oder aufdringliche Höflichkeit auszeichnen; Prellerei in des Wortes schlimmster Bedeutung war und blieb sein Losungswort.«

Wenig Positives hört man auch aus den mittlerweile in Wien völlig ausgestorbenen »Tracteurhäusern«, österreichischen Verwandten des französischen »Traiteurs«, über die in einem Reisehandbuch aus dem 18. Jahrhundert unter anderem zu lesen ist, »daß der bescheidene, artige Gast am schlimmsten wegkommt, weil es unartige Leute und hungrige Schlucker giebt, welche mit der ungezogensten Art am ersten in die Schüsseln eilen und links und rechts ihren Nachbarn die größten und besten Bissen ohne Blödigkeit und Complimente vor der Nase wegnehmen«.

Klage geführt wurde auch immer wieder über die »faulen und langsamen« Wiener Kellner, »die wie die Schildkröten und Schnecken aus denen Bauern-Zäunen« kriechen, »daß offt ein Gast eine halbe Stunt warten muß, biß er nach Contento bedient wird«. Andernorts wird moniert, »daß die Gäste wohl achtmal an das Kandl klopfen können, bis der Kellner hinter dem Ofen hervorkommt wie der Bär um Lichtmeß«. Wohl nicht ganz zufällig hat später die Berlinerin Hedda Adlon den Wiener Kellner wenig schmeichelhaft verewigt, als sie reimte:

»Das Orchester aus Ungarn,
die Kellner aus Wien,

So schwindest du hin,
du mein altes Berlin.«

Dem Umstand, daß sich in solch finsteren Spelunken allerlei zwielichtiges Gesindel einnistete, verdankt Wien allerdings die Entstehung einer unverwechselbaren Gauner- und Wirtshaussprache. »Acheln« sagte man statt essen, »bschöcher« statt betrunken sein, »Johann« war der Wein, »Schürnbrand« das Bier, »Strosack« der Rausch. Und wer sich dazu nicht mit einem »Gitzlin«, einem trockenen Stück Brot, begnügen wollte, der verzehrte dazu einen »Regenwurm«, sprich eine Wurst. Oder er machte sich gleich über einen ganzen »Breitfuß«, nämlich eine Gans, her.

Allein an solchen Ausdrücken läßt sich ersehen, daß es in den Wirtshäusern zwar selten hygienisch, aber meistens sicherlich nicht kärglich hergegangen ist. 1745 bekam man etwa in der »Goldenen Anten« in der Schulerstraße für den vergleichsweise niedrigen Betrag von 17 Kreuzern – ein Zimmermann erhielt damals einen Taglohn von 24 Kreuzern – ein sechsgängiges Menü, bestehend aus Suppe, Rindfleisch mit Zugemüse, Kalbs- und Schweinebraten, Hühnern, Enten, Pasteten, Käse mit Butter, Obst, Rettich, Mandeln und Biskuit vorgesetzt. Und selbst um 7 Kreuzer konnten »gemeine Leut« fünfmal in der Woche Suppe, Rindfleisch mit Sauce, eine Grünspeise, Eingemachtes oder Gebratenes sowie an Fasttagen eine Mehlspeise und ein Stück Fisch schnabulieren (= verspeisen).

Während die Mieten in der Reichshauptstadt damals zu den höchsten in Europa zählten, konnte man, wie auch Ernst Moritz Arndt (1769-1860) in seinen 1798 in

Buchform erschienenen ›Reisen durch Teutschland‹ schreibt, in Wien wirklich wohlfeil gustieren. Die Abgrenzung zwischen Heurigen und Restaurant scheint man damals allerdings noch nicht wie heute gemacht zu haben. Der Schriftsteller unterscheidet zwischen drei Arten von Wirtshäusern: »...den Speisehäusern, die zugleich Weinschenken sind« und deren Zeichen »ein Büschel oder ein ganzer Regenschirm von Tannenzweigen« ist; den Bierhäusern, die man an einem Büschel Späne erkennt, und den Kellern, die vor allem von Fiakern, Kutschern, Bedienten »und desgleichen Schlag Leute« frequentiert werden. Dazu kommen nach Arndt noch jede Menge Garküchen in den Vorstädten, »wo immer Würste, Geschlinge und Gekröse, auch wohl besseres Fleisch über dem Feuer schmoren und lieblich durch die Nase zum Herzen dringen«.

Arndt, der lange genug reiste, um es zu wissen, stellt der Wiener Küche im Vergleich daher auch ein hervorragendes, wenngleich etwas differenzierendes Zeugnis aus:

»Die Bereitung der Speisen ist hier freylich besser als in Sachsen und Thüringen und den meisten Gegenden Frankens, aber doch findet der nördliche Teutsche sie schon zu weichlich und zugleich nicht raffinirt genug, so lecker der Wiener sonst auch seyn mag. Man findet alle Speisen durchaus auf dieselbe Art immer wieder bereitet, alle Kuchen, alle Näschereyen immer eben so wieder, als man sie gestern und ehegestern gegessen hat.«

In die nämliche Kerbe schlägt auch der aus Deutschland stammende Wiener Burgtheaterdirektor Heinrich Laube (1806-1884). »Table d'hôte« (= ein gesetztes Menü für alle Gäste; Anm. d. Verf.), so schreibt er in seiner ›Reise durch das Biedermeier‹, »... wird nirgends gespeist. Der

Österreicher spielt wie der Engländer beim Essen den Individuellen. Und wunderlich genug haben beide dabei gar nichts Persönliches, sondern essen alle dasselbe, der eine sein Rindfleisch und den Plumpudding, jener a Backhendl, a Möhlspeis und a Rostbraterl.« Ein konservativer Esser scheint der Wiener also schon früher gewesen zu sein – und ist es, allen multikulturellen Einflüssen, die auf die Wiener Küche im Laufe der Zeit wirksam wurden, zum Trotz, wohl bis heute geblieben.

Von den legendären Altwiener Wirtshäusern – man unterschied damals je nach Standard »offene, ehrbare Herrenwirte«, in welche man mit Pferd und Wagen einkehren konnte, sowie die als nicht ganz so ehrbar eingestuften Wirtshäuser fürs gemeine Volk, in die man zu Fuß ging – existieren heute nur noch wenige, wie etwa das »Ofenloch« in der Kurrentgasse oder das »Griechenbeisel« in der Griechengasse. Doch die ehemals ersten Innenstadt-Häuser wie etwa den legendären »Matschakerhof« oder den »Wilden Mann« auf der Kärntner Straße, den »Weißen Wolf« am Fleischmarkt, den »Wolf in der Au« am Salzgries, den »Steinl« in der Steinlgasse oder den »Mondschein« auf der Wieden wird man indessen vergeblich suchen. Und wer erinnert sich heute noch an den unterirdischen »Mirakel-Keller« in der Rotenturmstraße 16, an das ursprünglich nach dem Entdecker Brasiliens, Martin Behaim, benannte »Wirtshaus zur neuen Welt« in der Kumpfgasse 7 oder an die legendäre Metstube mit Harfenisten-Treff im »Süßen Löchl« am Lichtensteg in der Rotenturmstraße 15? Auch im sagenumwobenen »Küßdenpfennighaus« in der Adlergasse soll sich früher einmal ein bekanntes Gasthaus befunden haben, in dem kein Geringerer als der große Alchimist

»Zum Wilden Mann« in der Kärntnerstraße

Theophrastus Bombastus von Hohenheim, alias Paracelsus (1493-1541), einen Pfennig in pures Gold verwandelt haben soll, als er kein Geld hatte, die Zeche zu bezahlen.

Wien, soviel steht fest, lebte jahrhundertelang von und für seine Gastronomie, wie auch immer es um deren Qualität in Wahrheit bestellt gewesen sein mag. Und es war ganz gewiß mehr als nur ein galanter Einfall oder eine gönnerhafte Geste, wenn Kaiser Leopold I. (1640-1705) und seine Gattin Eleonore Magdalena (1655-1720) im Königseggschen Palais zu Gumpendorf am 26. Juni 1698 anläßlich eines zu Ehren von Zar Peter dem Großen gegebenen Maskenfestes unter dem Motto »Kaiserliche Wirthschaft« in der Verkleidung als Wirt und Wirtin auftraten...

Im Prater riecht man den Braten

Ein Streifzug durch die Wiener Küche wird, und sei er noch so kursorisch, stets auch einen Spaziergang durch den Wiener Prater beinhalten müssen.

Bereits lange bevor die Praterauen von Josef II. im Jahre 1766 für das Publikum freigegeben wurden, herrschte an den Rändern des vormaligen »Hofjagdreviers« ein reges Wirtshausleben. In dessen Mittelpunkt stand bereits um die Mitte des 16. Jahrhunderts eine konzessionierte Gastwirtschaft, der »Sperlwirt« im sogenannten Flaschnergaßl.

Daß die Wiener an schönen Wochenenden zuhauf in die Leopoldstadt pilgern durften, verdanken sie einem bemerkenswerten Privileg Maximilians II. (1527-1576). Er ließ auf dem ehemaligen Gelände »Unter dem Feller« achtzehn Wohnungen für seine Jäger errichten und gewährte ihnen nicht nur das Vorrecht, keine Militär-Einquartierung über sich ergehen lassen zu müssen, sondern auch ein steuerfreies Schankrecht für Bier und Wein. Wie sich später zeigte, wurde es zum langwierigen Zankapfel zwischen dem Wiener Magistrat und der nicht eben abgabefreudigen Leopoldstädter Gastronomie.

Hier, in diesem »reizenden Gemische (...) von Wiese und Wald, von Park und Tummelplatz, von menschenwimmelndem Spazierplan und stillster Einsamkeit, von lär-

mendem Kneipengarten und ruhigem Haine« – wie einst Adalbert Stifter dichtete –, fanden bald auch jene Zuwanderer und Hausierer ein breites Betätigungsfeld vor, die innerhalb der Stadtmauern nicht so gerne gesehen waren, aber mit Recht als Vorläufer der heutigen Pratergastronomie bezeichnet werden dürfen.
Besonders aus dem südlichen Italien nahte zum Leidwesen der bestens organisierten Wiener Zuckerbäcker eine »süße Gefahr« in Gestalt der sogenannten »Mandolettimänner«, kurz auch »Mandolettis« genannt, die mit ihren Rufen »Letti-Mandoletti! Bombiletti! Commandi, signore?« die Jägerzeile entlangzogen. Mit ihren Schlekkereien aus Mandelteig machten sie hier ein blendendes Geschäft, das ihnen in der Innenstadt von Kaiser Josef II. nach einer Intervention der aufgeregten Zuckerbäckerinnung ausdrücklich verboten worden war.
Mit den »Mandolettis«, zu deren Kennzeichen neben

Der alte Nußbaum im Prater

einem breitkrempigen Kalabreserhut auch ein auffällig gebundenes samtenes Künstlermascherl zählte, entdeckten dieses Schlaraffenland im Osten Wiens bald auch andere fliegende Händler: der »Gfrornimo« mit seinen Eisspezialitäten beispielsweise, aber auch das pikante Alter ego des süßen »Mandoletti«, der kurz »Duri-Duri« oder »Salamini« genannte »Salamatuschimann«, der einen Korb voll »dürrer Würste« von der Salami bis zur Kabanossi hauchdünn zu schneiden vermochte und außerdem Käse verkaufte.

An Gelegenheiten, ihre lukullischen Kostbarkeiten an den hungrigen Gast zu bringen, fehlte es den »Salamudschis« und »Mandolettis«, die später auch in den Heurigenvorstädten einen unerschöpflichen und erst mit den Heurigenbüffets der Nackriegszeit allmählich versiegenden Markt vorfanden, im Prater gewiß nicht. Hatte man anläßlich der Prater-Eröffnung im Jahre 1766 fünfzehn Schanklokale gezählt, so waren es 1846 – die zahlreichen kleinen Garküchen nicht mitgerechnet – bereits vierundfünfzig konzessionierte Wein- und Bierschenken. Darunter waren so populäre Lokale wie das »Zum Walfisch«, die Backhendlstation »Zum grünen Paperl« (= Papagei, aber auch Kinderbrei) oder das zuerst unter dem Namen »Zu den drei Raben« bekannte und später »Zum Eisvogel« umbenannte Gasthaus, das sich neben jenem berühmten – und 1876 leider gefällten – wilden Nußbaum, in dem der Legende nach die Praterfee wohnte, seinen Sitz hatte.

Mangel an Gästen aus allen bürgerlichen Schichten hat es in den Praterlokalen wohl kaum jemals gegeben. »Diesen Leuten«, erinnerte sich der österreichische Dichter Charles Sealsfield (1793-1864), der eigentlich Karl Postl hieß und später nach Amerika emigrierte, *»schafft ein halbstündiger Spaziergang nach beendetem Mittagsmahl, welches von zwölf bis zwei Uhr gedauert hat, wieder neuen Appetit. Unbekümmert um das Treiben der Vornehmen und ohne Rücksicht auf den Kaiser, der stolz auf das ungezwungene Treiben seiner Untertanen blickt, lassen sich die Gäste des Praters auf den Rasenplätzen nieder und verzehren ihren Imbiß mit einem Heißhunger, als ob sie seit zwei Tagen nichts Eßbares gesehen hätten.«*

Adolf Glassbrenner weiß in seinem berühmten Genrebild vom Wurstelprater (1836) gar von »hundert Wirtshäusern« zu berichten, die allesamt durch »Musik und Schauspiel« zum Besuch einluden:

»Links am Wege stehen die Restaurationshäuser, die sogenannten Praterkaffeehäuser. Aus ihnen erschallt Musik; unter den Bäumen stehen viele tausend Sessel, überwuchert mit geputztem Menschengestrüppe, – das redet, das lacht, ruft nach Kellner und Markör (= Zahlkellner).«

Etwas poetischer formulierte es bereits 1811 August Veit von Schittlersberg in seinem ursprünglich in lateinischer Sprache verfaßten Gedicht ›Nemus vulgo Prater‹, in dem es unter anderem heißt:

»Wohin
Dein Blick sich immer lenkt, da trägt der Hain
Des gastfreundlichen Wirths gefäll'ge Miene,
Und voll von munteren Tabernen, ruft
Der Schatten dich. Der Wiese Grün durch zierlich
Bemahlte Wänd' erhöhend, heben sich
Hier Speisesäl', indeß an hundert Schenken,

Vom Hauch der Luft bewegt, die Kränze gaukeln,
Des Bacchus Gab' und Freuden dir verheißend.
Dort ragt berauchter Küchen schwarzer Giebel
Aus grünem Laub.«

Wiener Schmausereyen

Was die Versorgungslage anbelangt, hat die Kaiserstadt Wien – von unangenehmen Intermezzi wie den Türkenkriegen oder Pestjahren einmal abgesehen – zumeist aus dem vollen geschöpft. Vor allem die Verfasser der poetischen Lobsprüche der Wienerstadt wurden nicht müde, das im Verhältnis zu anderen europäischen Städten schier unermeßliche Warenangebot zu besingen.
»Da ist ein solcher Überfluß und eine solche Zufuhr, daß es fast an Raum dafür mangelt und manchmal in Verlegenheit setzt«, schrieb etwa der spanische Edelmann Christobal de Castillejo, der 1522 im Gefolge von Kaiser Ferdinand I. (1503-1564) nach Wien kam. Aus Laxenburg, so schwärmte er, beziehe er »Krebse die Hülle und Fülle, die schönsten, die ich je sah«. Äschen, Vögel, Wildbret und Artischocken kämen aus Enzesfeld an der Triesting bei Leobersdorf; aus Rodaun wiederum versehe man ihn regelmäßig mit »Zickchen (jungen Ziegen) und Hühnern, Buttergebackenem und Pastetchen mit ihren Thürmen und Schlössern, und anderen solchen Backereien, mit Zuckerbretzelchen, Fleischpastetchen und Quittenkäse«.
Nur wenig später, im Jahre 1547 verfaßte der aus der Oberpfalz stammende und später in Wien ansässige Chronist und Theaterautor Wolfgang Schmeltzl (ca.

1500-1561) seine gereimte Wiener Stadtphysiognomie. Während er so über den Fleischmarkt spaziert, gerät er dabei angesichts von siebzig Fleischhauern, die dreihundert Ochsen und sechshundert Kälber pro Woche auswiegen, in schiere Verwunderung. Ganz Ähnliches weiß er vom Fischmarkt zu berichten, wo er »fünfzig Fuder Krebsen« (1 Fuder = die Ladung eines zweispännigen Wagens) sieht und von einem Marktfahrer belehrt wird, daß das noch gar nichts sei, da an manchen Tagen am Wiener Fischmarkt das Doppelte davon verkauft werde.

Schließlich hat auch der in Europa allgegenwärtige, fahrende Schusterpoet Hans Sachs den im Wien des Jahres 1567 festzustellenden Überfluß an Lebensmitteln in wohlgedrechselte Verse gefaßt und überdies seiner Verwunderung über die Ausbeute der rund vierzigtägigen Weinlese Ausdruck verliehen:

»Nun diese Stadt, volkreich vür war,
Doch kumbt überflüßiger weis
Teglich darein allerlei Speis
An korn, weizen, prot, flaisch und fisch,
Krebs, Aier, vogel, und wildpret frisch;
Das weinlesen wert oft virzig tag,
Daß man teglich einfürt ich sag:
Wegen mit wein, teglich drei hundert
Des dags oft zu, das manchen wundert,
Daß teglich pei zwelf hundert pferden
Im weinlesen gepraucheт werden.«

Zwar herrschten auch in Wien Engpässe, und – etwa im Zusammenhang mit einer Hochwasserkatastrophe, die

1405 das ganze Marchfeld überschwemmte – sogar eine desaströse Hungersnot. Auch während des Dreißigjährigen Krieges waren in der traditionell gut bevorrateten Kaiserstadt die Lebensmittel knapp und teuer.
Doch wenn man bedenkt, von wie vielen Hungerkrisen das übrige Europa in dieser Zeit geschüttelt war – der französische Geschichtswissenschaftler Fernand Braudel erwähnt allein für das sechzehnte Jahrhundert dreizehn große Hungersnöte –, so kann man sich durchaus in die Lage des zugereisten Herrn Castellejo versetzen, der da meinte, daß Wien »bei so gutem Mundvorrath (...) den Hauptstädten aller übrigen Nationen vorzuziehen sei«.
Selbst und gerade das achtzehnte Jahrhundert, das von dem Alltagshistoriker Massimo Montanari mit Recht als »das Jahrhundert des Hungers« bezeichnet wird, scheint am Wien der Barockzeit nahezu spurlos vorübergegangen zu sein. Im Gegenteil: Zu kaum einer Zeit wird die Reichhaltigkeit der Wiener Ernährung höher gepriesen als in der Maria-theresianischen Epoche, die deshalb in den entbehrungsreicheren Jahren der Napoleonischen Kriege auch als »gute alte Zeit« besungen wurde. Dabei werden die wirtschaftlich weit weniger ertragreichen Jahre während des Siebenjährigen Krieges (1756-1763), aber auch so manche der in Wien immer wieder auftretenden Versorgungsengpässe bei Fleisch und Getreide in den diversen Beschreibungen der Altwiener Leckermäuler oft allzu leichtfertig vergessen.
Wie dem auch sei: Die Rohstoffe der Wiener Küche, die freilich erst im 19. Jahrhundert zu einem wirklich eigenständigen Profil fand, waren im kaiserlichen Wien – im Gegensatz zum wesentlich ärmeren niederösterreichischen Umland – vorhanden und nährten keineswegs

nur die Aristokratie, sondern auch das Bürgertum und sogar, wenigstens zum Teil, die sogenannten »niederen Stände«.

Daß die Wiener Küche – trotz ihrer vielbesungenen Siegeszüge rund um den Wiener Kongreß – im Gegensatz zur französischen »Grande Cuisine« letztlich eine bürgerliche, ja sogar eine echte Mittelstandsküche werden sollte, bahnt sich bereits zu Beginn des neunzehnten Jahrhunderts an. Hatte Conrad Hagger sich 1719 noch an »Hochfürstliche und andere vornehme Höfe, Clöster, Herren-Häuser, Hof- und Haußmeister« – also ausschließlich an Herrschaftsküchen – gewandt, so weist das 1795 erschienene ›Grätzerische Kochbuch‹ in seiner Titelei bereits ausdrücklich darauf hin, daß es »für alle Stände« eingerichtet wurde. Auch Anna Dorn verfaßte in ihrem ›Neuesten Universal- oder: Großem Wiener-Kochbuch‹ (1827) nicht nur eine Anleitung »für die vornehmsten Tafeln«, sondern auch »für die gewöhnliche Hauskost«, wenngleich diese wohl weniger für die einfache Hausfrau gedacht war als »für jede Frau, die ihrer Haushaltung selbst rühmlich vorzustehen wünscht«, also Dienstboten zur Verfügung hatte.

Bereits 1833 erscheint jedoch ein Kochbuch, das mit feiner Küche und hochherrschaftlichen Haushalten nichts mehr im Sinn hat: Elisabeth Stöckels ›Die bürgerliche Küche, oder neuestes österreichisches Kochbuch für Bürgerfamilien aus der gebildeten Mittelclasse‹. Auch Theresia Fischer spricht 1845 in ihrem Werk über ›Die feine und schmackhafte bürgerliche Hauskost‹ ausschließlich »Bürgersfrauen und deren Töchter, Köchinnen und Wirthschafterinnen« an, während Klara Fuchs 1875 eine wohl noch weitreichendere Zielgruppe im

Auge hat, wenn sie ihr Kochbuch für ›Die praktische Wiener Vorstadt-Köchin als Meisterin der Kochkunst‹ vorstellt. 1892 erscheint schließlich Anna Finks ›Küche des Mittelstandes‹, Marie von Rokitansky gibt in ihrer 1897 erschienenen ›Österreichischen Küche‹ eine Sammlung von Kochrezepten »für den einfachsten und den feinsten Haushalt« ab.

Die zunächst auseinanderstrebenden Pole von opulenter Schloß- und einfacher Bürgerküche hatten sich zu diesem Zeitpunkt zu einer einzigen, nämlich *der* Wiener Küche, verfestigt – und es ist sicherlich kein Zufall, daß sich damals auch der Name »Wiener Schnitzel« für ein tatsächlich schichtenübergreifendes Gericht durchsetzte.

An Zutaten, um die Rezepte der Wiener Küche mit Erfolg im eigenen Haushalt auszuprobieren, herrschte offensichtlich kein Mangel, auch wenn die bürgerliche Ausrichtung der Wiener Küche des vorigen Jahrhunderts nicht darüber hinwegtäuschen darf, daß die neu entstandenen Arbeiterschichten in den Vorstädten der nunmehrigen Millionenstadt Wien meist nicht einmal über die nötigen finanziellen Mittel verfügten, sich ein bürgerliches Kochbuch zu kaufen. Auch daß die Butter für große Teile der Bevölkerung nicht pur, sondern oft genug nur mit Rindertalg, Kreide und Erdäpfelpulver »gepanscht« (= verfälscht) zur Verfügung stand, geht aus den durchwegs auf allgemeine Opulenz ausgerichteten Kochbüchern nicht hervor.

Über echte Lebensmittelknappheit konnte man in Wien dennoch nicht klagen: Als im Jahre 1862 für die sogenannte »Approvisionierung« (= Versorgung) Wiens sämtliche Märkte der Stadt erhoben wurden, kam man auf die stolze Zahl von siebenundzwanzig – heute sind

es sechsunddreißig. In der inneren Stadt befanden sich Marktplätze auf der Seilerstätte, am Hof, auf der Freyung, am Judenplatz, am Tiefen Graben, am Hohen Markt, am Fischmarkt, am Wildpretmarkt und am Bauernmarkt, der, weil hier das alte Gebäck verkauft wurde, auch »kalter Markt« genannt wurde.
Am Salzgries war der israelitische Geflügelmarkt untergebracht, der Neue Markt diente als Mehlmarkt. Neben Märkten in der Leopoldstadt und auf der Landstraße fand sich in St. Marx der Viehmarkt und in Wieden der sogenannte Naschmarkt vor dem Freihause. Margarethen und Gumpendorf hatten ebenfalls eigene Märkte, der heutige Getreidemarkt wurde damals noch Krautmarkt genannt. In Neubau fand man den Mariahilfermarkt, den Markt in der großen Kirchengasse, den Schottenfelder Markt in der Zieglergasse sowie den St. Ulricher Markt in der Neustiftgasse. Die Josefstadt wurde durch den Alservorstadt-Markt, der Alsergrund durch den Roßauer bzw. Lichtentaler Markt versorgt. Am Donaukanal hatte sich der ausschließlich dem Verkauf von Stechvieh vorbehaltene Wasserkälber Markt etabliert, und gleich daneben wurden am Schanzelmarkt Obst, Kraut, Rüben und Erdäpfel verkauft.
Aber die Märkte mit ihrem facettenreichen Personen- und Typeninventar – den geschwätzigen Fratschlerinnen, Knödel- und Wasserweibern, Kräutlerinnen, Sardellenprinzessinnen, Kraut-Mizzis, Naschmarkt-Sopherln und Bratelbratern – waren keineswegs die einzigen öffentlichen Plätze, an denen das kulinarische Wienerherz höher schlug.
Vielleicht etwas distinguierter, aber um nichts weniger lustvoll ging es im sogenannten »Paradiesgärtchen« im

Hoher Markt mit Schranne

Volksgarten zu, wo sich in einem ehemals kaiserlichen »Lustgebäude« das legendäre »Cortische Kaffeehaus« etabliert hatte. Alle Welt – wohl auch die Halbwelt – traf sich auf dem Wasserglacis, das seinen Namen nach der hier untergebrachten Kuranstalt trug, in welcher damals schon sämtliche in Flaschen abgefüllten Mineralwässer der Donaumonarchie ausgeschenkt wurden.
Doch auf den schon unter Josef II. mit Blumenrabatten bepflanzten alten und strategisch unbrauchbar gewordenen Befestigungsanlagen wurde keineswegs nur »mit Wasser gekocht«. Wie Moriz Bermann in seiner ›Geschichte der Kaiserstadt‹ (1880) schrieb, wurde auch
»Ball geschlagen, Soldaten gespielt, Ziegenmilch getrunken, Hohlhippen geschmaust, die Bretzenbäcker machten häuserbringende Geschäfte, die Oebstlerinnen verkauften Berge von Kirschen, Zwetschken u. dgl., die ›Jausenkreuzer‹ sammelten sich für die Eßwarenverkäufer zu Tausenden von Gulden; denn Alles mußte ›jausnen‹, wie man damals zu sagen pflegte, vom Kinde an der

Mutterbrust bis zum schnurrbärtigen ungarischen Grenadier mit der Bärenmütze.«

Freilich fanden sich auch immer mehr Wiener, denen dieses urbane Gedrängel auf dem Glacis, im Volksgarten oder im Stadtpark zu beklemmend wurde. Sie kreierten damals einen neuen, typisch wienerischen Ausdruck von Lebensfreude: Die sogenannte Landpartie in die sprichwörtlich »reizenden Umgebungen« der Wienerstadt war geboren, zu der man entweder in der eigenen Kutsche oder im mehrsitzigen Gesellschaftswagen, auch »Zeiselwagen« genannt, aufbrach.

An Zielen dafür mangelte es wahrlich nicht. Man fuhr hinaus zum »Roten Stadl« in Breitenfurt, wo es den besten Milchrahmstrudel weit und breit gab. Man pilgerte zur Meierei auf dem Meidlinger Tivoli mit ihrer beliebten Rutschbahn, in den Nobelprater mit seinen famosen Kaffeehäusern, auf den Hietzinger Rosenhügel, zum Sieveringer Jungfern- oder Agnesbründl – in dessen Wassern man die chancenreichsten Lotto-Nummern zu erblicken hoffte –, zum Husarentempel mit der schönen Minervastatue in der Brühl oder hinaus ins Grinzinger Krapfenwaldl, wo Anton Bruckner, wie er einmal schrieb, angesichts der Backhendl und Erdäpfelsalat verzehrenden Wiener das Leitmotiv für seine achte Symphonie einfiel.

Es waren, wie man solchen und vielen anderen Zeugnissen entnehmen kann, auch damals keineswegs besonders elaborierte Genüsse, die die Wiener bei Laune und Statur hielten. Verfeinerung war ihre Sache nicht. Statt französischer Saucen liebten sie ihre »Soß«, deren Grundlage in den seltensten Fällen eine feine Reduktion, sondern zumeist eine derbe Einbrenn war. Sie panierten alles, was sich einigermaßen durch Mehl, Ei und Bröseln ziehen

ließ, sie zogen ein pfeffrig-papriziertes Gulasch feinen Kräuteraromen vor, und die Liebe zu allem Französischen fand eher in den hochherrschaftlichen Küchen als in den Gaststuben ihren Niederschlag – weswegen von Wien-Besuchern auch häufig der eklatante Mangel an feineren Restaurants moniert wurde.
Auch Carl Philipp Rumohr (1785-1843), der große deutsche Gastrosoph, übte, nachdem er in einem »Wienerischen Kochbuche« geblättert hatte, herbe Kritik. Seinem feinen Gaumen schwante bei der Vorstellung eines Gerichts, bei dem man »Champignons, Schalotten, Zitronenschalen und Basilikum in dasselbe Gehäcksel gemengt« hatte, Fürchterliches:
»Wer seine Geschmacksnerven nicht durch häufiges Tabakrauchen abgestumpft hat oder überhaupt ganz phantasielos ist (...) dem wird schaudern vor dieser Verbindung des Lieblichen und Widrigen mit dem Bitteren und Zusammenziehenden.«
Im Gegensatz dazu kam Rumohrs Landsmann Friedrich Nicolai (1733-1811) im Jahre 1781 zu einem zwar etwas freundlicheren, aber um nichts weniger entlarvenden Befund:
»Das Wohlleben, die Weichlichkeit, die vielen Schmausereyen der Wiener fallen jedem Fremden in die Augen. Daß die Tafeln vornehmer und reicher Leute mit vielen und ausgesuchten Speisen besetzt sind, findet sich allenthalben, ob man gleich dieses in Wien viel weiter treibt als an anderen Orten. Aber wie weit Schleckerey und Gefräßigkeit bey den mittleren und niederen Ständen dieser Stadt geht, davon kann man keine Idee haben, wenn man es nicht gesehen hat. Ein wohlhabender Bürger in Wien esset beynahe den ganzen Tag.«

Neue, alte Wiener Küche

Hat die Wiener Küche nach zwei Weltkriegen und der Erfahrung des österreichischen Schrumpfens von einem Großreich auf einen Zwergstaat das Interesse an sich selbst verloren?
Fast schien es so, zumindest in den fünfziger, sechziger und siebziger Jahren. In Hermann Hakels 1953 erschienenem Wien-Lexikon liest man beispielsweise über den Bezirk Margarethen, daß sich dort in jedem Häuserblock zwar zwei Wirtshäuser, ein Bäcker und zwei Fleischerläden befänden, allerdings: »Diese Wirtshäuser sind in der Regel wenig besucht. Nur am Freitag, dem Tag der Lohnauszahlung, ist der Betrieb etwas lebhafter.« Dieses nicht eben opulente Beisel-Idyll beschreibt Hakel so:
»Der Wirt kennt die Gäste und berät sie in allen Dingen des Lebens, auch in solchen, die über den Rahmen des Gastgewerbes weit hinausgehen. Er trägt auch zur volkswirtschaftlichen Kraft seiner Gemeinde bei, indem er einen Sparverein mit wöchentlicher Einzahlung und jährlicher – knapp vor Weihnachten stattfindender – Auszahlung unterhält, was teils der Unterhaltung, teils dem wirtschaftlichen Wiederaufbau seiner Gäste dient. Im Beisel wird das Essen zur Nebensache – wenn man von einem gelegentlichen kleinen Gulyás oder einer Knackwurst in Essig und Öl absieht. Hier verkehren Familienväter, die einen guten Tropfen trinken und ein Tarockerl oder Präferanzerl riskieren. (...) Der äußeren Form nach erkennt man das Wiener Gasthaus an der männlichen Bedienung...«
Eine Bestandsaufnahme wie diese liest sich für das seit Jahrhunderten ans Schlemmen gewohnte Wien reichlich

trist. Wie in kaum einem Jahrhundert zuvor sah sich die Wienerstadt plötzlich mit etwas konfrontiert, was ihrem Charakter von Grund auf zuwiderlief: mit leeren Töpfen.

Dabei hatte ausgerechnet das zwanzigste Säkulum für die Wiener Küche besonders vielversprechend, um nicht zu sagen fast ruhmreich begonnen. Selbstbewußt präsentierten sich Wiens Köchinnen und Köche als so metropolitan, daß sie es sich leisten konnten, die unterschiedlichsten multikulturellen Einflüsse ohne überhebliche Nationalismen in den Küchenalltag einfließen zu lassen – womit sich die Wiener Küche wesentlich toleranter als die Wiener selbst zeigte und jene im Grunde paradoxe Situation vorwegnahm, die auch heute wieder zu beobachten ist: Während die Fremdenfeindlichkeit generell zunimmt, erhöht sich gleichzeitig die Aufnahmebereitschaft für fremdländische Gerichte und Restaurants.

Die ersten Jahre des beginnenden Jahrhunderts standen daher auch im Zeichen zahlreicher Kochbücher, deren gemeinsamer Nenner kaum noch in erster Linie die Ansprache bestimmter Gesellschaftsschichten, sondern durchwegs der gemeinschaftsstiftende Terminus Wiener Küche war. Dazu zählen unter anderen Marie Dorningers ›Bürgerliches Wiener Kochbuch für 3-4 Personen‹ (1906), Johann Michael Heitz' ›Wiener Bürger-Küche‹ (1902) oder Olga Hess' bis heute erfolgreiches Standardwerk ›Wiener Küche‹ (1913).

Schon bald sahen sich die Kochbuchautoren und -autorinnen jedoch mit der Notwendigkeit eines Umdenkens konfrontiert. Statt wie bisher aus der Fülle des Wiener Marktlebens zu schöpfen, mußten sie plötzlich, wie etwa Gisela Urban, Kriegskochbücher verfassen, die ihre außerordentliche Frugalität schon in umständlichen Untertiteln ahnen ließen: ›100 Rezepte zur Bereitung billiger, auf Grund der kriegswirtschaftlichen Forderungen zusammengestellter und erprobter Speisen mit besonderer Berücksichtigung der Kriegsmehle‹ (1915). Kein Wunder, daß Gisela Urbans Buch deshalb auch mit einem dringenden Appell an die bislang beste Kochbuch-Klientel, das wohlhabende Bürgertum, beginnt: Die bemittelteren Klassen, schreibt Frau Urban, seien es, in deren Hauswirtschaften die meisten Lebensmittel verbraucht, oft vielleicht auch zu üppig verbraucht würden. Sie könnten daher auch am meisten zur allgemeinen Ersparnis an Lebensmitteln beitragen. Der Rat der Kochbuchautorin lautet daher: »Die Hausfrauen sollen nicht das kochen, wozu sie gerade Lust haben, sondern das, was sie bekommen und was sie möglichst billig kaufen können.« Der Untergang der Donaumonarchie schien angesichts solcher Hiobsbotschaften damals schon vorprogrammiert, und mit den Wienern verging wohl auch dem Doppeladler allmählich sein völkerverbindender Appetit.

Es bedurfte weit mehr als eines Jahrzehnts, bis sich in der kargen Zwischenkriegszeit wieder jemand an die Verfassung eines großen Kochbuchs wagte. Man schrieb immerhin bereits 1931, als sich Hans Ziegenbein und Julius Eckel an ihr berühmtes Standardwerk ›Was koche ich heute?‹ machten, in dessen Vorwort sie fast trotzig darauf hinwiesen, daß »die Wiener Küche heute zu den begehrtesten der Welt zählt« – ob dies für die damalige Zeit nun gestimmt haben mag oder auch nicht.

Der »Ziegenbein/Eckel« erwies sich als großer Erfolg, und daher stellte sich Franz Ruhm (1896-1966) bereits

1933 mit einem ›Kochbuch für alle Rezepte der Wiener Küche‹ vor, das mittlerweile ebenfalls zum Klassiker geworden ist. Bevor sich dieses Aufflackern der alten Wiener Küchentradition jedoch in den Haushalten zu einer wirklichen Renaissance der Wiener Küche verfestigen konnte, legten sich die ersten braunen Schatten über den häuslichen Herd, denn etwas so Urösterreichisches und Multikulturelles wie die Wiener Küche wollte sich mit Deutschtümelei und Hitlers Parolen vom »Eintopfsonntag aller Deutschen« nicht so recht zusammenreimen.
Schon bald nach Hitlers Einmarsch in Wien fand sich am Naschmarkt daher auch die »defätistische« Inschrift:

»Wir danken dem Befreier
von Butter, Mehl und Eier
Von Schmalz und Brot und Bier
Führer, wir danken dir.«

Und wiederum mußten – gemäß dem strammen Motto »Gute Kost erhält die Kraft der Truppe« – Kriegskochbücher geschrieben werden.
Ob die Wiener Küche während der Jahre des Naziregimes tatsächlich ihre Identität zugunsten der allenthalben propagierten großdeutschen Allerweltsküche aufgab, darf bezweifelt werden. Sieben Jahre haben kaum gereicht, um ein jahrhundertealtes kulinarisches Erbe vollends in einer dubiosen Vorstellung von germanischer Völkergemeinschaft aufgehen zu lassen. Sehr wohl reichten diese Jahre dafür aus, um Köchinnen und Köche nach 1945 gewissermaßen »zurück an den Start« zu rufen – nur wußte nach zwei Weltkriegen keiner mehr so ganz genau, wo dieser Startplatz überhaupt zu suchen war.

Am deutlichsten wurde diese Orientierungslosigkeit angesichts einer ganz und gar unkulinarischen Umdichtung der österreichischen Bundeshymne, die bald mindestens ebenso populär war wie das Preradovićsche Original.

»Land der Erbsen, Land der Bohnen,
Land der vier Besatzungszonen.
Wir verkaufen dich im Schleich,
vielgeliebtes Österreich!«

Noch bekannter sind die bis heute nachklingenden Worte von Bundeskanzler Leopold Figl zum Weihnachtsfest 1945 geworden, der seinen Landsleuten zurief: »Ich kann euch zu Weihnachten nichts geben (...) kein Stück Brot, keine Kohlen zum Heizen, kein Glas zum Einschneiden. Wir haben nichts.«
Dieses »nichts« waren im Mai 1946 etwa 800 bis 900 Kalorien pro Person und Tag, die erst im November desselben Jahres dank der allmählich eintreffenden Care-Pakete aus dem Ausland auf 1550 Kalorien angehoben werden konnten. Luxusprodukte wie Butter, Fleisch oder gar Schlagobers waren vor allem in den Städten nicht zu bekommen, und wenn, dann illegal und zu überhöhten Preisen. Erst 1953 konnten die Lebensmittelkarten wieder abgeschafft werden, und die Versorgungslage begann sich langsam zu normalisieren.
Um der drohenden Hungersnot während der Nachkriegsjahre zu entgehen und wenigstens die ein oder andere Abwechslung in das Erbsen- und Bohnen-Einerlei zu bringen, schuf damals lediglich der illegale »Schleich« Abhilfe. So nannte man jenen Schwarzmarkt, dessen Zentrum zwischen Resselpark, Karlsplatz und

Das sogenannte Elefantenhaus – die spätere legendäre »Goldene Krone«

Naschmarkt lag. Hier bewiesen die Wiener, und vor allem die Wienerinnen, einmal mehr, daß Lebenskunst auch etwas mit Überleben zu tun hat. Als »Währung« diente, was gerade vorrätig oder noch aus den Kriegsjahren übriggeblieben war: Zigaretten, Schnaps, Konserven, Uhren, Waffen oder Schmuck tauschte man gegen Brot, Mehl, Zucker oder Schmalz. Was in dieser Situation gefragt war, waren einfachste Kochrezepte, bei denen es weniger auf kulinarische Phantasie als auf ökonomischen Einfallsreichtum ankam.

Der erste, der die Zeichen der Zeit erkannte, war Franz Ruhm, der seine Tätigkeit als Kochbuchschreiber auch während des NS-Regimes nicht unterbrochen und 1940 ein Bändchen über ›Kochen im Kriege‹ mit den Worten »Koche sparsam – dennoch gut« überschrieben hatte.

Es fiel Ruhm daher auch nicht allzu schwer, gleich ein Jahr nach Kriegsende abermals an den kulinarischen Gemeinsinn zu appellieren, als er eine ›Sammlung von Rezepten aus schwerer Zeit‹ vorlegte, in deren Vorwort er bereits wieder auf die Wiener Küche Bezug nimmt und sicherheitshalber vermerkt, daß dieselbe in Zeiten wie diesen wohl nur schwer in der gewohnten Qualität herzustellen sei: »Es wird darum auch kein Anspruch auf die weltbekannte Güte der Wiener Küche erhoben. Auf die Erzielung eines guten Geschmackes und auf größtmöglichste Abwechslung der Speisen wurde jedoch nach bestem Wissen und Können Bedacht genommen.«

Daß es nunmehr allerdings darum ging, die verbliebenen Bruchstücke der Wiener Küche erneut zusammenzukitten und nicht mehr darum, einer deutschen Nationalküche nachzueifern, wird nicht zuletzt dadurch deutlich, daß in dem gesamten Kochbuch nicht mehr von Ein-

topf die Rede ist, dafür aber zahlreiche österreichische Regionalgerichte wie Fleckerl- oder Erbsenritscher, Reinling aus steirischem Germteig, Kaiserschmarrn, Gröstl, Semmstrudel, Semmelknödel oder Paradeis-(nicht mehr: Tomaten-)suppe aufgezählt werden.
Ruhms Versuche zur Stiftung einer neuen österreichischen Küchenidentität verhallten zunächst dennoch ziemlich resonanzlos. Als Reaktion auf die deutsche Eintopfküche kehrten die Österreicher nämlich nicht wie erwartet zu ihren traditionellen Wurzeln in der Küche des Kaiserreiches zurück – das taten sie erst Mitte der achtziger Jahre –, sondern holten das Versäumte nach, indem sie sich allen nur denkbaren Einflüssen internationaler Küchen oder dem, was sie dafür hielten, verschrieben.
Kochbuchautorinnen wie Lydia Beck scheinen sich dieses in Richtung Hawaiischnitzel und Hunnenschwert abdriftenden Zeitgeists durchaus bewußt gewesen zu sein, als sie ihr 1954 erschienenes Kochbuch polemisch ›Die echte Wiener Küche‹ nannte, ganz gewiß im Bewußtsein, daß die Echtheit allmählich verlorenzugehen drohte. 1956 legte schließlich auch der Essayist Ludwig Plakolb, dem vor allem an der Ehrenrettung ihrer kulturgeschichtlichen Bedeutung gelegen war, ein Buch über ›Die Weltberühmte Wiener Küche‹ vor – und zwar just zu Beginn jener Wirtschaftswunderjahre, in denen die Österreicher allmählich Geschmack an Pommes frites zu finden begannen und als frischgebackene Caorle- und Jesolo-Urlauber auch Pizza und Spaghetti Bolognese entdeckten.
Es ist nicht weiter verwunderlich, daß sich die Wiener Gastronomie in dieser Zeit nur recht schleppend entwik-

kelte. Viele alte Traditionsrestaurants wie etwa das legendäre Rindfleischparadies »Meissl und Schadn« auf der Kärntner Straße waren Opfer der Bombenangriffe geworden, andere öffneten ihre Pforten aus wirtschaftlichen Gründen nicht mehr. Aus Beiseln und Kaffeehäusern wurden Bankfilialen. Was tatsächlich noch vom alten Wien übrig war, blieb – wie etwa die 500 Jahre alte »Linde« in der Rotenturmstraße oder das bereits vom Lieben Augustin frequentierte »Griechenbeisl« – immer mehr den Fremden vorbehalten, die hier so etwas wie »old viennese gemutlichkeit« such(t)en.

Wenn man von Hotels wie dem »Sacher« und dem »Bristol« sowie einigen ursprünglich keineswegs für die Gastronomie gedachten Palast-Derivaten wie dem »Palais Schwarzenberg«, dem »Belvedere-Stöckl«, dem »Imperial« oder dem erst jüngst wieder neu eröffneten »Grand-Hotel« absieht, gibt es in Wien heute keine Luxusgastronomie mit bemerkenswerter Tradition. Einen »Tour d'argent« oder ein »Grand véfour« wie in Paris wird man an der Donau vergeblich suchen. Die heutigen Nobellokale wie »Steirereck« oder »Altwienerhof« sind durchwegs jüngeren Datums und meist aus alten Eckbeiseln oder auf Grande Cuisine umgerüsteten gutbürgerlichen Gasthöfen entstanden. Und selbst renommierte Luxuslokale, die – wie etwa die berühmten »3 Husaren« oder der russische »Feuervogel« – mit Recht darauf hinweisen, daß sie zu den ältesten Restaurants von Wien zählen, stammen in Wahrheit erst aus den dreißiger Jahren. Im übrigen findet man die gastronomische Substanz des alten Wien vor allem noch in den Wiener Kellern, etwa dem »Zwölf-Apostelkeller«, dem »Urbanikeller«, dem »Augustinerkeller«, dem »Piari-

Das »Küßdenpfennighaus«, in dem Theophrastus Bombastus von Hohenheim verkehrte

stenkeller« oder dem »Esterhazy-Keller«; den ältesten Fiakerwirt der Stadt, den »Gustl-Bauer« in der Drahtgasse, und die zumindest architektonisch wirklich bemerkenswerte »Gösser Bierklinik« in der Steindlgasse nicht zu vergessen.

Von vielen anderen und durchaus liebgewordenen kulinarischen Institutionen mußten die Wiener sich allerdings mittlerweile verabschieden. Als Jörg Mauthe (1924-1986) im Jahre 1962 mit seinem Büchlein ›... belieben zu speisen‹ einen ersten Vorläufer der später so beliebten Restaurantführer herausbrachte, schwärmte er von zahlreichen Lokalen, die es heute gar nicht mehr gibt. Vom »kleinen, aber guten Annaberg« im siebten Bezirk, vom »Coq d'or« in der Führichgasse, diesem »urwienerischsten aller Lokale«, vom jiddischen Fisch im »Galicija« in der Kaiserstraße, vom in erster Linie von Jungverliebten bevorzugt frequentierten »Kerzenstüberl« in der Habsburggasse, vom urwienerischen »Roten Hahn« in der Landstraßer Hauptstraße, vom legendären Krenfleisch im Nachtrestaurant »Spatz« in der Himmelpfortgasse und vom besser als Wegenstein bekannten »Weißen Schwan« in der Nußdorfer Straße.

Auch Otto Kaserers »O.K.«, diesen immerhin autochthon wienerischen Vorläufer der Fast-Food-Kultur, ein »mit einer Stehbierhalle gekreuztes Schnellimbißrestaurant von beträchtlichen Dimensionen und außergewöhnlicher Speisenauswahl«, vergaß Mauthe nicht zu erwähnen. Wer weiß, ob die McDonaldisierung der Wienerstadt nicht wesentlich langsamer vorangeschritten wäre, würde es diesen Freßtempel in der Bösendorferstraße mit seinen dionysischen Deckengemälden und der hauseigenen Orgel heute noch geben...

In qualitativer Hinsicht stand es um die Wiener Küche damals freilich nicht zum besten, und niemand dürfte das besser gewußt haben, als der Journalist und spätere Wiener Stadtrat Jörg Mauthe selbst, der während seiner Amtszeit in mannigfaltiger Weise und mit hohem persönlichen Engagement zu dem beigetragen hat, was wir heute als »Beisl-Renaissance« und »Wiedergeburt der Wiener Küche« bezeichnen.

Auch der Altösterreicher Joseph Wechsberg (1907-1983), dem wir so viele liebevolle Schilderungen kulinarischer Wiener Institutionen wie die über den Tafelspitz verdanken, stellte, als er Ende der siebziger Jahre nach Wien kam, der Küche der von ihm so geliebten Donaumetropole alles andere als ein gutes Zeugnis aus. Dieselbe sei, so schrieb er, »zwar immer noch eine Stadt mit Seele«, doch Österreich sei »eben kein Land für echte Feinschmecker. Über den Geschmack läßt sich nicht streiten. In Wien gibt es feine Musik und im Lande feine Ski-Pisten und Festivals, und das ist ja auch schon sehr viel.«

Als Wechsberg diesen Satz schrieb, hatte sich in Wien gerade, angeregt von dem gebürtigen Österreicher Eckart Witzigmann, eine Gruppe von Köchen um Werner Matt von der mittlerweile ebenfalls sanft entschlafenen »Rôtisserie Prinz Eugen« im »Hilton« am Stadtpark, Rudolf Kellner vom »Altwienerhof« und Heinz Reitbauer vom »Steirereck« gebildet, die die Wiener Küche nach französischem Vorbild von Grund auf umkrempeln wollten. Wechsberg, der in diesen Restaurants damals schon gegessen hat, riet seinen Lesern allerdings: »Machen Sie es wie die Wiener. Suchen Sie nicht die Neue Wiener Küche, es ist zu früh dazu.«

Womit Wechsberg, wie so oft, durchaus beizupflichten war. Denn französisch angehauchte Saucen und Zutaten sowie verstiegene Kompositionen wollten sich mit dem traditionell konservativen Wiener Geschmack nicht recht vertragen, und die neuen Kochtechniken wurden von den Wiener Köchen – wie die ehrlicheren unter ihnen heute selbst zugeben – damals auch noch nicht wirklich beherrscht. Doch inzwischen sind fast zwanzig Jahre ins Land gezogen, und angeregt durch Guides wie den ›Gault-Millau‹ hat sich hierzulande auch in den Tageszeitungen und Magazinen ein kritisch hinterfragender Gourmet-Journalismus entwickelt. Auch die Köche der »Neuen Wiener Küche« haben ihre Techniken mittlerweile so gut gelernt, daß sie es gar nicht mehr nötig haben, mit dem Wörtchen »neu« dafür zu werben, weil handwerkliche Perfektion längst selbstverständlich geworden ist.

Mittlerweile haben sie allesamt das gemacht, wozu ihnen Eckart Witzigmann – und auch Christian Millau, der die erste »Testrunde« durch die Wiener Küche noch persönlich vornahm – von Anfang an geraten haben: Sie sind zu den Wurzeln der Wiener Küche zurückgekehrt, haben allerdings deren schlimmste Sünden – vor allem die überreichliche Verwendung von Mehl und die notorisch wäßrigen und süßlichen Salatmarinaden – abgelegt. Man kann heute gerade in den besten Lokalen der Stadt wieder getrost einen Tafelspitz oder ein Wiener Schnitzel bestellen, wird aber auch ein köstliches Lammkarree in der Kräuterkruste, einen pochierten Steinbutt, Spargel, Flußkrebse, Pilzgerichte, eine auf den Punkt gebratene Taube oder einen getrüffelten Kalbskopf in jener Qualität vorfinden, wie sie der langen Tradition der Wiener Küche würdig ist.

Dieses Qualitätsbewußtsein hat auch in den bürgerlichen Gasthäusern, den sogenannten Beiseln, seinen Niederschlag gefunden, von denen freilich allzu viele Billig-Chinesen und Pizzerias weichen mußten. Andere haben jedoch die schwierigen Zeiten überstanden und bieten heute wieder eine unverfälschte Wiener Küche ohne das, was der Wiener mit Recht als »Spompanadeln« verurteilt und was andere als »Chi-Chi« bezeichnen.

So ist es beispielsweise kein Zufall, daß – während manche noch immer allzusehr auf die Nouvelle-Cuisine-Ära fixierte Betriebe unter gewaltigen Auslastungsproblemen leiden – viele gut geführte bürgerliche Lokale wie etwa der »Eckel« in Sievering, der »Herkner« in Dornbach, der »Grünauer« in der Hermanngasse oder der »Plachutta« am Luegerplatz sowie in Hietzing und Döbling bereits lange im voraus ausgebucht sind. So kann es zuweilen passieren, daß man Wochen warten muß, um genau das zu essen, was die Wiener schon früher so begeistert hat: ein Beinfleisch mit Rahmfisolen, ein Backhenderl, einen Zwiebelrostbraten, eine gefüllte Kalbsbrust und natürlich Powidltatschkerl, Schneenockerln oder Malakofftorten.
Gewiß: Die Ernährungsgewohnheiten haben sich in den letzten Jahrzehnten auch an der Donau beträchtlich geändert, und so mancher Wiener legt heute – was ihm früher wohl kaum jemals eingefallen wäre – freiwillig einen Obsttag oder ein mehrtägiges Teefasten ein. Die chicen und schönen Menschen, die sich im vorigen Jahrhundert am Wasserglacis ihr Stelldichein gaben, treffen sich heute in Szene-Beiseln und In-Cafés wie etwa jenen am Rudolfsplatz oder im berühmt-berüchtigten »Bermuda-Dreieck« rund um die Seitenstettengasse. Und während man am Wiener Naschmarkt heute vergeblich ein »Knödelweib« suchen wird, kann man dort geschickten japanischen Köchen nach Herzenslust beim Schnitzen von Sushi und Sashimi zusehen oder in manchem ehemaligen Eckbeisel ein vielgängiges chinesisches Dim-Sum-Menü verspeisen.
Die Wiener Küche hat an ihre alte multikulturelle Toleranz mit Erfolg angeknüpft, und es bedarf gar keiner

besonderen prophetischen Gabe, um vorauszusagen, daß der Döner Kebab irgendwann im nächsten Jahrtausend in diversen Kochbüchern als »Wiener Döner« auftauchen wird, so populär ist dieses türkische Fast-Food-Gericht mittlerweile geworden.
Nichtsdestoweniger sind die Heurigenlokale in den Außenbezirken und Vorstädten an Wochenenden und in lauen Sommernächten nach wie vor zum Bersten voll, und auch das berühmte Schweinsstelzenparadies (Schweinsstelze = Hachse) im »Schweizerhaus« des Wiener Wurstelpraters brauchte noch nie über Besucherschwund zu klagen. Sogar das gute alte Wiener Schnitzel ist mittlerweile im »Schnitzelland« zum Leitmotiv einer Restaurantkette geworden.
So ist der Wiener nach jahrzehntelanger Orientierungslosigkeit am Ende dieses Jahrtausends letztlich doch wieder dazu zurückgekehrt, was ihm vor mehr als einem halben Jahrtausend Wolfgang, der österreichische Eulenspiegel, ins Stammbuch geschrieben hat: Er frißt – und gedeiht.

A

Aal, *m.* → Wiener Aal.
Aalrutte, *w.* → Trüsche.
Abatis, *s.*: Geflügelklein wie Magen, Leber, Flügel, Kopf und Hals.
abbrennen: absengen, abbrühen.
abbröseln: kleine Butterstückchen mit Mehl zu kleinen Bröseln verreiben.
ABC, *s.*: Ausdruck aus der Bierbrauersprache für Abzugsbier (→ Volkspilsner).
abfetten: degraissieren, Fett abschöpfen.
abfrischen (abschrecken): Nudeln, Gemüse oder Eier unter fließend kaltem Wasser kurz abkühlen, damit sie sich besser weiterverarbeiten bzw. servieren lassen.
abliegen (abhängen): Fleisch, insbesondere vom Rind oder Wild, so lange lagern, bis es mürbe wird, wobei man auch einen gewissen Zersetzungsprozeß und beim Wild einen Hautgoût in Kauf nimmt.
abklären: Butterschmalz herstellen.
abpalieren: mit der Zeche durchgehen (Gaunersprache).
Abraham a Sancta Clara (eigentl. Johann Ulrich Megerle): * 2. 7. 1644 Krenheinstetten bei Meßkirch (D), † 1. 12. 1709 Wien. Der aus dem Badischen stammende, aber hauptsächlich am Wiener Hof wirkende österreichische Barockprediger war zwar kein Kochbuchautor, aber ein bedeutender »Gaumenzeuge« für die Eßsitten seiner Zeit. Aus seinem Mund stammt das Bonmot »Beatus vir, qui habet multum Silberg'schirr!« *(Glücklich ist jener Mann, welcher sich viel Silberg'schirr leisten kann).*
In einer Erläuterung, welchen Geschmack denn das Manna in der Wüste hätte annehmen können, zählt er unter anderem die folgenden Köstlichkeiten auf: »Ein westfälischer Schinken, eine österreichische Lerchen, ein tirolischer Gemsenschlegel, ein schwäbischer Pfannenzelten, eine böhmische Golatschen, ein bayerischer Kirchtagsbrein, ein schweizerischer Zieger, eine spanische Schoccolada, ein türkischer Scherbett, eine welsche Stufa.« Sancta Clara geißelte die Unsitte, daß man in Wien italienischen und in Rom Rhein- und Neckarwein verlangte, und er wehrte sich massiv gegen den offenbar damals schon grassierenden Brauch, diverse an die Jahreszeit gebundene Genüsse auch außerhalb der Saison zu begehren: »Wann sie nicht junge

Agrasl- (Stachelbeeren-) Kompott

Die unreifen Stachelbeeren werden von den Stielen und Blüten befreit, dann in heißes Wasser gelegt und darin so lange gelassen, bis sie anfangen in die Höhe zu steigen, was einige Minuten dauert. Man nimmt sie dann mit einem durchlochten Löffel heraus und legt sie zum Abtropfen auf ein Sieb. Indessen läßt man Zucker (25 dkg Zucker auf 1 l Beeren) mit wenig Wasser, Zitronenschale und Zimmet kochen, bis er dicklich wird, schüttet die Beeren hinein, schwenkt sie behutsam um und läßt sie verdeckt auf einer heißen Stelle, wo sie nicht kochen können, wenigstens ½ Stunde langsam ziehen, nimmt sie dann heraus und läßt sie erkalten. Nach dem Anrichten bestreut man sie mit gestoßenem Zucker. Den Saft kocht man noch mit einer frischen Zugabe von Zucker so lange ein, bis er rötlich und sulzig wird, worauf man ihn über die angerichteten Stachelbeeren gießt.

Hiendl und Spargl im Januario, jungen Rättich im Februario, Salat im Mertzen, Maurachen im Aprill, junge Vögl im May, Kerschen und Marillen im Junio, Weintrauben im Julio, junge Capauner im Augusto, frische Lemoni im September, Austern im Oktober, Wäälsch- und Tyroler Wein im November, und Spanischen im December haben, so ist es nicht Rares; und will hierinfalls ein jeder der Erste im Delectiren, Paraphiren und Tractiren seyn.« Zu seinen Werken zählen zum Beispiel ›Merck's Wien‹, ›Heilsames Gemisch Gemasch‹, ›Wohlangefüllter Weinkeller‹ sowie ›Huy und Pfuy der Welt‹.

abrebeln: die Stiele von Beeren entfernen.

abschäumen: abschöpfen des Schaumes beim Kochen von Fleisch, Obstsäften etc.

abschmalzen: Gekochtes mit Fett, vorzugsweise Schweine- oder Butterschmalz untermengen, damit es dann beim Essen besser »rutscht.«

abschrecken: klären von Kochgut beim Zugießen von kaltem Wasser.

absprudeln: eine Flüssigkeit mit einem → Quirl schaumig machen.

Abtrieb, *m.*: mit verschiedenen Zutaten wie Mehl und Eiern schaumig gerührte Butter.

acheln: essen (Gaunersprache).

Achtel, *s.* (Achtl, Achterl): Das kleinste offen ausgeschenkte österreichische Weinmaß mißt 0,125 Liter (»ein Achterl Weiß« oder »ein Achterl Rot«). Ein → »Stehachterl« trinkt man im Stehen an der → Schank, ein »Reiseachterl« als letztes Glas vor dem Nachhausegehen, dem oft noch ein »Fluchtachterl« (→ Drüberstrahrer), das angeblich unwiderruflich letzte, folgen kann.

Achthalbi, *m.*: kaum noch gebräuchlicher Ausdruck für einen kleinen Brotlaib, der in Wien um 1860 vier – also acht halbe – Kreuzer kostete.

Adlitzbeere, *w.* (Elsbeere, Aschitze, Atlas- oder Arlesbeere): Die mit der Vogelbeere verwandte Beerenfrucht wächst in einem sehr eng begrenzten Gebiet am Rande des Wienerwalds. Nur die Früchte der besonders alten Bäume – sie werden bis zu zwanzig Meter hoch – können für ein Destillat verwendet werden, das früher in geringsten Dosen in Apotheken gegen Nierensteine und Depressionen verkauft wurde und heute unter Kennern als eine der kostspieligsten Edelbrand-Raritäten Österreichs gilt. Adlitzbeerschnaps ist an seinem speziellen Mandel- und Marzipanaroma zu erkennen.

Äpfel-Schlangeln

Man bröselt am Nudelbrett 21 dkg Butter mit 28 dkg Mehl ab, gibt etwas Salz, 10 dkg Zucker mit Zitronengeruch, 2 Dotter und 1 Löffel sauren Rahmes dazu und knetet es schnell, mit möglichst kalten Händen, zu einem Teig ab und läßt denselben ½ Stunde rasten. Dann walkt man den Teig aus, schneidet ihn in 3 Teile und formiert jeden Teil derart, daß er die Länge des Backbleches und 2 Handbreiten hat. Hierauf bestreut man jeden Streifen mit fein würfelig geschnittenen Äpfeln, vielem Zucker, Rosinen, fein geschnittenem Zitronat und Orangengeruch und schlägt ihn der Länge nach von rechts und links derartig ein, daß von der Fülle nichts herausfallen kann. Man legt die Streifen in der Weise auf das Blech, daß die glatte Seite nach oben liegt, bestreicht dieselbe mit Ei, streut Zucker und Mandeln darauf und bäckt sie im Rohre. Wenn gebacken und ausgekühlt, schneidet man sie in 2 Finger breite Stücke. Aus Butterteig macht man ebenfalls diese Speise, doch schlägt man dann den langen Teigstreifen rechts und links nur fingerbreit über die Äpfelfülle und verbindet die Ränder gitterartig mit Teigrollen, welche man über die Fülle legt.

Aff, *m.*: bezeichnet, ähnlich wie der → Spitz, den klassischen Wiener Fiakerrausch, der freilich keineswegs nur auf Fiakerlenker beschränkt ist. Der Ausdruck geht möglicherweise auf das tschechische »opiti se« (= sich antrinken) zurück.

Affenfett, *s.*: Margarine (veraltet).

Afrikaner, *m.*: Weihnachtsgebäck aus gebackenem → Eischnee mit → Schokolade und Kokosraspeln.

Agras, *w.* (Bot. Ribes grossulariae; Agrasl, Agresl; vgl. tschech. angrest, span. agraz und mlat. agresta): Stachelbeere.

Agraslsoß, *w.*: Die Stachelbeersauce – in Rindsuppe weichgedünstete, mit Mehl gestaubte, mit Sauerrahm abgeschmeckte und sowohl mit Salz als auch mit Zucker gewürzte Beeren – ist in der klassischen Wiener Küche eine beliebte Beilage zu Wildgerichten und → Schöpsernem.

Almdudler, *m.*: So nannte man früher eine Mischung aus Wein und Zitronenlimonade; heute Markenbezeichnung für eine Kräuterlimonade.

Almo-ochse, *m.*: Qualitätsrindfleisch vom steirischen Almochsen, der vorwiegend im Gebiet von Teichalm-Sommeralm in der Steiermark gezüchtet wird.

Alte(r), *m.*: Wein vom vergangenen Jahr, im Gegensatz zum → Heurigen.

Altl, *s.*: sprich Äutl; ein Altersgeschmack (Firn) des Weines, der von Weinkennern sehr geschätzt wird.

Alzerl, *s.* (Alzl): sprich äulzl. Diese äußerst ungefähre, typisch wienerische Mengenangabe geht auf das Althochdeutsche zurück, wo »atzel« soviel wie »ein Bröckchen« bedeutete.

Ananas, *w.*: Gartenerdbeere.

Andivel, *m.* (Andivi): sprich andüfü. Der Endiviensalat – Bot. Cichorium endivia, daher auch Chicorée – hat seinen Namen von dem ägyptischen Wort »Tybi«, das übersetzt »Januar« heißt. In diesem Monat reift das Gemüse.

Andrássy-Gulyás, *m.*: Rindsgulasch mit → Haluska als Beilage.

andudeln: sich vollsaufen.

Aneis, *m.*: alter Ausdruck für Anis.

ang'schütt sein: sprich ångschütt; einen Rausch haben.

angstraat sein: sprich ångstraat; einen leichten Rausch haben (»ang'straat wiara Häuseltschik« = volltrunken wie eine Zigarettenkippe in der Klomuschel).

sich anhauen: sich vollessen.

anschlampen: sich nach Herzenslust sättigen und betrinken,

Äpfel im Schlafrock

Von kleinen Äpfeln sticht man das Kernhaus aus, schält sie glatt ab, bestreut sie mit Zucker und betropft sie mit Rum. Dann rollt man Butterteig dünn aus, schneidet ihn in viereckige Stücke, hüllt die Äpfel darin ein, taucht sie in Ei, wälzt sie in fein gehackten, mit fein gestoßenem Zucker vermengten Mandeln, setzt sie mit der Seite, auf welcher der Teig zusammengedrückt ist, auf ein Blech und bäckt sie im Rohre zu schöner Farbe. Wenn man keine sehr kleinen Äpfel hat, so schneidet man Maschanzker- oder andere Äpfel nach dem Schälen in 4 Teile, zuckert diese und legt je einen Teil auf ein viereckiges Butterteigblatt, schlägt die 4 Ecken ein (nach aufwärts), bestreicht sie mit Dotter, setzt die eingehüllten Äpfel auf ein Blech und bäckt sie im heißen Rohre. Im Rohre entfaltet sich der Teig derartig, daß die Äpfel sichtbar werden.

die Lieblingsbeschäftigung des Wiener Genußmenschen.

anschledern: sich mit Wasser (nicht mit Wein!) vollaufen lassen.

Anschnitt, *m.*: → Gschnatter.

anschwitzen: Bratgut oder Gemüse in heißem Fett schwenken, ohne daß es dabei bereits Farbe nimmt.

Anserpanier, *w.*: Wenn ein Wiener fein ausgeht, trägt er seine »Anserpanier« und gleicht darin einem optimal panierten → Wiener Schnitzel. D. h.: Er ist perfekt angezogen.

anzetten: sich beim Essen »anpatzen« (beschmutzen).

Apfel, *m.*: Marie von Rokitansky führt in ihrem 1897 erschienenen Kochbuch alleine siebenunddreißig Apfelrezepte an, und das sind längst nicht alle. Wie sonst wohl nur noch die Küche der Normandie hat sich die Wiener Küche des mythenumrankten Obstes angenommen, das in fast allen Schöpfungsgeschichten eine Rolle spielt. Habs und Rosner merken in ihrem ›Appetitlexikon‹ außerdem an, daß die beiden berühmtesten österreichischen Äpfel der 1851 erstmals beschriebene Rosmarinapfel sowie der Tiroler Apfel seien. Genuin altösterreichisch sind auch der seit 1600 bekannte Brünnerling, der Gulderling, der Haslinger, der Holowauser Himbeerapfel, der Ilzer Rosenapfel, der Kalterer Böhmer, der Kronprinz Rudolf (Steiermark um 1860), der Rote Jungfernapfel (vor 1800), die Steirische Schafnase und der Steirische Maschanzker sowie die bei uns schon vor 1700 bekannte Schmidberger Renette. Tatsächlich wurden vor hundert Jahren in Österreich über achthundert verschiedene Apfelsorten gezählt, die Mostapfelsorten allerdings eingeschlossen. Die bekanntesten Wiener Apfelgerichte sind Äpfel im Schlafrock, Grazer Apfel, Apfelkren, Apfelkompott, Apfelstrudel, Apfelschlangeln, Apfelradln und Apfelschmarren. Lit.: S. Bernkopf u. a.: Neue alte Obstsorten, Wien 1991.

Apfelbutz, *m.*: Kerngehäuse des Apfels.

Aranzini, Mz. (Arancini): kandierte Streifen von Orangenschalen.

Arbes, *w.*: Erbse.

Arlesbeere, *w.* → Adlitzbeere.

Äsche, *w.* (Asch): Der zur Salmonidenfamilie zählende Flußfisch ist heute ziemlich selten geworden, war aber früher auf den Tischen gutsituierter Familien sehr häufig vertreten. Der oberösterreichische Agronom Wolf Helmhard von Hohberg (1612-1688) vermerkte dar-

Äpfel-Schmarren

Man kocht 15 dkg Reis mit ungefähr 1 l Milch, läßt ihn auskühlen, mischt dann 1 Ei und 1 Dotter gut versprudelt dazu, sowie würfelig geschnittene Äpfel und Zucker und gibt die Masse wie Schmarren in heißes Rindschmalz und läßt sie darin backen. Nach Geschmack füge man noch Rosinen dazu.

über: »Sein Magen ist weiß, dick und fett, wird von den Köchen ausgesäubert und neben dem Fisch als ein Schleckessen auf die Herrentafel getragen.« Die als besondere Delikatesse geltenden jungen Äschen – auch Sprenzlinge oder Mailinge genannt – waren anno dazumal ausschließlich der Hoftafel und für medizinische Zwecke vorbehalten. Ärzte konnten sie Kranken und Schwangeren verschreiben.

Aschitze, *w.*: → Adlitzbeere.

Aschrödeln, Mz.: eßbare Wurstabfälle (→ Schrenz).

Aspanner, *m.*: → Einspänner.

Asperl, s. (Aschperl, Äschperl): Mit dem in Wien und Niederösterreich gebräuchlichen Ausdruck für die Steinfrucht des Mispelstrauchs bezeichnete man früher auch eine wertlose Münze.

Asud, *m.*: Absud.

Atlasbeere, *w.* → Adlitzbeere.

aufkochen: wallend sieden, metaphorisch auch groß aufkochen (= viele Speisen auftragen).

Auflauf, *m.*: Schon 1817 konnte man in F. G. Zenkers Kochbuch ›Nicht mehr als sechs Schüsseln‹ lesen, daß der Auflauf in Wien »seit uralten Zeiten bekannt, gewürdigt und angesehen« sowie lediglich aufgrund seiner Kostspieligkeit bei den niederen Volksschichten nicht ganz so beliebt wie etwa die → Knödel gewesen sei. In seiner Urform handelte es sich beim Auflauf um jegliche Art von gebackenem Brei mit oft sehr wertvollen Zutaten, wie etwa Krebsen, Fleisch oder Spargel. Erst später wurde der Ausdruck für die unterschiedlichsten Formen von – häufig im Wasserbad – gebackenen Massen verwendet. »Berühmte« Aufläufe sind → Reisauflauf und → Scheiterhaufen. Als »Königin der Aufläufe« gilt nach Franz → Maier-Brucks ›Sacher Kochbuch‹ allerdings keine Wiener Spezialität, sondern die klassischen → Salzburger Nockerln.

Aufschnitt, *m.*: Die genaue Bezeichnung ist »kalter Aufschnitt«, unter dem man allerlei dünn geschnittene Würste, Speck, Käse und Bratenstücke versteht, die gewöhnlich mit grünem → Paprika, Senf, Meerrettich und Eiern garniert werden.

aufspritzen → spritzen.

Augustin, Lieber (eigentl. Marx Augustin): * 1645, † 11. 3. 1685 Wien. Der Liebe Augustin stammte aus einer Wirtsfamilie, die allerdings bald abwirtschaftete und dem Sohn offensichtlich nur gute Laune und eine Art Drehorgel, die sogenannte »Augustinsche Sackpfeife« vermachte. Augustins Arbeitsgebiete waren neben der Wiener Innenstadt auch die Vororte bis nach Baden und Wiener Neustadt. Wo der Liebe Augustin gastierte, waren dem Wirt volle Häuser und entsprechende Einnahmen sicher. Zu Augustins Stammlokalen zählten unter anderen die Bierschenken im Croatendörfl (heute: Spittelberg), der »Rothe Hahn« auf der Landstraßer Hauptstraße, das Wirtshaus zum »Gulden Kapaunen« auf der Wieden, das »Gulden Lampel« in der Leopoldstadt, »Bei den drei Haasen« in der Kärntner Straße, der »Klapperer« am Kohlmarkt, der »Gelbe Adler« im alten »Sauwinkel«, und das »Rothe Dachel« am Alten Fleischmarkt sowie das heute noch bestehende »Griechenbeisel« in der Griechengasse, welches zwischendurch auch »Schlosserbierhaus« und »Weißer Engel« hieß. Dessen Wirt, ein gewisser Ulrich Konrad Puffan, wußte den Lieben Augustin durch freie Kost und Schmeicheleien dermaßen an sein Haus zu binden, daß er wöchentlich zweimal, nämlich am Donnerstag und am Samstag, bei ihm musizierte. In seine Dachwohnung in der Hahngasse konnte der gewöhnlich stockbetrunkene Augustin nach solchen Konzerten meist nur noch mit Hilfe von stützenden Begleitern gebracht werden. Vom Volkssänger zum Volkstyp ist der Liebe Augustin durch sein allerdings nur mündlich überliefertes Verhalten am 10. September 1679 geworden, als er sich im wegen der Pestseuche nahezu menschenleeren »Rothen Dachl« einen Rausch antrank und auf dem Heimweg in ein noch nicht zugeschüttetes Massengrab fiel, wo er am nächsten Morgen gesund und munter wieder erwachte. Das Lied »O, Du lieber Augustin, alles ist hin« ist allerdings erst später entstanden.

ausbanln: Fleisch von Knochen lösen.

ausfehen: mit Mehl stauben.

auswalken: einen Teig ausrollen.

Ausgelöste(s), *s.* (Ausglösts): jegliche Art von entbeintem Fleischstück.

ausg'steckt: Zeit, in der ein → Heuriger oder eine → Buschenschank geöffnet hat. Als sichtbares Zeichen hängt meist ein Föhrenbuschen (→ Buschen) über dem Eingangstor. In Weinbauorten wie in Grinzing, Sievering oder im Kahlenbergerdorf findet man Ausg'steckt-Tafeln, auf denen die Öffnungszeiten der Heurigen angegeben sind.

auskochen: für Privatgäste aufkochen.

auslassen: beim Erhitzen von

Äpfel-Strudel

Man macht einen feinen Strudelteig, zieht ihn fein aus, schneidet den dicken Rand weg, betropft ihn mit viel zerlassener Butter, streut mit der Zahnscharbe fein nudelig geschnittene Äpfel, viel Zucker, 1 Hand voll Rosinen, 1 Hand voll fein geschnittener, weißer Mandeln oder Nüsse, etwas Zitronenschale darauf, rollt ihn leicht zusammen, dreht ihn schneckenförmig und gibt ihn in eine mit Rindschmalz gut ausgestrichene Kasserolle und bäckt ihn 1 Stunde im heißen Rohre. Man bestreicht ihn obenauf noch mit Butter oder Schmalz, wodurch er sehr resch wird.
Oder: Man gibt statt Mandeln oder Nüssen in Butter geröstete Semmelbröseln und etwas Zimmet dazu. Viele schneiden die Äpfel fein blätterig.

schierem Fett – vor allem Schweinefilz – entstehen → Schmalz und → Grammeln.
ausnehmen: sämtliches Fleisch, aber auch Fisch von → Innereien befreien.
ausstecken → ausg'steckt.
Auszugsmehl, *s.*: Was früher als teuerste und beste Mehlsorte galt, ist heute etwas in Verruf geraten, da es – im Gegensatz zu ungebleichten Mehlen – weniger Nährstoffe und Vitamine enthält (→ Kaiserauszug).
Auter, *s.*: Dialektausdruck für Kuheuter, wie es heute noch in manchen Wiener Beiseln – wie z. B. beim »Renner« am Nußdorfer Platzl – gebacken oder gedünstet serviert wird.
awibuxen: rasch austrinken.

B

Ba, *s.*: wienerischer Dialektausdruck für Knochen (Plural: Banln).

Babenberger, Mz.: Den wesentlichsten Beitrag dieses Herrschergeschlechts zur österreichischen Küche lieferte Markgraf Leopold V. (1157-1194), als er seinen Widersacher, → Richard Löwenherz, den König von England, in einem Jagdschloß vor den Toren Wiens festnehmen ließ, während derselbe sich gerade dem »servus opus« des Hendlbratens unterzog und damit den Beweis lieferte, daß sich das »Hendl aus dem Wienerwald« schon vor über neunhundert Jahren größter Beliebtheit erfreute.

Backerbsen, Mz.: Suppeneinlage in Form schmalzgebackener kleiner Teigkügelchen.

Bäckerschupfen, *s.*: In der 1340 erlassenen »Handfeste« (Stadtordnung) Herzog Albrechts II. (1298-1358) war eine ziemlich grausame Bestrafung für Bäcker vorgesehen, die beim Verkauf zu leichten Brotes ertappt worden waren. An der Exekutionsstätte in der Roßau sperrte man sie in einen Käfig und tauchte diesen mit Hilfe eines Balkens in die Donau. Das Bäckerschupfen wurde allerdings auch innerhalb der Stadt, etwa auf den für den Brotverkauf bestimmten Plätzen am Graben und am Neuen Markt, durchgeführt, wo man die Bäcker, wie es heißt, nicht in Wasser, sondern »in Unrath« eintauchte. Das letzte Bäckerschupfen wurde in Wien unter Kaiser Josef II. im Jahr 1773 durchgeführt.

Backhendl, *s.* (Backhuhn) (sprich: Bachhendl): »Die Backhendln«, so ist in Habs und Rosners ›Appetit-Lexikon‹ nachzulesen, »sind nicht nur eine Wiener Spezialität, sondern eine Tatsache der österreichischen Kulturgeschichte, die dem ganzen Land zur Ehre gereicht.« Was wir heute unter einem »Backhendl« verstehen, ist jedoch noch gar nicht so alt, da den »bachenen Hühnern« der Kochbücher vor 1700 zumindest die Semmelbrösel abgingen. Erst 1719 taucht in Conrad Haggers berühmtem ›Salzburgischen Kochbuch‹ ein Rezept auf, in dem die »Hünlein aus abgeschlagenen Eyern gebachen« zunächst in Essig mariniert und dann mit Eiern, Mehl und »Semmel-Bröslein« gemeinsam mit kleingehackter Petersilie in Schmalz ausgebacken wurden. In manchen Kochbüchern ist auch – wie etwa 1810 bei Theresia Ballauf – von schmalzgebackenen »Hühnern im Schlafrock« die Rede. Die oft gestellte Frage, ob Backhühner in Schweine- oder → Butterschmalz zubereitet werden sollen, beantwortete Anna Dorn 1827 eindeutig zugunsten der Butter: »Gebackene junge Hühner (...) dürfen schwache und kranke Leute nur unter der Bedingung essen, wenn sie den über dem Huhn befindlichen Überzug von geriebener Semmel, Mehl und Eyern abschneiden, welcher sich schwer verdauen läßt, weil er in Butter gebraten ist.« Christoph Friedrich Nicolai erinnerte sich 1781, in Wien »geviertheilte Hühner« gegessen zu haben, die entweder in Schmalz oder in geschmolzener Butter ausgebacken waren. Tatsächlich dürften Schweine- und Butterschmalz also durchaus gleichwertige Backfette gewesen sein. Die Frage, ob man Backhühner »klassisch« – also mit Haut und Knochen paniert – oder zeitgemäß, nämlich enthäutet und ausgelöst, servieren sollte, ist indessen erst in jüngeren, ernährungsbewußteren Zeiten aufgekommen. Auch daß statt Rind- oder Schweineschmalz heute häufig Pflanzenöl zum Ausbacken verwendet wird, mag zwar gesund sein, ist jedoch absolut nicht authentisch. Wie immer sie jedoch zubereitet werden, bis heute sind die Backhendln geblieben, was Adalbert Stifter, im privaten Leben ein bekannter Epikuräer, in seinen Bildern ›Aus dem alten Wien‹ über sie sagte: »...eine bekannte Wiener Lieblingsspeise«.

Backhendlfriedhof, *m.* (Bachhendlgottsacker): ironisch für einen dicken Bauch, der auf den (übermäßigen) Genuß von Backhühnern zurückzuführen ist.

Backhendlperiode, *w.*: Der Ausdruck tauchte bereits um 1900 auf und bezeichnete schon damals »die gute alte Zeit«, unter der man anno dazumal das Biedermeier verstand.

Backlmesser, *s.*: kleines Messer zum Schneiden von → Schusterlaberln.

Badeni, *s.*: Wer um die Jahrhundertwende »a Viertl (oder an Achtl) Badeni« bestellte, meinte damit nicht mehr und nicht weniger als einen → G'spritzten. Dies hatte seine Bewandtnis nicht darin, daß dies das Lieblingsgetränk des österreichischen Ministerpräsidenten Kasimir Felix Graf von Badeni (1846-1909) war, sondern dieser sich durch seine tschechenfreundlichen Sprachenverordnungen bei vielen Abgeordneten

Wiener Backhuhn

Junge, zarte Hühner sticht man ab, überbrüht sie mit heißem Wasser, streift die Federn weg und putzt sie sehr sauber. Wenn sie mindestens 6 Stunden abgelegen sind, zerteilt man sie mit einem scharfen Messer in 4 Teile; zuerst der Länge nach durch und durch und jede Hälfte knapp ober dem Schenkel noch einmal. Der vorher abgeschnittene Kopf samt Kragen ist das 5. Stück. Die Füße sind beim Knie abgehauen und entfernt worden. Die Flügel werden rückwärts gegen den Hals gedreht, die Gelenke der Schenkelknochen eingeschnitten und die Schenkelknochen einwärts gebogen. Die zerschnittenen Hühner werden nun gesalzen, in Mehl getaucht, in zersprudelte Eier getunkt, in sehr feine, gleichmäßige Semmelbröseln gewälzt und kurz vor dem Anrichten in einer tiefen Kasserolle in 3 Finger hohem, heißem Fett – Schweinschmalz allein oder mit Rindschmalz gemischt – gebacken. Wenn ein Teil der Hühner auf beiden Seiten gebacken ist, so nimmt man die Stücke mit einem Backlöffel heraus, legt sie auf Löschpapier in eine Schüssel und stellt diese einstweilen zum Warmhalten in das offene Rohr. Sind alle Stücke gebacken, so taucht man auch die Lebern und Mägen der Hühner in Mehl, Ei und Bröseln, desgleichen die Köpfe samt Krägen. Wenn diese gebacken sind, richtet man alles zusammen auf einer langen Schüssel an und ziert noch die Schüssel mit gebackener grüner Petersilie. Man gibt beliebigen Salat mit Eiern, Kompotte oder grüne Erbsen dazu.

zum Reichstag unbeliebt gemacht hatte, weshalb er am 28. November 1897 entlassen (ma. g'spritzt) wurde.

Bafleisch, *s.*: → Beinfleisch.

Bagauner, Mz.: Die besonders schweren und kräftigen Schweine wurden zur Zeit der Donaumonarchie vor allem aus dem ungarischen Bakonyer (= Bagauner) Wald nach Wien importiert.

bahn (bähen): alte Semmeln durch Erwärmung wieder knusprig machen.

Bain-marie, *s.*: Wasserbad.

Baiser mit Schlag, *s.* (frz. baiser = Kuß): doppeltes Windgebäck (→ Wind) mit → Schlagobersfülle.

Balg, *m.*: Beerenschale.

Ballauf, Theresia: Autorin des 1810 in Wien erschienenen Kochbuchs ›Die Wiener Köchin wie sie seyn soll, oder mein eigenes durch dreyßig Jahre geprüftes Kochbuch in sechs Abteilungen‹.

Bamöl, *s.*: veraltet für Olivenöl, das »von die Bam«, von den Bäumen stammt.

Bampfl, *s.*: dicker Brei.

Bandl, *s.*: alte Maßbezeichnung für vier Würste.

Bank (Fleischbank), *w.*: Metzgerei.

Banlsieder, *m.* (Banlsiada): Knochenauskocher, Gelatinehersteller.

Banlviech, *s.*: Rindfleisch von minderer Qualität.

Bärentatzen, Mz.: nach den typischen Ausbackformen benannte Weihnachtsbäckerei aus geschlagenem Eiweiß, Zucker, Zimt, Zitronenschale, → Schokolade und Mandeln.

Barterl, *s.*: Lätzchen, das vor allem kleine Kinder tragen, um sich beim Essen nicht zu beschmutzen. Im übertragenen Sinn auch bei Erwachsenen für eine umgebundene Serviette (z. B. zum Krebserlessen) verwendet.

Bassena, *w.* (frz. bassin, ital. bacino = Becken): 1. im Hausflur alter Wiener Zinshäuser angebrachter gußeiserner Wasserhahn (Wasserbecken), die einzige Wasserquelle der sogenannten »Bassenahäuser« war. Da rund um die Bassena stets allerlei los war, entstand dort auch der »Bassenatratsch« (»Dees hat's bei der Bassena g'hört« = das ist leere Klatscherei) oder – bei Auseinandersetzungen der »Bassenakrawall« (→ Wasserweiber); 2. Rohrbrunnen auf der Straße.

Batati, Mz. (ital. patate): Kartoffeln.

Batzerlguglhupf, *m.*: aus einem → Germgugelhupfteig werden drei Teigstränge geformt, abwechselnd mit → Topfen, Mohn und Nüssen bestrichen, ineinandergeschlungen und in einer gut gebutterten → Gugelhupfform ausgebacken.

Batzerlkuchen, *m.*: wird wie ein Batzerlgugelhupf zubereitet, nur in einer länglichen Wannenform ausgebacken.

Bauchfleisch, *s.* → Frack bzw. Kaiserfleisch.

Bauchlapperl, *s.* → Frack.

Bauernbrot, *s.*: allgemeine Bezeichnung für jede Art von Schwarzbrot.

Bauerngulasch, *s.*: Rindsgulasch mit → Semmelknödel.

Bauernkarpfen, *m.*: → Gareisel.

Bauernkaviar, *m.*: Sellerie.

Bauernkrapfen, *m.*: in → Schmalz gebackener und mit Staubzucker bestreuter Germteigkrapfen, der häufig vor dem Servieren in der Mitte mit einem Marmeladetupfen versehen wird.

Bauernschmaus, *m.*: städtische Adaptierung der ländlichen Schlachtplatte: Auf einem Sauerkrautsockel werden je eine Scheibe Schweinsbraten (→ Karree oder → Schopf), → Geselchtes und wahlweise ein → Frankfurter Würstl oder eine Bratwurst angerichtet und mit einem → Semmelknödel serviert.

Baumkuchen, *m.* → Prügelkrapfen.

Baumwollsuppe, *w.* → Eintropfsuppe.

Baunzerl, *s.*: Die durch einen Einschnitt in der Mitte geteilte Semmel wurde angeblich nach einer wohlbeleibten Bäckerin benannt, die den Spitznamen »s'Baunzerl« trug. Der Ausdruck geht in Wahrheit jedoch auf die lateinische Wurzel »panis«, »panicillus« = Brot, Brötchen zurück.

Bavese, *w.* → Pofese.

Bavogelschmalz, *s.* → Beinvogelschmalz.

Baz, *m.*: abschätziger Ausdruck für alle Gerichte von breiartiger Konsistenz.

Beamtenforelle, *w.*: Scherzausdruck für → Salzstangerl und → Knacker. In beiden Fällen wird eine billige Speise bezeichnet, was auf das niedere Einkommen der Beamten hindeutete.

Beck, Lydia: Autorin des 1952 erschienenen Kochbuchs ›Die echte Wiener Küche‹.

Bejgl, *s.* → Beugel.

Beinfleisch, *s.* (Bafleisch): Bei diesem besonders saftigen Stück Rindfleisch handelt es sich um die → Zwerchried aus dem → Riedhüfel, das nicht mit dem → Hieferschwanzel verwechselt werden darf. Es stammt übrigens trotz seines Namens nicht vom Bein, sondern aus dem Vorderviertel des Rinds. Beinfleisch wird in der traditionellen Wiener Küche nicht ganz ausgekocht und ist ein typischer Bestandteil des klassischen Wiener → Gabelfrühstücks.

Beinvogelschmalz, *s.* (Bavogel-, Bienenvogelschmalz): Honig.

Beiried, *w.*: Rippenstück aus dem Rinderrücken (Entrecôte). Bei dem Wort »Beiried« handelt es sich vermutlich um eine semantisch völlig unberechtigte Verhochdeutschung von »Riad-Eckel«, wobei »Riad« die Hälfte eines geschlachteten Tieres bezeichnet. Die Beiried ist also nicht anderes als das »Eck von der Riad«.

Beisel (Beisl), *s.*: Das Wort stammt aus dem Jiddischen, wo »bajs« soviel wie »kleines Haus« bedeutet. Daraus leitete sich der urwienerische Ausdruck für eine Kneipe oder ein kleines Gasthaus ab, das es im alten Wien buchstäblich an jeder Straßenecke gab. Der österreichische Dichter Ignaz Franz Castelli (1781-1862) bezeichnete die Beiseln als »kleine, unbedeutende Wirtshäuser« in den Vorstädten, »wo der Wirt hübsche und kecke Mädchen hielt, (...) täglich des Abends zwei oder drei Musikanten zum Tanz aufspielten und man (...) Würste, Käse, gelegentlich auch Schweinefleisch zu speisen bekam.« Damals wurde in den Beiseln nur Bier und keinesfalls Wein ausgeschenkt, der den → Heurigen und besseren Gastwirtschaften vorbehalten blieb. Dieser vormärzliche Beisel-Begriff wurde im Laufe des 19. und beginnenden 20. Jahrhunderts wesentlich erweitert und stand bald für jedes einfache Gasthaus, in dem es offenes Bier, Schankwein und typische Gerichte der Wiener Hausmannskost (vor allem → Gulasch, → Beuschel, → Beinfleisch, → Schweinsbraten u. ä.) gab. Mittlerweile sind aus vielen alten Beiseln Bankfilialen, chinesische Restaurants oder Pizzerias geworden, und auch der Ausdruck »Beisel« hat vor allem während der letzten Jahre einen beträchtlichen Wandel seines Bedeutungsinhalts erfahren. Als Beisel bezeichnet man neuerdings auch Szenekneipen – »In-Beiseln« –, in denen u. a. Carpaccio gegessen und Chianti geschlürft wird.

Beize, *w.* → Marinade.

Bertram, *s.* (Bertramkräutl): Estragon (Bot. Arthemisia dracunculus).

Besoffener Kapuziner, *m.*: Bei dieser auch als »Kapuzinerkoch« oder »B'soffene Liesl« bezeichneten Mehlspeise handelt es sich um ein zur Gruppe der → Koche zählendes Gericht, bei dem eine aus Mehl, Zucker, → Schokolade, geriebenen und gerösteten Haselnüssen sowie

Eigelb und geschlagenem Eiweiß ausgebackene Masse mit heißem Gewürzwein getränkt und mit → Schlagobers serviert wird. Wird statt Gewürzwein Glühmost (→ Most) verwendet, so heißt das Gericht → Mostschober. Bei Marie von Rokitansky findet man auch ein ähnliches, aus schmalzgebackenen Semmelschnitten und → Rosinen zubereitetes Gericht, das mit gezuckertem Wein übergossen wird und »Besoffener Bauer« heißt.

bestecken: einen Tisch reservieren lassen (veraltet).

Beugel (Beigel, Biagl, Bejgl), *s.*: Da Beugel von »biegen« kommt, ist es im biegsamen Wienerischen ein äußerst facettenreiches Wort. Zunächst einmal versteht man darunter eine kipferlartige Mehlspeise, die mit Mohn oder Nüssen gefüllt ist und gewöhnlich Beugel, Beugerl, Nuß- oder Mohnbeugerl genannt wird. Als Biagl – das Wort geht auf den Steigbügel zurück – bezeichnet man eine Hühner- oder Gänsekeule. Sowohl mit der Biegung als auch mit dem Bügel wird indessen der Bejgl in Zusammenhang gebracht. Mit einigem Recht gelten Bejgls (engl. bagels) nämlich als typisch jüdisches Backwerk. Das Bejgl ist für die osteuropäischen Juden eine der letzten Erinnerungen an das Stetl, wo von fliegenden Händlern Bejgls, auf langen Stöcken aufgespießt, durch die Straßen getragen wurden. Eine wichtige Spur der Bagel-Geschichte führt freilich auch ins Wien der zweiten Türkenbelagerung zurück. Dort soll ein jüdischer Bäcker das Bejgl 1683 erstmals zu Ehren des Polenkönigs Johann III. Sobieski (1624-1696) als Dank für die Errettung aus der Türkennot gebacken haben. Tatsächlich aber hat Sobieski das Bejgl damals wohl schon gekannt. Die älteste Erwähnung des Gebäcks, so schreibt zumindest Leo Rosten in seinem Buch ›The Joys of Yiddish‹, reicht nämlich ins Jahr 1619 zurück, als in Krakau verfügt wurde, jede Mutter möge nach der Geburt ihres Kindes ein Bejgl als Geschenk erhalten.

Beuschel, *s.* (Beuschl): wienerische, ursprünglich vor allem an Montagen gegessene Spezialität aus dem auch Khröb, Kreb, Gerebe oder Lungenhaschee genannten → Geschlinge (= Lüngerl). Bei Rokitansky wird unter einem »Kalbs-Peuschel« ein Ragout aus Lunge und Herz verstanden. Während das Beuschel aufgrund seiner »minderen« Zutaten für herrschaftliche Tafeln als ungeeignet galt, fand es als → Salonbeuschel auch

Beuschl, Kalbs-Peuschel

Ein Kalbs-Peuschel (Lunge, Herz) kocht man mit allen Suppenwurzeln sehr weich, beschwert es während des Auskühlens ein wenig, schneidet es dann fein nudelig, und entfernt dabei alle Luftröhrenverzweigungen. Hierauf macht man mit viel Schweinschmalz eine dunkle Einbrenn, gibt fein gewiegte Zwiebel hinein, läßt sie anlaufen, vergießt mit Essig und der Brühe, gibt auch die Wurzeln, 1 gestoßene Nelke, 2 gestoßene Neugewürzkörner, 10 gestoßene Pfefferkörner, 1 gestoßenes Salbeiblatt, etwas Thymian und 4 Stück Zucker, nebst etwas Estragonessig dazu und läßt die Sauce gut verkochen. Dann passiert man sie, über das geschnittene Peuschel, in eine andere Kasserolle, läßt noch alles zusammen aufkochen und richtet gleich an. Man gibt Knödel dazu.

Eingang auf gutbürgerliche und feine Tafeln. Das Beuschel ist auch ein klassischer Bestandteil des → Gabelfrühstücks oder, wie es der österreichische Erzähler Friedrich Schlögl in ›Wiener Blut‹ schildert: »...ein derbes Purgatorium für einen sündhaften Magen«.

Beuschelsuppe, *w.*: mit Sud verdünntes Beuschel.

Biagl, *s.* → Beugel.

Bibergoschn, *w.* → Fotzmaul und → Ochsenmaul.

Biberhahn, *m.* → Truthahn.

biberln (piperln; lat. bibere = trinken): schön langsam »dahinsaufen«.

Biegl, *s.* → Beugel.

Bienenstich, *m.*: Mehlspeise aus Hefeteig, der mit Vanillecrème gefüllt ist und mit einer Honig-Mandel-Masse überbacken wird.

Bierbrezel, *w.*: in Wien eine hart ausgebackene Laugenbrezel.

Bierglöckl, *s.*: Ab 1457 erschallte vom linken Heidenturm des Stephansturmes das später auch »Gurglabschneiderin« genannte »Pyrglöckl«, nach dessen Läuten die Bierschenken geschlossen werden mußten und sich niemand mehr ohne Licht auf der Straße zeigen durfte.

Bierhansl, *m.*: Rest, der im Bierglas zurückbleibt.

Bierhunde, Mz. → Quargel.

Bierkäse, *m.*: ein Aufstrich, der zu gleichen Teilen aus → Brimsen und Butter besteht; wird mit Schnittlauch, Senf, edelsüßem Paprika, Kümmel, Zwiebeln, → Kapern und einem Schuß Bier vermengt.

Bierlipperl, *s.*: ursprünglich Hopfenweckerl; kleiner Imbißhappen zum Bier aus einem mit Liptauerkäse und Speck überbackenem → schwarzen Wekkerl.

Biernigl, *m.*: Biersäufer, starker Biertrinker.

Bierstangerl, *s.*: stangenförmiges, hart ausgebackenes Laugengebäck, das traditionell in einer durchsichtigen Papierhülle serviert und zum Bier gegessen wird.

Bierteig, *m.*: Teig, der zu gleichen Teilen aus Mehl und Bier besteht; kann auch mit geschlagenem Eischnee verfeinert werden (→ Weinteig).

Biertippler, *m.*: einer, der die übriggebliebenen Reste (→ Bierhansl) aus den Bierkrügen der anderen oder den leeren Bierfässern, die von den Wirten zum Abholen vor das Wirtshaus gestellt wurden, austrinkt.

Bierzeiger (Bierzacher), *m.*: das »bierige« Gegenstück zum → Weinzeiger: Ein ausgehängtes Zeichen aus ineinander verknüpften Holzspänen wies darauf hin, daß in einem Haus Bier ausgeschenkt wurde. Darauf

Blutwurst

10 Stück Semmeln werden würfelig geschnitten und mit dem ausgelassenen Darmfett und etwas Grieben (Grammeln) sowie viel fein geschnittenen Zwiebeln geröstet. Dann werden vom Schweinskopfe die fetten Backen weich gekocht und auch würfelig geschnitten. Nun mischt man in einem großen Weitling 3 l Blut mit 1 ½ l lauwarmer Milch, gibt die gerösteten Semmelwürfel, die würfelig geschnittenen Speckbacken, die Grammeln von dem Gedärmfett, 8/10 l warmer Schweinssuppe, 3 Eßlöffeln Majoran, 3 Löffeln Pfeffer, 3 Löffeln Neugewürz, 1 Löffel Thymian, alles fein gestoßen, und 2 Hände voll Salz dazu. Diese Masse füllt man, sobald sie gut verrührt ist, mit einer großen Wurstspritze in die vorgerichteten dicken Därme nur leicht ein, speilt sie, nachdem sie spannelang abgeschnitten wurden, an beiden Seiten zu und kocht sie in siedendem Salzwasser.

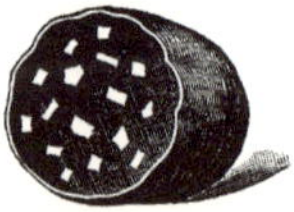

geht übrigens auch die frauenfeindliche Altwiener Redewendung »Die hat a Frisur wiara Bierzacha« zurück.

Billardsieder (Billiardsiader), *m.*: Bezeichnung für einen → Kaffeesieder oder → Cafetier, in dessen Etablissement sich auch Billardtische befanden.

Biri, *m.*: Weinberg, Weingebirge.

Birne, *w.*: Wie der Apfel ist auch die Birne in Wien und seinem Umland sowohl als Most- wie auch als Speiseobst verbreitet. Typisch österreichische Birnensorten sind die aus Böhmen stammende Butterbirne (um 1770), die seit 1700 bekannte Nagowitzbirne, die Salzburgerbirne (seit 1700) sowie mehrere Mostbirnensorten (z. B. Landlbirne, Winawitzbirne, Grüne Pichlbirne).

Biskotte, *w.* (Bischkode; lat. biscotum = zweimal gebacken). Die auch Löffelbiskuit genannte Mehlspeise ist nicht nur die Grundlage jeder → Malakoff-Torte, sondern wegen ihrer Haltbarkeit auch eine alte Seemannsnahrung. Die Wiener Kinder kauften früher zu billigsten Preisen das sogenannte Bischkodenpapier, um die daran hängenden Reste der Süßigkeiten abzuschlecken. Wie tief der Ausdruck trotz oder gerade wegen seines französischen Ursprungs in die Wiener Volksseele Eingang fand, läßt sich auch daran ermessen, daß man einen → Einspänner, der drei Leute – die wie Biskotten zusammengepfercht sitzen mußten – beförderte, als Bisgotterl- oder Bischkoderlfuhr bezeichnete. Lit.: S. Bernkopf u. a.: Neue alte Obstsorten, Wien 1991.

Bischof, *m.*: Der Bürzel (Schwanzwurzel) beim Geflügel wird nach seiner bischofsmützenartigen Form so genannt.

Bischofsbrot, *s.*: süßes Früchtebrot mit grob gehackten Schokoladeeinschlüssen.

Biskuitschöberl, *s.* (auch Mz.): früher auch »Biscotins Viennois« genannte Suppeneinlage, die erst kurz vor dem Servieren in die Suppe eingelegt wird (→ Schöberl).

Bockerl, *s.* → Indian.

Bockshörndl, *s.*: Johannisbrot.

Bodensackl, *s.*: Schweinemagen mit Blutwurstfülle.

Böflamod, *s.*: Das aus Frankreich stammende »Boeuf à la mode« fand schon relativ früh in die Wiener Küche Eingang und wurde daher auch sprachlich »eingewienert«. Ein Rezept dafür findet sich bereits in Wolf Helmhard von Hohbergs 1715 erschienenem ›Bewährten und wohl-eingerichteten Kochbuch‹.

Es handelt sich dabei um ein mit verschiedenen Gewürzen, Wein, Essig und Schwarzbrot gedünstetes → Schulterscherzl.

Bograczgulyás, *s.*: ungarisches Kesselgulasch, das mit Kümmel, → Knoblauch, → Paprika, Zwiebeln, → Erdäpfeln sowie → Paradeisern gedünstet und in einem kleinen Silberkessel serviert wird. Dazu reicht man sogenannte → Csipetke.

Böhmische Glockenverpel, *w.* (lat. = Ptychoverpa bohemica): Frühlingslorchel.

Böhmische Köchinnen: Den Köchinnen, die im 19. Jahrhundert im Verlaufe des großen Zuzugs aus Böhmen nach Wien kamen und dort als billige Dienstbotinnen in den »hochherrschaftlichen Haushalten« tätig waren, verdankt die Donaumetropole zu großen Teilen ihre vielgerühmten → Mehlspeisen.

Böhmischer Karpfen, *m.*: Während der Karpfen in Preußen, Pommern, Mecklenburg, Brandenburg und Schlesien als »Bierfisch« sowie in Posen und Galizien mit Rotwein und Rosinen »polnisch« gekocht wurde, dominierten in Böhmen süßsaure Zubereitungen mit Bier oder Melniker Wein – benannt nach der Ortschaft Melnik, unweit von Prag –, → Kapern, Dörrzwetschken, Lebkuchen und Gewürzen. In die Wiener Küche, wo Karpfen vor allem gebacken oder als Wurzelkarpfen serviert wird, fand diese Methode der Zubereitung des Karpfens als »Schwarzfisch« durch die böhmischen Köchinnen zwar Eingang, setzte sich aber nie wirklich durch.

Böhmische(r) Prater, *m.*, Eig.: Der 1885 gegründete »Prater des kleinen Mannes« ist ein bescheidener und überschaubarer Vergnügungspark und liegt, ausgestattet mit einigen urtümlichen Wiener Gasthäusern, am Laaer Berg im Süden Wiens.

Böhmischer Sterz, *m.*: Erdäpfelsterz (→ Schmarren).

Bohnengulasch, *s.*: eingeweichte Bohnen werden mit → Speck, edelsüßem Paprikapulver, → Knoblauch und Essig weichgedünstet und mit → Paprikastreifen und → Selchfleischwürfeln verfeinert.

Borretsch, *m.*: Gurkenkraut.

Bosnawürstel, *s.* Ez. und Mz.: Die in geröstetes Weißbrot eingeschlagenen, stark gewürzten und mit Zwiebeln sowie Senf garnierten Bratwürstel werden in idealtypischer Form heute kaum noch in Wien, sondern in einem Durchhaus – ein Haus, das zwei Straßen miteinander verbindet – in der Salzburger Getreidegasse angeboten.

Boeuf à la mode

Ein gut abgelegenes Scherzelstück klopft man tüchtig und pfeffert und salzt es ein wenig. In einer Kasserolle röstet man mit etwas Fett alle Wurzeln, Zwiebeln, Thymian und ein Lorbeerblatt, legt das Fleisch darauf und dünstet es mit Wasser und Essig weich. In einer anderen Kasserolle läßt man in Schmalz kleine, geschälte Schalotten, Carotten, Champignons, Karfiolröschen und ausgestochene Erdäpfel weich dünsten und gießt öfters Bratensaft und Wasser nach. Den Braten staubt man mit Mehl, vergießt noch mit Rotwein und läßt alles verkochen. Die Sauce wird passiert und die gedünsteten Gemüse hineingegeben. Das Fleisch wird in Schnitten angerichtet und mit der Sauce übergossen.

Bosniakerl (Bosniak), *s.*: Kümmelweckerl (→ Hadschiloja).
Bosnisches Gulyás, *s.*: Rinds- und Hammelgulasch mit → Erdäpfeln.
Bouteille, *w.* (frz. bouteille = Flasche, lat. but(t)icula = Fäßchen): 0,7 Liter-Flasche in Kegelform. Bouteillenwein ist auch ein Synonym für Qualitätswein, im Gegensatz zu den einfacheren Weinen im sogenannten → Doppler.
Bramburi, Mz.: aus dem tschechischen Wort »brambor« – Brandenburg – abgeleiteter Begriff für → Erdäpfel.
Bramfer, *m.*: Branntwein (Gaunersprache).
Bramferwinden, *w.*: Schnapsschenke (Gaunersprache).
Brand, *m.*: 1. morgendliches Durstgefühl nach durchzechter Nacht, sprich genau dann, wenn man »auf Muat und Brand« (hemmungslos) getrunken hat; 2. Rausch.
Brandschmalz, *s.*: gebrauchtes Fett, in dem bereits etwas ausgebacken wurde.
Bratelbrater, *m.* (Bratlbrater): Der Ausdruck für Betreiber von Garküchen und Verkäufer gebratener Würste (später: »Wiener → Würstelmann«) geht vermutlich auf den englischen König → Richard Löwenherz zurück, der sich – inkognito durch Wien reisend – seine Unterkunft im Rüdenhof in der ehemaligen Gärntnergasse 364 (heute Dietrichgasse 16) im dritten Bezirk verdiente, indem er sich als Küchenhilfe verdingte und dort den Bratspieß drehte. Als ihn der Küchenmeister dennoch an seinem königlichen Ring erkannte, soll er gesagt haben: »Erlauchter Herr, Ihr seid zu fein, um in Wien hier einen Bratelbrater abzugeben. Euch ist etwas Besseres bestimmt. Ergebt Euch mir, Widerstand ist doch umsonst!«
Bratelfettn, *w.* (Bratlfettn): Brotaufstrich aus Bratenfett, meist vom Schweinsbraten.
Bratelgeiger, *m.* (Bratlgeiger): Wirtshausmusikant, der für ein Bratenstück aufspielt.
Bratenrock, *m.*: besseres Kleidungsstück, das der Wiener nur anzog, wenn er zu einem feinen Essen geladen war.
Brater, *m.*: 1. maschinelle Vorrichtung, um einen Drehspieß in Bewegung zu setzen; 2. billige Uhr.
Brathendl, *s.*: Brathähnchen, das durch den Linzer Kellner Friedrich Jahn auch außerhalb des »Wienerwalds« zu internationalem Ruhm gelangte.
Braune(r), *m.* → Kleiner bzw. Großer Brauner.
Brein, *m.*: Hirse(brei).
Brennabi, *m.*: ordinärer Schnaps.

Brennhassi, Mz.: Paar heiße Würstel.
Brennsuppe, *w.* → Einbrenn.
Brezel, *w.* (Brezen; mhd. brezel, lat. brachium, bracellus = verschränkte Arme): altes Brauchtumsgebäck aus Brüh- bzw. Laugenteig, das ursprünglich als Belohnung für Kinder gedient haben soll, die ihre Gebete brav auswendig lernten. Sie bekamen vom Pfarrer ein rundes Kringelgebäck mit einem Kreuz in der Mitte, das auch »preciuncula« (= Gebetsküchlein) hieß. Da Brezen als typisches Fastengebäck galten, wurde das aus Roggen- oder Weizenmehl bereitete und mit Salz bestreute Gebäck lange Zeit nur zwischen Weihnachten und Ostern gebakken. Der Lichtensteg im ersten Wiener Gemeindebezirk hieß in der Renaissancezeit »Brezzeneck«. Lit.: B. Kosler/I. Krauß: Die Brez'n, München 1993.
Brezenbäck, *m.*: Brezelhausierer, der seine Ware auf einer Brezenstange durch die Gastwirtschaften und → Heurigenschenken trug.
Brezenhecht, *m.*: aus der Barockzeit überliefertes Rezept, nach dem ein junger Hecht, vor dem Servieren zu einer Art Brezel geformt wird, indem man ihm die Schwanzflosse in den Rachen steckt.
Bries, *s.*: Zerriebenes, Zerbröckeltes; innere Brustdrüse bei jungem Schlachtvieh, besonders Kälbern (→ Kalbsbries).
Brikscherl, *s.*: kleiner Biß, Brosame, Krümchen.
Brimsen, *m.* (Brinsen, Brimsenkas, Primsen): Der Schafskäse aus der Slowakei ist die wichtigste Zutat des klassischen mit zahlreichen Gewürzen – vor allem Paprikapulver – hergestellten Original → Liptauers, der auf keinem → Heurigenbüffet fehlen darf.
Brockerln, Mz. (aus ital. broccoli, Mz. von ital. broccolo): junger Kohl, Sprossenkohl.
Brollen, *m.*: eine große Scholle (entstanden aus der sprachlichen Kontraktion von Brocken und Scholle).
Brösel, *m.* Paniermehl, das aus den Brosamen einer geriebenen, altbackenen → Semmel hergestellt wird. Nimmt man statt der Semmeln süße Massen als Ausgangsprodukt, so spricht man von Kuchen- oder Biskuitbröseln.
Bröselfleck, *m.*: ein etwas despektierlicher Ausdruck für das → Wiener Schnitzel.
Bröselfleisch, *s.*: mürbes Rindfleisch zum Sieden, vor allem vom → Schwarzen Scherzl.
Bröselgeier, *m.*: Spitzname des → Backhendls.
Bröselteppich, *m.*: Spitzname des → Wiener Schnitzels.

Bruckfleisch

Die Zubereitung dieses echten Wiener Gerichtes ist deshalb schwierig, weil gewisse Vorbedingungen gegeben sein müssen. Es müssen nämlich die einzelnen Bestandteile noch lebenswarm verarbeitet werden; dies ist nur dann möglich, wenn man in der Nähe des Schlachthauses wohnt. Folgendes sind die Bestandteile, welche beim Fleischhauer bestellt werden müssen: Schopfbraten (fettes, saftiges Fleisch vom Halse des Ochsen), Leber, Milz, Herz samt Schlagader (Lichteln), Lunge (Peuschel), Rindsbries und ein Töpfchen voll Blut. Alles zusammen im Gewichte von beiläufig 2-2 ½ kg. Das Fleisch wird in große Würfel, die »Lichteln« zu kleinen Ringen, das Herz nudelig, und die Milz zu kleinen Stückchen geschnitten. Indessen läßt man in Fett eine große, fein gehackte Zwiebel anlaufen, gibt viel fein geriebenen Majoran, Thymian (Kuttelkraut) und gestoßenen Pfeffer dazu, reibt auf dem Reibeisen 1 gelbe Rübe, 1 Petersilienwurzel und etwas Sellerie und mengt es darunter. Wenn das Wurzelwerk gelblich geröstet ist, gibt man das vorbereitete Fleisch hinein, läßt es etwas dünsten, spritzt Essig daran und gießt nach einiger Zeit so viel Wasser darauf, daß es davon bedeckt ist, und läßt es zugedeckt verkochen. Gegen Ende gibt man die feinblätterig geschnittene Leber, und noch Essig nach Geschmack, das Blut und das blanchierte Rindsbries hinein, läßt dies alles verkochen und salzt nach Geschmack. Man gibt Knödel dazu.

Brotladen, *m.*: vulgärer Ausdruck für Mund.
Brotschani, *m.*: So nannte man früher den Bäckerjungen, der jeden Morgen das Brot – gemeinsam mit der Milch – vor den Haustüren ablieferte.
Bruckfleisch, *s.* (Bruchfleisch): Die Rindfleischreste, welche früher auf der Schlacht- bzw. Schlagbrücke (→ Schlagbruckn) zurückblieben – vor allem → Kronfleisch, Stichfleisch, Milz, → Bries, Leber, Herzkranzgefäße und Schlagader – bilden die Grundlage dieses fast schon ausgestorbenen und in letzter Zeit gerade von Spitzenköchen wieder neu entdeckten Gerichts. Das Bruckfleisch wird traditionell mit Ochsenblut, Essig und geröstetem Wurzelwerk zu einem Ragout mit brauner Sauce gebunden und mit Thymian, Majoran und Pfeffer gewürzt. Statt Ochsenblut kann auch → Powidl verwendet werden. Als klassische Beilage zu Bruckfleisch serviert man → Knödel.
Brünnerstraßler, *m.*: Wein, der in den Weinbergen entlang der Bundesstraße nach Brünn im Norden Wiens gedeiht; früher sagte man ihm – was nicht immer gerechtfertigt war – nach, → krampensauer, d. h. besonders sauer zu sein.
Brustkern, *m.*: gilt als bestes Stück der Rinderbrust.
Bruststpeck, *m.*: durchzogener Räucherspeck vom Schwein, der auch »Hamburger Speck« genannt wird.
Brustspitz, *m.*: Vorderteil der Rindsbrust.
Bschisterer, *m.*: Lokalverbot.
bschöcher: betrunken sein (Gaunersprache).
Bsuf, *m.*: Alkoholiker.
Buach, *m.* → Bug.
Buchtel, *w.* (Buchtl, Wuchtl, Wuchtel): Das meist mit → Powidl gefüllte oder mit Vanillesauce servierte Hefegebäck geht auf das tschechische Wort »buchta« zurück und entspricht der bayerisch-oberösterreichischen »Dampfnudl«. Besonders beliebt waren in der Biedermeierzeit die sogenannten »Ternobuchteln«, in die ein geschäftstüchtiger Wirt beim Agnesbründl am Wiener Hermannskogel Lose mit »Glücksnummern« für die Lotterie, den »Terno«, einbuk.
Budiker, *m.*: Gastwirt.
Büffet (Buffet), *s.*: heute in Wien so gut wie ausgestorbene Form der Kleingastronomie, wo schon in aller Früh Siedefleisch (→ Rindfleisch), hauptsächlich aber gesottenes Schweinefleisch serviert wird. Außerdem gibt es Wurstwaren und Bier vom Faß.

Buchteln

(Wuchteln, Rohrnudeln)

Man macht einen Germteig aus 40 dkg Mehl, 3 dkg in ⅛ l Milch aufgelöster Germ, 2 Eiern, 14 dkg Butter, 7 dkg Zucker, den fein geschnittenen Schalen von ½ Citrone oder Orange, und einem Stäubchen Salz. Milch kommt noch so viel dazu, daß der Teig sich abschlagen läßt. Wenn der Teig Blasen bekommt, läßt man ihn gehen. Sobald er noch einmal so hoch geworden ist, als er war, treibt man ihn auf dem Brette halbfingerdick aus, schneidet ihn zu viereckigen 3 Finger breiten und langen Fleckchen und bestreicht diese mit 1 Kaffeelöffel voll Powidl oder Salse oder mit Mohn-, Nuß-, Zwetschken- oder Rosinenfülle und rollt die Fülle in den Teig. Man legt sie hierauf in eine mit Butter bestrichene Bratpfanne, so daß die Enden des gerollten Teiges nach oben kommen und bestreicht jene Stellen, wo eine Buchtel die andere berührt, mit zerlassener Butter oder zerlassenem Rindschmalze. Wenn die Bratpfanne voll ist, bedeckt man sie mit einem Tuche und läßt die Buchteln an einem warmen Ort so lange gehen, bis der Teig noch einmal so hoch geworden ist als er war, worauf man ihn mit zerlassenem Rindschmalze bestreicht und die Buchteln ¾-1 Stunde im Rohre langsam backen läßt. Nach dieser Zeit stürzt man die Bratpfanne, löst die Buchteln voneinander und richtet sie angezuckert an.

Bug, *m.*: Schulterteil, besonders von Pferd und Rind.
Bugschnitzel, *s.*: Teil der Schulter, der zusammen mit dem »Vorderen → Pratzel« den »Vorderen → Wadschinken« ergibt.
Bummerlsalat, *m.*: bezeichnet wie der »Tschapperlsalat« ursprünglich die ersten Salatblätter einer Saison. Heute versteht man darunter Eis- bzw. Krachsalat.
Burenwurst, *w.*: Diese besonders grobe und meist auch ziemlich fette, gerade deshalb aber unvergleichliche Wurstsorte wird meist gesotten, manchmal aber auch gegrillt angeboten und steht im Zentrum jedes klassischen Wiener → Würstelstands. Zahlreiche Synonyme wie Buringer, Burenärmel, Burenhaxen, Burenhäutel oder schlicht und einfach »Haße« beweisen ihre ungebrochene Popularität auch im McDonald's-Zeitalter.
Burgunder, *m.*: alter Ausdruck für Rote Bete oder Mangoldrübe (→ Rote Rübe).
Buri, *m.*: Lauch. Aus einer offensichtlich optischen Analogie heraus entstand in Wien auch die obszöne Redensart: »Jetzt hängt eahm der Buri aus der Hosen.«
Buschen, *m.*: Ein zuweilen auch zu einem Kranz geflochtener Strauß von Föhrenzweigen zeigt an, daß eine → Buschenschank oder ein → Heuriger geöffnet ist (→ Weinzeiger).
Buschenschank, *w.*: Lokalität, in welcher der junge Eigenbauwein zu gewissen, seit Josef II. gesetzlich festgelegten Zeiten offen ausgeschenkt werden darf und ausschließlich selbst zubereitete Speisen verkauft werden dürfen (→ Heurigen).
Buschenschankgesetz, *s.*: Landesgesetze in Wien, Niederösterreich, dem Burgenland und der Steiermark, die den Ausschank von Eigenbauweinen in einer Buschenschank regeln.
Busserl, *s.* (lat. pusillus = klein): kleine runde Plätzchen oder Lebkuchenkekse.
Butik, *w.* (frz. boutique): Kneipe, Likörstube (→ Budiker).
Butte, *w.*: größerer Holzeimer mit Tragbändern, der auf dem Rücken getragen wird und ungefähr vierzig Kilogramm Trauben faßt (»Hand von der Butten!« = Laß ab!).
buttermarb: mürbe wie Butterteig.
Butterschmalz, *s.*: Die auch Rindschmalz genannte und geklärte Butter – im Wienerischen ist »Butter« übrigens männlichen statt weiblichen Geschlechts – dient in der Wiener Küche als beliebtes Backfett, vor

allem für → Backhendl und → Wiener Schnitzel.

Butterschnitzel, *s.*: Das faschierte (kleingehackte) und mit Schneidsemmeln sowie → Obers, → Eidottern und Butter zubereitete Kalbfleisch gilt mit Recht als »Hausfrauenprobe« und ist einer der Klassiker der Wiener Hausmannskost.

Butz, *m.*: Kerngehäuse einer Frucht, die manche »mit Butz und Stingel« – also ohne Überreste – essen (→ Apfelbutz).

B'soffene Liesl, *w.* → Besoffener Kapuziner.

C

Cafetier, *m.*: Kaffeehausbesitzer.
Canarimilch, *w.* → Kanarimilch.
Carmänadel, *s.* → Karbonadel.
Catalanizungen, *w.* (Catalani-Züngerln): Die berühmte Koloratursängerin Angelika Catalani (1779-1849) hat sich in der Wiener Volkskultur nicht nur durch die nach ihr benannten Catalanifächer und -hüte unsterblich gemacht, sondern auch durch ihre Lieblingsspeise, die sogenannten Catalani-Züngerln, aus denen in den zwanziger Jahren des 19. Jahrhunderts ein weitverbreitetes Synonym für Olmützer → Quargel wurde. Die Catalani-Züngerln werden gewöhnlich in Essig und Öl serviert.
Charakter, *m.*: alter Fachausdruck für jene Kellnerserviette (Hangerl), an deren Zustand man den Charakter des Servierpersonals tatsächlich recht gut erkennen kann.
Chadeau, *m.* → Weinchaudeau.
Chardonnay, *m.*: weiße Rebsorte; in Wien früher – in der Wachau heute noch – Feinburgunder genannt.
Chocolade, *w.* → Schokolade.
Ćevapčići, Mz.: Die paprizierten und gegrillten Hackfleischröllchen sind einer der vielen Beiträge Serbiens zur Wiener Küche.
Cichori, *m.*: Zichorie, Chicorée. Aus den getrockneten und gemahlenen Wurzeln der Wegwarte, wie die Pflanze auch noch genannt wird, wurde früher ein Kaffee-Ersatz (Zichoriekaffee) zubereitet (→ Andivi).
Cichorisitzer, *m.* → Zichorisitzer.
Cillykugeln, Mz. (Cillikugeln): Die Mandolettibäckerin Cäcilia »Cilly« Krapf hatte um 1690 einen Bäckerladen am Peilertor und kreierte angeblich diese Nascherei (→ Faschingskrapfen).
Consommé, *w.* (Konsommee) → Dunstkoch.
Cordon Bleu, *s.*: Obwohl die Bezeichnung des blauen Ordensbandes, das von einer Pariser Köchinnenvereinigung verliehen wurde, aus Frankreich stammt, hat das Cordon Bleu – als mit Schinken und Emmentaler gefüllte Variante des → Wiener Schnitzels – in der Wiener Gasthausküche seinen festen Platz. Klassisch wird es mit gemischtem Salat serviert, in letzter Zeit allerdings immer häufiger mit Pommes frites, manchmal auch mit Kompott.
Crèmeschnitten, Mz.: beliebte

Mehlspeise aus Butterteig, die mit Vanilleoberscrème gefüllt wird.

Crèmespinat, *m.*: passierter, in Rindsuppe weichgedünsteter Blattspinat, der mit → Obers verfeinert wird.

Csikosfleisch, *s.* (ung. csikos = Pferdehirte): deftiges Gericht aus Schweinefleisch, → Selchspeck, → Paprika, → Paradeisern und gezupften → Nockerln.

Csipetke, Mz.: aus Nudelteig gezupfte Nockerln (→ Bogracz-gulyás).

Czecherl, *s.* → Tschecherl.

D

Dalken, Mz. (tschech. vdolek, dolky = Aschenkuchen): zuerst ein Ausdruck für jedes mißglückte Gebäck (vgl. auch: ein »dalkerter«, d.h. ungeschickter Mensch), später Ausdruck für die in der »Dalkenpfanne« herausgebackenen Liwanzen (tschech. lívanec, lívance), die bald nur noch »böhmische Dalken« hießen. Der Ursprung des Gerichts läßt sich bis ins 14. Jahrhundert verfolgen. Das damals erschienene ›Buch von guter spise‹ beschrieb bereits eine den Dalken recht ähnliche Speise als »pehamisch Arbeiß« – als »böhmische Erbsen«.

Dalkenpfanne, *w.*: gußeiserne Pfanne mit mehreren Einbuchtungen, in der außer Dalken auch Spiegeleier zubereitet werden können.

Damenkaprizerl, *s.*: Weihnachts- bzw. Teegebäck mit ganzer → Weichsel.

Dampf, *m.*: Rausch.

Dampfl, *s.*: Vorteig für Speisen aus Hefeteig.

Dampfnudel, *w.* → Dukatenbuchtel.

Dapferl, *s.* → Erdäpfel.

Datschkerl, *s.* (tschech. taška = Tasche): Teigtasche (→ Tatschkerl und Powidltatschkerl).

Debreciner Gulyás, *s.*: Rindsgulasch mit mitgedünsteten grünen Paprikaschoten und in Scheiben geschnittenen Debrecziner Würstchen, das üblicherweise mit Salzkartoffeln serviert wird.

Deka, *s.*: typisch österreichische Gewichteinheit; 1 Deka (dag) = 10 g. Seit 1978 ist die Abkürzung »dag« verbindlich. Marie von Rokitansky verwendet noch das alte, heute nicht mehr gebräuchliche »dkg«.

Demel, *s.*: Die berühmte Wiener Institution, deren voller Name heute *Ch. Demel's Söhne Ges.m.b.H.* ist, geht auf die im Jahre 1786 gegründete *Burgtheater-Zuckerbäckerei* eines Ludwig Dehne zurück. 1852 übergab sie dessen Sohn August an seinen damaligen Gehilfen Christoph Demel, der das Etablissement vom Michaelerplatz auf den Kohlmarkt verlegte, wo es sich heute noch befindet. Der Gatte von Klara Demel, Federico Berzeviczy-Pallavicini, führte das Geschäft bis 1972, dann erwarb es eine Schweizer Gesellschaft. Seit 1994 ist die Raiffeisenbank Wien Eigentümerin. In die Schlagzeilen geriet das deliziöse Geschäft, als 1950 zwischen

Böhmische Dalken

Zu 28 dkg Mehl sprudelt man 3 ½ dl Milch, 3 Dotter, 3 dkg zerlassener Butter, 1 ½ dkg aufgelöster Germ, etwas Salz, ein Stäubchen Zucker und schließlich mengt man den festen Schnee von 3 Klar darunter und läßt den Teig zugedeckt an einem warmen Orte gehen. Indessen gibt man den Dalkenmodel auf den Herd aufs offene Ringloch, gibt in jede Vertiefung etwas Rindschmalz und läßt es heiß werden, worauf man in jede Höhlung einen Schöpflöffel voll gut gegangenen Teiges gibt. Wenn er unten Farbe bekommt und oben abtrocknet, bestreicht man oben den Teig mittelst einer Hühnerfeder mit heißem Schmalze, dreht den Dalken mit einer Gabel um und läßt ihn auf der zweiten Seite Farbe bekommen. Die fertigen Dalken gibt man auf einen Teller ins heiße Rohr, so daß sie nicht erkalten und zusammenfallen, bis aller Teig verarbeitet ist. In die leer gewordene Höhlung gibt man schnell wieder Schmalz und sobald dieses heiß ist, Teig hinein und bäckt so fort bis der Teig verbraucht ist. Man richtet die Dalken hierauf auf einer flachen Schüssel bergartig an, bestreut sie mit Zucker und serviert Salse oder gedünstetes Obst, oder Zwetschkenröster dazu, oder man streut bloß Zucker und gestoßenen Zimmet darauf.

Oder: Man nimmt 40 dkg Mehl, ½ l Milch, 6 Dotter, 6 Klar zu Schnee, 2 dkg Germ, Salz und etwas Zucker.

Gefüllte Dalken

Man läßt die Dalken auf einer Seite etwas weniger braun werden, bestreicht diese Seite mit Zwetschkenfülle oder mit Rum verdünntem Powidl, legt einen zweiten Dalken darauf und bestreut ihn oben mit geriebenem Lebkuchen und Zucker, oder man streut etwas geriebenen, mit zerlassener Butter gespritzten Topfen darüber.

Dillenkraut-Sauce

In 5 dkg Butter läßt man 5 dkg Mehl etwas anlaufen, gibt 3 Eßlöffel voll fein geschnittenen Dillenkrautes und ½ Löffel fein gewiegter grüner Petersilie, die nötige Suppe und einige Löffeln voll sauren Rahmes dazu, salzt die Sauce und läßt sie gut verkochen.

Nuß-Koch im Dunste

Man schlägt von 6 Klar sehr festen Schnee, mischt 6 Eßlöffel voll Zucker, 6 Eßlöffel voll gestoßener Nüsse und 1 ½ Eßlöffel voll Semmelbrösel dazu, verrührt alles leicht, füllt damit eine mit Butter geschmierte Dunst-Form und kocht die Masse ½ Stunde im Dunste. Man serviert dazu eine Vanille-Crème von 4 dl Milch, 4 Dottern, 2 Löffeln Stärkemehl und 3 Löffeln Zucker mit Vanillegeruch oder Himbeersaft.

dem »Demel« und dem »Hotel Sacher« der sogenannte »Sachertorten-Krieg« um das Originalrezept – Ist die Torte in der Mitte durchgeschnitten und mit Marmelade gefüllt oder nicht? – ausbrach, der letztendlich erst im November 1994 zugunsten des »Sacher« entschieden wurde. Lit.: F. Berzeviczy-Pallavicini, Die k.k. Hofzuckerbäckerei Demel, Wien 1976.

dicke Schulter, *w.*: Der Hauptteil der Rindsschulter eignet sich sowohl als Siedefleisch als auch zum Dünsten.

dicker Spitz, *m.*: wird auch Rippenspitz genannt und bildet gemeinsam mit dem → Gnack-Spitz den »Spitz« aus dem Vorderviertel des Rinds.

Diech, *m.*: in der Wiener Fleischhauersprache das → Hinterviertel des Rinds.

Dille, *w.*: In Österreich wird er sie genannt und ist eines der beliebtesten Küchenkräuter der Wiener Küche, das sowohl zum Dekor als auch für die Saucenküche verwendet wird.

Dillfisolen, Mz.: mit Dillsauce verfeinerte, kleingeschnittene grüne Bohnen sind eine der klassischen Beilagen zu Altwiener Siedefleisch (→ Rindfleisch) wie etwa → Beinfleisch oder → Tafelspitz.

Dillsauce, *w.*: klassische eingebrannte Sauce als Begleitung zu Siedefleisch (→ Rindfleisch) oder gekochter Ochsenzunge. Dillsauce gibt es jedoch, ähnlich wie → Schnittlauchsauce auch in einer kalten Variante.

Diodato → Kaffeehaus.

dippeln (andippeln): sich betrinken.

Dirndl, *s.* (Dürndl): hat nichts mit jungen Mädchen zu tun, sondern geht auf die Dürlitze oder Kornelkirsche (lat. cornus mas) zurück, aus der auch ein ebenso rares wie teures Edeldestillat gebrannt wird.

Dobostorte, *w.*: Der nach dem 1924 verstorbenen ungarischen Zuckerbäcker Lajos Dobos benannte Torten-Klassiker war in Wien bereits 1895 ein Renner. Das Originalrezept wurde zwar erst nach dem Tod des Erfinders bekannt, dennoch finden sich Dobos-Torten-Rezepte schon viel früher in Wiener Kochbüchern.

Dominikaner, *m.*: ein Kaffee mit viel Milch.

Dominikaner Kalbsbraten, *m.*: Kalbsfrikandeau (ausgelöster Kalbsschlegel) mit Champignonrahmsauce und gekochten → Selchfleischscheiben sowie grünen Erbsen.

Doppler, *m.*: scherzhaft auch »Magna mater Austriae« *(Große Mutter Österreichs)* genannt: eine Doppelliterflasche

Dobos-Torte

Vorerst bäckt man 8-9 Blätter in Tortenreifen aus folgender Masse: Man rührt 14 dkg Zucker mit 8 Dottern sehr schaumig, mengt noch den festen Schnee von 6 Klar und schließlich 10½ dkg Mehl bei. Dann schlägt man zur Fülle im Schneebecken 6 ganze Eier mit 21 dkg Zucker mit Vanillegeruch, stellt das Becken in eine mit siedendem Wasser gefüllte Kasserolle und rührt so lange, bis die Masse dicklich wird, worauf man sie auskühlen läßt. 4 Tafeln oder 14 dkg Chocolade läßt man mit 4 Löffeln Wasser aufkochen und mengt diese Lösung löffelweise in obige Crème hinein. Dann rührt man 21 dkg Butter flaumig ab, vermengt sie mit der Chocolademasse und streicht sie messerrückendick auf jedes Biskuitblatt. Das oberste Blatt überzieht man mit folgender Caramel-Glasur. Einige Stücke Zucker, im Gewichte von 8-10 dkg, überstößt man grob, läßt sie in einer Pfanne lichtbraun werden, vergießt dann mit etwas Wasser, mengt noch 15 dkg weißen Zuckers hinzu, läßt die Masse so lange kochen, bis sie dickflüssig wird und streicht diese Glasur mit einem heißen Messer über die Torte.

mit billigem, einfachem Schankwein, der aber zum → Aufspritzen meist gut geeignet ist.

Dotter, *m.*: Eigelb.

Dorn, Anna (geb. Pellet): Autorin des 1827 in Wien erschienenen, stilbildenden Grundlagenwerks ›Neuestes Universal- oder: Großes Wiener-Kochbuch‹. Verfaßte außerdem ein Standardwerk über die »Einsiedekunst« (Wien 1857).

Dorninger, Marie: Autorin des 1906 in Wien erschienenen ›Bürgerlichen Wiener Kochbuchs für 3-4 Personen‹.

drahn: die Nacht durchzechen.

Drahrer, *m.*: sinnenfroher Zechkumpan, Lebemann, Nachtschwärmer; ursprünglich Werkelmann (auch: Schwindelanfall). Das in diesem Sinne gebräuchliche Wort geht auf das Lied ›Weil i an alder Drahrer bin‹ von Ernst Pohlhammer zurück, das der bekannte Wiener Volkssänger Edmund Guschelbauer (1839-1912) in seinem Repertoire hatte.

Dreher, Anton → Lager.

Drüberstrahrer, *m.*: sprich: Drüberstraha; ein Gläschen von meist älterem oder süßerem, in jedem Fall aber wertvollerem Wein »zum drüberstreuen«, mit dem so mancher Gasthaus- oder Heurigenbesuch endet – oder auch nicht. (→ Achtel).

Drüstel, *s.* → vorderes Ausgelöstes.

Duch, Karl: Verfasser küchentechnischer Standardwerke wie dem ›Handlexikon der Kochkunst‹ (Linz 1958) oder ›Kleines Wiener Kochbuch‹ (Wien 1946).

Dukatennudeln, Mz. (Dukatenbuchteln, Dampfnudeln): legendäre Mehlspeise (aus Hefeteig) mit Vanillesauce, die im Idealfall die Farbe eines Golddukaten hat.

Dulliäh, *m.* (Dullióh): Rausch.

dunsten: im Wasserbad kochen.

dünsten: im eigenen Saft schmoren lassen.

Dunstkoch, *s.*: Diese typische Altwiener Suppeneinlage wird in vielen alten Kochbüchern mit der Suppe selbst gleichgesetzt und daher häufig auch als Consommé oder Konsommee bezeichnet. In jedem Fall handelt es sich um in unterschiedlichen Formen im Wasserbad gegarte Küchlein auf der Basis verschiedenster Rohprodukte, aus denen dann, je nach den verwendeten Zutaten, ein Grießdunstkoch, Hirndunstkoch, Erdäpfeldunstkoch oder ein Leberdunstkoch wird. Neben den Suppeneinlagen gibt es auch süße Dunstkoche, die – wie etwa das Mandeldunstkoch – nach dem Stürzen mit Weinchaudeau serviert werden. Zu den Dunstkochen zählen auch klassische Puddingrezepte wie etwa Vanille-, Schokolade-, Erdbeer- oder Früchtepudding.

Durchmarsch, *m.* → Grenadiermarsch.

Durschschlag, *m.*: Nudelsieb, daher auch: durchschlagen = passieren.

Dürlitze, *w.* → Dirndl.

Durri-Durri, *m.* (Duri-Duri; ital. duro = hart): klassische »Wiener Volkstype«, die beim Heurigen und in den Praterlokalen mit einer dürren, harten Dauerwurst von Tisch ging (→ Salamudschi- bzw. Salamimann). Seinen Namen trägt der Durri-Durri nach dem gleichlautenden Ausruf, mit dem er sich schon von weither bemerkbar machte. Eine typische Durri-Durri-Wurst ist die auch heute noch äußerst beliebte schmale → Kabanossi.

Dürrkräutler, *m.*: Kräuterverkäufer.

dürrte Zwetschken, Mz.: Backpflaumen.

Dusel, *m.*: unaggressiver, verschlafener Rausch; Halbschlaf.

Duttelkalb, *s.*: Milchkalb.

E

Eckel, Julius: zusammen mit Hans Ziegenbein Autor des 1931 in Wien erschienenen Standardwerks ›Was koche ich heute?‹; die beiden verfaßten außerdem ›Die gute Wiener Mehlspeise‹ (Wien 1932).

Eierdutschen → Eierpecken.

Eier im Glas, Mz.: weichgekochte, geschälte Eier, die in einem Glas serviert werden, sind Teil eines klassisch-opulenten → Wiener Frühstücks.

Eiernockerln, Mz.: aus der ländlichen österreichischen Küche stammendes und mit den italienischen »Gnocchi« verwandtes Gericht, bei dem → Nockerln mit versprudelten Eiern vermengt und rasch serviert werden, bevor die Eier noch stocken können; wird traditionell mit grünem oder mit Gurkensalat serviert.

Eierpecken, *s.* (Eierdutschen): vor allem unter Kindern beliebter Osterbrauch, bei dem einer das Osterei des anderen durch Aufeinanderschlagen versucht – wie man im Wiener Dialekt sagt – »einzutetschen«. Gewonnen hat derjenige, dessen Ei danach noch eine intakte Schale besitzt.

Eierschwammerl, *s.*: Pfifferling.

Eierschwammerlgulasch, *s.*: Pfifferlinge in paprizierter Rahmsauce.

Eierspeis, *w.*: Unter der klassischen Wiener Eierspeis – auch »tanzende Eierspeis« genannt – versteht man ein Rührei, das allerdings nicht, wie international üblich, mit → Obers abgemischt wird. Eierspeis ist darüber hinaus ein Überbegriff für all jene Altwiener Eiergerichte, von denen allein Anna → Dorn in ihrem 1827 erschienenen Wiener Kochbuch neununddreißig Arten – darunter auch etliche Kuriositäten wie Eierwürste oder Graseier – aufzuzählen wußte.

Eierstich, *m.*: zur Familie der Dunstkoche (→ Koch) zählende und daher auch Eier-Konsommee genannte Suppeneinlage, die vor dem Servieren in Rhomboide geschnitten wird.

Eiklar, *s.*: Eiweiß.

ein(i)haun: kräftig essen.

Einbrenn, *w.*: in → Schmalz oder Öl geröstetes Mehl (Mehlschwitze); wird vor allem für »eingebranntes« Gemüse und Béchamel-Saucen verwendet.

einbrennen: Gemüse mit einer Einbrenn zubereiten.

Eingetropfte(s), *s.*: in eine Suppe getropfter Eierteig.

Eing'machte(s), *s.*: Ragout.

Eier-Consommé

2 ganze Eier, 3 Dotter, 1 Löffel Mehl, 4 Löffel Milch und Salz sprudle man gut ab und passiere alles durch ein Sieb. Eine flache blecherne Form (Bischofsbrotform) schmiere man mit Butter aus, bestäube sie mit Mehl, gieße die Masse ein und stelle die Form in ein größeres Gefäß, in welchem sich heißes Wasser befindet und lasse die Masse darin stocken, wozu sie 1 Stunde braucht. Das Wasser darf nie stark kochen, damit das Consommé keine Blasen bekomme, was als mißraten zu betrachten ist, denn es soll nur gestockt sein wie saure Milch. Gestürzt, schneidet man zierliche, kleine Stückchen und gibt sie in die klare Rindsuppe oder in eine sehr dünne Sagosuppe.

Feine Einmach-Suppe

Man macht eine gute Buttereinmach, vergießt sie mit brauner Suppe und gibt etwas Madeira hinein. Dieser kann auch wegbleiben. Ein kleines Stück eines Kalbkopfes wird weich gekocht und das abgelöste Fleisch und die Haut in runde Scheiben ausgestochen, dann gibt man beliebige kleine Markknöderln oder Nockerln, geschnittene, gebratene Bratwürste, gedünstete Champignons und etwas Trüffeln, einige gekochte Karfiolröschen dazu, mengt alles durcheinander und richtet die Suppe an.

Einmach, *w.*: helle Mehlschwitze. In Wien weiß man genau zwischen einer mit Butter zubereiteten »lichten« oder »hellen« Einmach sowie einer mit Schmalz oder Öl hergestellten braunen → Einbrenn zu unterscheiden.

Einmachsuppe, *w.*: Kalbsknochensuppe mit Kalbfleischeinlage, die mit → Dotter und → Obers gebunden sowie mit Champignons, Trüffeln oder anderen Zutaten verfeinert wird.

einmagerieren: marinieren bzw. konservieren.

einpanieren → panieren.

Einschiebspeise, *w.*: Zwischengericht.

Einspänner, *m.* (Aspanner): 1. ursprünglich ein einspänniges Pferdefuhrwerk, im übertragenen Sinn aber ein einzelnes Frankfurter Würstl (meist mit Gulaschsaft serviert); 2. beliebte Wiener Kaffeespezialität – ein im Henkelglas kredenzter schwarzer Bohnenkaffee mit → Schlagobers und Staubzukker.

Eintropfsuppe, *w.* (Wollsuppe, Baumwollsuppe): Ein einfacher Tropfteig aus Mehl und Wasser wird als Einlage in der Suppe mitgekocht.

Eipeldauer Gans, *w.*: in früheren Zeiten eine besonders beliebte Mastgans aus der Leopoldau, die im Volksmund »Eipeldau« genannt wurde.

Eis, *s.*: 1. → Gfrornes; 2. alte Bezeichnung für Schokoladeglasur.

Eisbaiser, *s.*: doppeltes Windgebäck mit gemischten Eissorten gefüllt (→ Wind, → Baiser).

Eischnee, *m.*: aufgeschlagenes Eiweiß.

Eiskaffee, *m.*: In der klassischen Wiener Variante wird eine Kugel Vanilleeis in einen mit Hilfe von Eiswürfeln gefrosteten, starken, schwarzen Kaffee gegeben und mit einem → Schlagobershäubchen dekoriert.
Im Wiener »Hotel Imperial« wurde der Eiskaffee um die Jahrhundertwende noch wesentlich komplizierter zubereitet: Zunächst wurde 1 Liter Schmetten (= Rahm) mit Vanille aufgekocht und mit 20 → Dekagramm (dag) frisch gebranntem → Mokka vermischt. Nachdem diese Mischung 20 Minuten »digeriert« (= gerastet) hatte, wurden 8 → Eidotter mit 40 dag Staubzucker schaumig gerührt, mit denen man die abgeseihte Kaffee-Schmetten-Mischung auf kleinster Flamme legierte. Die so entstandene Mischung wurde dann stark abgekühlt und nach dem Stocken in hohen Gläsern mit Schlagobershäubchen und → Hohlhippen serviert. Das Rezept stammt

Rührei oder Eingerührtes mit verschiedenen Zutaten

Man sprudelt die Eier mit Salz und nach Belieben mit etwas Obers oder Milch gut ab, gießt sie in heiße Butter oder heißes Schweinschmalz, rührt sie darin mit einer Gabel so lange auf, bis das Ganze dicklich, aber nicht hart ist und richtet es gleich an. Beim Auftragen bestreut man es nach Geschmack mit fein gewiegtem Schinken oder geriebenem Parmesankäse oder Schnittlauch. Will man länglich geschnittene Sardellen oder Häringe darunter geben, so rühre man unter die Eier auch etwas sauren Rahm, auf 4 Eier 1 Löffel voll, und ein Stäubchen Mehl und Pfeffer. Auch rührt man gedünstete Champignons oder Morcheln, grüne Petersilie und gekochtes, würfelig geschnittenes Bries oder Hirn unter die Eier und gießt alles zusammen versprudelt in heißes Schmalz.
Hat man Krebsbutter zur Hand, so lasse man dieselbe nur zerschleichen, rühre die zersprudelten Eier, in welche man auch fein gewiegtes Krebsenfleisch mischte, hinein und wenn die Masse dicklich geworden ist, bestreue man sie mit gekochten grünen Erbsen oder Spargelköpfen. Man trage sie dann sogleich auf. Kann auch in Muscheln serviert werden. Unter gewöhnliches Rührei, mit Butter gemacht, mische man viel gekochte grüne Erbsen oder gekochten, grob geschnittenen grünen Spinat oder Sauerampfer und bestreue das Rührei mit Pfeffer und Parmesankäse. Auch gekochte Sprossen oder Karfiolröschen eignen sich zum Darunterrühren. Auch Bratenreste, klein gewiegt oder nudelig geschnitten, verwendet man

gut, wenn man sie unter das Rührei mischt. Man hebt den Geschmack mit Pfeffer, Parmesankäse, Bratensaft oder saurem Rahme.

von Chef-Patissier Franz Müller und ist dem ›Ersten Wiener Kochkunst-Kalender‹ des Jahres 1914 entnommen.

Eiskasten, *m.*: Kühlschrank.

Eiskoch, *s.* → Koch.

Elfer-Mess', *w.*: Da man lieber selber trinkt als dem Pfarrer in der Kirche dabei zuzuschauen, ist dies eine bevorzugte Alternative zur Messe im landläufigen Sinne.

Elisenlebkuchen, *m.*: berühmte auf → Oblaten mit Mandeln und Nüssen gebackene Lebkuchenspezialität; wird vor allem mit der »Bad Ischler Elisenlebzelterei« in Verbindung gebracht.

Elsbeere, *w.* → Adlitzbeere.

Englischer, *m.*: neben → Knöpfel und → Riedhüfel der dritte große Teil des → Hinterviertels des Rinds.

Entrecôte Auersperg, *w.*: nach dem Geschlecht des »Türkenschrecks« Andreas Freiherr von Auersperg (1557-1595) benannte Beiriedschnitte (Zwischenrippenstück), die nicht ganz durchgebraten, mit rohen Markscheiben und Champignons garniert sowie mit einer Sauce Duxelles vollendet wird, bevor man das Ganze – mit Käse und Butterflocken bestreut – im Rohr gratiniert.

Epigramm, *s.*: unterschiedlich zubereitete Stücke von einem Fleisch derselben Art. Ein »Epigramm vom Huhn« umfaßt beispielsweise gebackene, gedünstete, glacierte, gespickte und gebratene Hühnerteile.

Erbsenscharl, *s.*: Erbsenschote.

Erbsensuppe, *w.*: ursprünglich ein echtes Arme-Leute-Gericht, das heute vor allem auf Almhütten als kräftige Nahrung für Bergsteiger Verbreitung findet, aber auch für große Köche immer noch Herausforderungen birgt.

Erbsien, Eig.: volkstümliche Bezeichnung für das Gefangenenhaus, dessen Insassen früher vorwiegend mit Erbsensuppe bei Kräften gehalten wurden.

Erdapfel, *m.*: Obwohl die Kartoffel heute international mit dem Namen Auguste Parmentiers verbunden wird, hat die österreichische Küche für die Verbreitung des hierzulande Erdapfel genannten Nachtschattengewächses eine nicht zu unterschätzende Rolle gespielt. Als die ersten Erdäpfel im 16. Jahrhundert aus Peru nach Europa kamen, hielt man sie zunächst für giftig, bis sich der am Wiener Hof wirkende Botaniker Charles de l'Ecluse (1525-1609), auch Carolus Clusius genannt, mit der Zucht der neuen »Tartufeln« beschäftigte. Clusius, der auf seinen ausgedehnten Europareisen eine Zeit-

Erdäpfel-Suppe

Mehrere große Erdäpfel werden geschält mit grob geschnittener Zwiebel und Majoran gekocht und passiert. 1 große gelbe Rübe, 1 große Pastinakwurzel, etwas Petersilienwurzel wird fein würfelig geschnitten und gekocht. Man macht mit beliebigem Fett eine gelbbraune Einbrenn, gibt die passierten Erdäpfel, die würfelig gekochten Gemüse und noch würfelig geschnittene, gekochte Erdäpfel dazu, pfeffert und salzt die Suppe und vergießt sie mit Petersilienwasser oder Schinkensuppe. Zum Schlusse gibt man würfelig geschnittene, in Butter geröstete Semmel dazu.

Erdäpfel-Knödel mit Speck

7-8 Erdäpfel werden gekocht, geschält und dann noch heiß mit 40 dkg Mehl fein zerdrückt und gesalzen. Hierauf werden 10-15 dkg Speck würfelig geschnitten, heiß gemacht und nebst 2 Eiern dazu gemengt. Aus dieser Masse formt man 10-12 Knödel, kocht sie in Salzwasser ein und schmalzt sie nach dem Kochen, nachdem sie gut abgetropft sind, mit in Butter gerösteten Semmelbröseln gut ab. Man gibt sie zu Selchfleisch u. dgl.

lang auch die kaiserlichen Gärten in Wien betreute, verdanken wir das älteste österreichische Erdäpfeldokument. Es stammt vom 26. Januar 1588 und ist nichts anderes als ein Bildtext unter einer Abbildung: »Kleine Trüffel (Taratoufli), erhalten von Philippe de Siovry zu Wien«. Habs und Rosner behaupten also in ihrem Ende des 19. Jahrhunderts erschienenen ›Appetitlexikon‹ zu Recht: »In Mitteleuropa gebührt (...) dem alten Herzogtum Österreich die Ehre, die Kartoffel zuerst in größerer Menge, wenn auch immer noch ausschließlich im Garten angebaut (...) zu haben.« Untrennbar ist die Geschichte des Erdapfels auch mit dem Benediktinerkloster von Seitenstetten verbunden, in dessen Versuchsgarten bereits 1621 unter Abt Kaspar Plautz (1610-1627) »Papas« angebaut wurden. 1761 war es der sogenannte »Erdäpfelpfarrer« Johann Eberhard Jungblut, der die Ortschaft Prinzendorf im niederösterreichischen Weinviertel zu einem europäischen Zentrum des Erdäpfelanbaus machte. 1795 erschien schließlich in Wien ein Büchlein, das die Erdäpfel unter dem Titel ›Erdmuthe Hülfreichinn Unterricht für Hausmütter‹ nicht nur wegen ihres milden Fleisches, sondern auch wegen des an Mandeln erinnernden Geschmacks zur Verarbeitung in der Küche empfahl. Die ersten → Erdäpfelknödel findet man übrigens erst 1827 in Anna → Dorns Wiener Universalkochbuch. Zu den heute in Österreich gebräuchlichen Sorten zählen u.a. Kipfler, Linzer Delikateß, Sieglinde, Sigma, Sonja (alle festkochend), Christa, Gina, Bionta, Désirée, Goldsegen, Linzer Gelbe, Linzer Rose (alle vorwiegend festkochend), Agria, Hermes, Saturna, Treff, Welsa (alle mehlig) und Bintje (Allzweckkartoffel). Lit.: Ch. Wagner/R. Sedlaczek (Hg.): Österreich für Feinschmecker. Das kulinarische Jahrbuch 1995, Wien 1994.

Erdäpfelgulasch, *s.*: → Speck, Zwiebeln, Paprikapulver, Erdäpfelscheiben, Essig und → Knoblauch werden gedünstet, bis sich der Saft bindet. Zum Schluß werden noch → Frankfurter oder Debrecziner in das Gulasch geschnitten und heiß mitserviert.

Erdäpfel in der Montur, Mz.: Pellkartoffeln.

Erdäpfelknödel, Mz.: Unter den zahlreichen, hauptsächlich über Böhmen nach Wien gekommenen Rezepten für dieses Gericht findet man vor allem zwei Arten: solche, die als Basis für den Teig ausschließlich gekochte

Erdäpfel-Salat

Die gekochten, geschälten Erdäpfel werden in feine Scheiben geschnitten und mit Essig, Öl, Pfeffer, Salz und viel Majoran vermengt. Zuletzt gibt man noch nach Belieben 1 Kaffeelöffel voll fein gehackter Zwiebel oder Schalotten dazu.
Oder man vermischt die Erdäpfelscheiben mit Salz, Pfeffer, Kerbelkraut, Bertram und gehackter Petersilie nebst Schnittlauch, Cayenne-Pfeffer, Essig und Öl.

Warmer Erdäpfel-Salat

Feine Speckwürfel werden mit 1 fein gehackten Zwiebel hellbraun geröstet, dann die gekochten und in Scheiben geschnittenen Erdäpfel hineingegeben und mit Essig, Salz und Pfeffer gut vermengt.
Oder: Die Erdäpfel werden in der Schale gekocht, gleich geschält, in Scheiben geschnitten und in eine Salatschüssel gegeben, dann mit frischer Suppe vermischt und mit Salz, Pfeffer, Essig und Öl gut vermengt; zuletzt gibt man 2 Löffel voll fein gehackter, weißer Zwiebel dazu.

Esterházy-Rostbraten

4 Stück gut geklopfte Rostbratenschnitzchen überbrät man in Butter. Alles Wurzelwerk (von allem 1 Stück), schneidet man nebst einigen Sardellen nudelig. Man legt in eine Kasserolle eine Lage Wurzelwerk, Zwiebel, etwas Speck, dann Rostbraten, dann wieder Wurzeln u.s.f., gibt noch einige Kapern und sauren Rahm, daß die Rostbraten bedeckt sind, darüber und läßt sie im Rohre 1 ½ Stunden dünsten. Das Fett schöpft man weg, gibt etwas Mehlwasser dazu, eine Hand voll Kapern, Salz, Limoniensaft und ein Stückchen Zucker, läßt alles noch gut verkochen und serviert die Rostbraten samt den Wurzeln. Sellerie gibt man nicht dazu.

Esterházy-Crème-Torte

6 Dotter treibt man mit 12 dkg fein gestoßenen Zuckers gut ab, mengt den festen Schnee von 12 Klar, 12 dkg geschälter, fein geriebener Mandeln und etwas fein gewiegte Zirtonenschale dazu, macht von der Masse auf Papier 3 oder 4 runde Blätter und bäckt sie im Rohre. Nach dem Backen schlägt man von 6 Dottern, 12 dkg Zucker und 2/10 l Wein, im Becken auf dem Feuer mit der Schneerute einen Chaudeau, mengt während des Auskühlens 7 Blätter, mit etwas Wasser aufgelöster Gelatine, 1 ½ Löffel Rum und 1 ½ Löffel Marasquino dazu, rührt 4/10 l fest geschlagenen Oberssschaum gleichmäßig darunter und füllt schnell, ehe die Masse zu stokken beginnt, die 3 oder 4 Blätter. Obenauf ziert man nach Belieben die Torte mit eingesottenen Früchten.

Erdäpfel verarbeiteten, und solche, in denen – wie beim Waldviertler oder »Grünen Knödel« – zu gleichen Teilen rohe und gekochte Erdäpfel Verwendung finden.

Erdäpfelsalat, *m.*: Eines der ersten literarischen Zeugnisse des Erdäpfelanbaus stammt aus Österreich, wo der Humanist und Agronom Wolf Helmhard von Hohberg (1612-1688) in seinen ›Georgica Curiosa oder Adeliches Land- und Feldleben‹ 1682 auf seinem Landsitz in St. Pantaleon/OÖ. das erste Rezept für Erdäpfelsalat niederschrieb: »Man kocht die indianischen Papas und ißt sie warm oder auch überbrüht und geschält, kalt mit Öl, Essig, Pfeffer und Salz. Sie sind allhier so fruchtbar und vermehren sich so gern, daß man fürgibt, in Canada selbst seien itzt nicht soviel zu finden als bei uns.« Der Erdäpfelsalat wird in der Wiener Küche gerne in noch lauwarmem Zustand serviert und mit → Vogerl- oder Gurkensalat vermischt. Versprudelt man das Öl vor dem Anmachen mit Eiern zu mayonnaiseartiger Konsistenz, so heißt der Erdäpfelsalat → Mayonnaisesalat. Einem solchen hat der Dichter Anton Wildgans (1881-1932) in seinem in Hexametern verfaßten Epos ›Kirbisch‹ auch ein literarisches Denkmal gesetzt, wenn es u.a. heißt: »Und vom zartesten Grün der Endivie nekkisch umkräuselt, / Lagen die safrangelben Scheiben der Kipfel-Erdäpfel, / Reichlich mit → Dottern vermengt und glänzend von Essig und Öl.«

Erdäpfelschmarren, *m.*: gekochte Erdäpfel werden zerdrückt und dann in Schweineschmalz oder Bratenfett mit Zwiebeln angeröstet und dabei mehrfach gewendet.

Erdäpfelsuppe, *w.* → Wiener Erdäpfelsuppe.

Erdbeere, *w.* (mhd. ertber): Der Wiener Beitrag zur beliebten Erdfrucht aus der Rosaceen-Familie ist die »schöne Wienerin mit Schlagobers«, bei der es sich keineswegs um eine vernaschte Dame, sondern um eine mit → Obers garnierte Erdbeersorte handelt.

Essiggurkerl, *s.*: kleine Gewürzgurke.

Essigkren, *m.*: gerissener, mit Weinessig konservierter Meerrettich.

Essigmann, *m.*: Bezeichnung für eine seit dem Ersten Weltkrieg verschwundene Wiener Straßenfigur, meist ein Italiener. Er hatte ein abgeflachtes Essigfäßchen auf dem Rücken und zog so von Haus zu Haus. Seine Ware bot er mit einem empfehlenden »Faine Essi, gude Essi« an.

Esterházy-Gulyás, *s.* Rahmgulasch mit Wurzelwerk, → Kapern und Erbsen, zu dem als klassische Beilage Salzerdäpfel serviert werden. Benannt wurde das Gericht nach dem Adelsgeschlecht der Esterházy von Galantha.

Esterházy-Rostbraten, *m.*: → gedünsteter Rostbraten mit einer Sauce aus Wurzelwerk, Sauerrahm, → Kapern und → Porree.

Esterházytorte, *w.*: auch heute noch in allen Wiener Konditoreien erhältliche Buttercrèmetorte mit → Marillenmarmelade und kandierten Früchten.

Euter, *s.* → Auter

Extrawurst, *w.* (Extrawurscht): Daß die kranzförmige Wurst aus geräuchertem und gebrühtem Rind- und Schweinefleisch früher etwas ganz Besonderes gewesen sein muß, geht aus der altösterreichischen Redensart »An a Extrawurst braten« (= einen überaus bevorzugen) hervor.

Faschierter Braten

50 dkg rohes Kalbfleisch, 50 dkg rohes Schweinfleisch und 50 dkg rohes Rindfleisch (alles ganz ohne Knochen, nur das pure Fleisch gewogen), werden 2 mal durch die Fleischhackmaschine getrieben. Indessen reibt man 4 Semmeln zu Bröseln, befeuchtet diese mit Milch, und wenn sie von dieser ganz durchdrungen sind, gibt man noch 2 Löffel sauren Rahmes darauf und mengt nun die Bröseln zum faschierten Fleische. In ziemlich viel Butter, beiläufig 8 dkg, läßt man eine ganz kleine, feine gehackte Zwiebel und etwas grüne Petersilie anlaufen, mengt dies, nebst viel Majoran und etwas fein gewiegter Limonienschale, zum Fleische, salzt nur sehr wenig und knetet nun das Ganze in einem Weidlinge wie Brotteig tüchtig und lange Zeit durch, bis die Masse fein verarbeitet ist. Aus der Hälfte der teigähnlichen Masse formt man nun auf einem naß gemachten Brette eine bratenförmige Wurst und legt diese in eine mit Butter bestrichene Bratpfanne und brät sie im Rohre. Man braucht den Braten nicht mit Fett zu begießen. Aus der zweiten Hälfte des Teiges macht man einen gefüllten Braten. Man gibt den Teig auch auf ein nasses Brett, walkt ihn aber aus, belegt ihn mit nudelig geschnittenen sauren Gurken, Schinken und Speck, rollt ihn nach jeder Lage ein, daß die Einlagen mit den Farben abwechseln, und wenn alles eingerollt ist, gibt man dem Ganzen eine gleichmäßige Form und brät den Braten im Rohre. Dieser Braten ist namentlich vorzüglich kalt zu verzehren.

F

Fadl, *s.* (Farl): 1. junges Ferkel; 2. unsauberer Mensch.
Fam, *m.* (Foam): Bierschaum.
Farferl, *s.* (ital. farfalla = Schmetterling, farfarella = Koboldin): ursprünglich eine wenig schmeichelhafte Bezeichnung für eine einfältige und naive Person weiblichen Geschlechts oder – wie es Julius Jakob in seinem ›Wörterbuch des Wiener Dialekts‹ definiert – ein »unansehnliches, unverständiges jüngeres Frauenzimmer«, fand das Farferl, das sich etymologisch allerdings von mhd. »varvelen« = Suppe mit geriebenem Teig bzw. gequirlten Eiern ableitet, als Suppeneinlage aus Reibteig auch in die Wiener Küchensprache Eingang.
Fasan Metternich, *m.*: nach dem österreichischen Staatskanzler Clemens Wenzel Lothar Fürst von Metternich (1773-1859) benannte klassische Garnitur von auf Rotkrautsockel mit Kastanien angerichteten Fasanenhälften mit gebratenen Speckscheiben und mit Madeira abgeschmecktem Wildjus (Fruchsaft aus wilden Früchten). Fürst Metternich wird auch noch ein weiteres Mal mit einem Fasanengericht in Zusammenhang gebracht. Die »Consommé Metternich« ist nämlich nichts anderes als eine klare Fasanenkraftbrühe mit stiftelig geschnittenem Fasanenfleisch und Champignons.
Fasch, *w.* (Farsch; frz. farce = Fülle): Hackfleisch, Haschee.
faschieren: farcieren, zerkleinern, hacken, durch den Fleischwolf drehen.
faschiertes Laberl, *s.*: Bulette, Frikadelle. Das Gericht gilt in Wien als klassisches → »Restlessen« und sollte daher nicht am Montag gegessen werden. Dann nämlich sind – laut Peter Wehles ›Sprechen Sie Wienerisch?‹ – die Reste von der Vorwoche darin verarbeitet. Was für den Wiener ein Grund ist, die faschierten Laberln vom Montag einfach als »Wochenübersicht« zu bezeichnen. Wenn dann auch noch, wie es sein sollte, geröstete Kartoffeln dazu serviert werden, so spricht man kurz und bündig von einer »Wochenübersicht mit G'röste«.
Faschingskrapfen, *m.*, Ez. und Mz. (ahd. krapfo): in Fett ausgebackene und mit Marmelade oder Vanillesauce gefüllte sowie mit Staubzucker bestreute Krapfenspezialität, die meist in der Karnevalszeit angeboten wird.

Einer Legende zufolge soll ihre Erfindung auf die Wiener Hofratsköchin Cäcilie Krapf, genannt Frau Cilly zurückgehen. Die Geschichte läßt sich jedoch mit einem Blick in das ›Etymologische Wörterbuch der deutschen Sprache‹ von Friedrich Kluge leicht widerlegen. Ein Gebäck namens »krapfo« ist nämlich schon seit dem 9. Jahrhundert bekannt, und in Wien traten die ersten »Krapfenpacherinnen« schon 1486 auf den Plan. Dennoch hat auch das Gerücht um Frau Cäcilie Krapf einen wahren Kern. Ihre → »Cillykugeln« waren allerdings keine Erfindung, sondern eher eine »Trademark«, für die sie auf einem Hofball während des Wiener Kongresses so berühmt wurde, daß allein im Jahr 1815 an die zehn Millionen Krapfen bei offiziellen Empfängen und Bällen verspeist worden sein sollen.

Fasslreider, *m.*: Mensch mit O-Beinen.

Fasslrutschen, *s.*: Klosterneuburger Winzerbrauch, bei welchem man am 15. November, dem Tag des Landesheiligen Leopold, »das Faßl hinabrutscht«. Das Faß hat inklusive Spund einen Inhalt von 1000 Eimern (ca. 57000 Liter) und wurde 1704 aufgestellt und im August 1711 erstmalig gefüllt. Der vermutlich auf einem Fruchtbarkeitsritus beruhende Brauch bietet eine gute Gelegenheit, um danach eine deftige Heurigenjause (→ Heuriger, Jause) – der neue Wein befindet sich gerade im ersten Ausreifen – oder eine verspätete → Martinigans zu genießen.

Fasslspritzer, *m.*: stiller Zecher, der im Weinhaus jene Reste austrinkt, die von den anderen Gästen im Glas übriggelassen wurden (→ Bierhansl, → Biertippler).

Faumlöffel, *m.* (Foamlöffel): Löffel zum Schaumabschöpfen.

feankeln (owafeankeln): mit einem scharfen Messer ein Stück Fleisch oder Wurst abschneiden. Der Ausdruck ist leicht abwertend gemeint und deutet eine gewisse Ungeschicklichkeit des Schneidenden an.

fechsen: ernten; Fechsung = Ernte.

Feichtl, *m.*: alter Ausdruck für Wurzelgemüse, vorzugsweise → Kren.

Feinburgunder, *m.* → Chardonnay.

Feinspitz, *m.*: Feinschmecker, Gourmet.

Fensterschwitz, *s.*: besonders ordinäres Abzugsbier (→ Volkspilsner).

Fertiger, *m.*: Der »alte« Wein ist, im Gegensatz zum noch ungeschliffenen → »Heurigen«

bereits harmonisch, eben »fertig«.

fettes Meisel, *s.* → Meisel.

Fettn, *w.*: 1. Was beim Fleisch der wichtigste Geschmacksträger ist, bezeichnet beim Wein Kompaktheit und Dichte.
2. Fett

fett sein: einen Rausch haben.

Fetzen, *m.*: 1. Rausch; 2. Hundert-Schilling-Note.

Fiaker, *m.*: neben der traditionellen Pferdekutsche und deren Lenker auch so benannte schwarze Kaffeespezialität mit Kirschwasser oder Rum »gespritzt« und mit einer Kirsche nicht in der Tasse, sondern im Glas serviert. Seinen Namen hat er vermutlich deshalb, weil er von Fiakern, die ihren Standort gerne in der Nähe eines Wirts- oder Kaffeehauses wählen, bevorzugt wird.

Fiakergulyás, *s.*: ein klassisches Wiener Saftgulasch (→ Gulasch) wird – nach alter Fiakersitte – mit Spiegelei, → Essiggurkerl, einem Einspänner (Würstel) und rotem Paprikasalat garniert.

Figaro, *m.*: Weihnachtsbäckerei aus Mürbteig, Marzipan und Orangenmarmelade.

Filz, *m.*: Der zum Auslassen bestimmte Schweinespeck (Bauchfilz) ist auch Lehnwort bürokratiekritischer Wörter wie »Verfilzung« und »Filzokratie«. »Filzen« bedeutet nämlich nichts anderes als abzugreifen, ob einer (selbstredend: ein Speck) auch wirklich fett ist.

Fink, Anna: Autorin des 1892-1894 in Wien erschienenen Kochbuchs ›Die Küche des Mittelstandes‹.

Fischbeuschelsuppe, *w.*: Suppe aus Karpfeninnereien, bei deren Zubereitung auch Karkassen (Gerippe) anderer Fische (z.B. Zander) Verwendung finden können; wird klassisch mit Petersilie und Semmelwürfeln angerichtet.

Fischgulasch, *s.*: geröstete Fischstücke – meist vom Karpfen – in paprizierter Sauce mit Zwiebeln und Sauerrahm.

Fischkalter, *m.*: Fischbehälter, der nichts mit der Kälte des Wassers zu tun hat, sondern auf Fischg'halter zurückgeht. Ein – vor allem mit Forellen, Karpfen und → Wallern – wohlgefüllter Fischkalter gilt in Wien bis heute als das klassische Aushängeschild eines gutbürgerlichen Lokals.

Fischmarkt, *m.*: Trotz seiner Binnenlage hat in Wien auch der Fischmarkt eine große Tradition. Bereits die Marktordnung Herzog Albrechts II. (1438/39) bestimmte im 15. Jahrhundert den Hohen Markt als Fischhandelsplatz und setzte genaue Verkaufsflächen für lebendige Fische, »Schubfische«, Krebse

Karpfenpeuschel-Suppe

Den Fischkopf samt dem Peuschel kocht man mit Wasser, Salz, Essig und einem Stück Zwiebel. In Rindschmalz läßt man etwas Zucker braun werden, gibt soviel Mehl dazu, daß eine dicke Einbrenn wird und wenn diese ziemlich braun ist, gibt man in dieselbe feinblätterig oder feinnudelig geschnittene gelbe Rüben, Petersilie und Zwiebel und läßt noch alles gut zusammen dünsten. Man vergießt dann mit dem Wasser, in welchem der Fischkopf gekocht hat und gibt allenfalls nach Geschmack noch Essig und Zucker dazu. Wenn die Suppe gut verkocht hat, seiht man sie und gibt den zerteilten Fischkopf und das Peuschel samt etwa vorhandenem Rogen dazu und richtet die Suppe mit gebähten Semmeln an.
Oder: Man gibt noch etwas Thymian dazu und vergießt die Suppe zum Schlusse mit saurem Rahme. Auch nimmt man statt des gewöhnlichen Wassers Erbsenwasser zum Vergießen und säuert noch etwas mit Citronensaft.

und Seefische fest. Bis zu Beginn des 19. Jahrhunderts befand sich gegenüber der Stadtschranne (Gerichtsgebäude) am Hohen Markt der Fischbrunnen, und auch Hausnamen wie »Fischhof« oder »Zu den drei Fischeln« erinnern an den alten Fischmarkt, der später ans Donauufer ins »Fischerdörfl« verlegt wurde. Auch die heute noch bestehende Fischerstiege wurde von Fischhändlern erbaut. Sie standen allerdings damals offenbar in dem Ruf, es mit der Ehrlichkeit nicht immer ganz genau zu nehmen, weshalb Albrecht II. verfügte, sie dürften weder im Sommer noch im Winter Mäntel, Hüte und Gugeln (= Kopftücher) tragen, um zu gewährleisten, daß sie ihre Kunden eiliger und billiger bedienten. Die Hauptlieferanten der Fischhändler waren zweifellos die Donaufischer, die in Wien eine der ältesten Zechen (= Innungen) bildeten und in verschiedene Untergruppen eingeteilt wurden: die Segner, die ihren Fang im Winter aus dem »Segengrund«, also unter der Eisdecke herauszogen, die Reuscher, die mit geflochtenen Reusen fangen durften, die Grundgarner, die mit Netzen von den Kähnen aus fischten, die Scherrer, die mit einer Leine angelten, und die Strutter, deren Fischgerät ein an einer Stange befestigtes kleines Netz war, mit dem auch die Stadtstreicher – später daher auch Strotter genannt – ihre Abfälle einsammelten. Ein unvergeßliches Denkmal wurde dem Wiener Fischmarkt von Wolfgang Schmeltzl in dessen 1547 erschienenem ›Lobspruch auf Wien und die Wiener‹ gesetzt: »Wie ich dann nun am Fischmarckt kam, / Mich noch vil grösser wunder (als schon am Krebsmarkt, Anm. d. Verf.) nam, / Von seltzamen fische solche meng. / Es war von Fischern groß gedreng.« Lit.: A. Krisch, Der Wiener Fischmarkt, Wien 1900.

Fischpörkelt, *s.* (Fischpörkölt): wird genau wie Fischgulasch zubereitet, in der Sauce werden aber zunächst → Selchspeck und → Knoblauch und schließlich → Erdäpfelscheiben weichgedünstet.

Fisolen, Mz. (lat. phaselus = Schwertbohne, mhd. fasol = der Prügel): typisch wienerischer Ausdruck für grüne Bohnen bzw. junge Schnittbohnen, die in Wien nach ihrer prügelartigen Form benannt sind; werden beim → Heurigen kalt als Salat, sonst auch warm mit einer → Einbrenn serviert.

Fisolenbub, *m.* (Fisolenbua): So bezeichnete man früher den Zögling einer Kadettenschule, deren Ernährung auf Hülsenfrüchten basierte.

Fiumer Gulyás, *s.*: Rindsgulasch mit Speckwürfeln, → Erdäpfeln und geschnittenem Kohl.

Flachse, *w.* (Flachsn, Flaxn): Sehne.

Flamoo, *m.*: Hunger.

Flascheltrager, *m.*: Der Spitzname für die Wiener und Weinviertler geht auf den alten Rechtsbrauch zurück, daß »zänkische Weiber« zur Strafe »des Büttels Flasche« – einen schweren, in Form einer Flasche gemeißelten Schandstein mit der Inschrift »Wenn sich Mägd und Weiber schlagen, müssen sie die Flaschen tragen« – durch die Straßen schleppen mußten. In weiterer Folge wurden alle Wiener so bezeichnet, weil vor allem Fremden immer wieder auffiel, daß in keiner anderen Stadt so viele Flaschen durch die Gassen getragen wurden wie hier.

Fleck, *m.* → Kuttelfleck.

Fleckerlspeis, *w.*: Auflauf aus kleinen, quadratischen Teigflekken, meist mit Wurst- oder Fleischresten vermengt.

Flecksuppe, *w.* → Kuttelfleck.

Fledermaus, *m.*: Der selten verwendete Fledermausmuskel des Rinds liegt direkt im Lendenbereich, und zwar dort, wo der Rücken aufhört und das → Knöpfel ansetzt. Seinen Namen verdankt das Fleisch den wie Fledermausflügel auseinanderlaufenden Nervensträngen. Die beliebte mit Sauce Mornay und → Kren »Überbackene Fledermaus« ist eher jüngeren Datums und wurde von einem Küchenchef namens Peschek 1974 anläßlich eines Kochwettbewerbs zu Ehren des hundertjährigen Jubiläums der gleichnamigen Johann-Strauß-Operette als Siegergericht serviert.

Fleischhacker, *m.* (Fleischhauer): Fleischer, Metzger, ursprünglich Schlachter.

Fleischlaberl, *s.* → faschiertes Laberl.

Fleischknödel, *m.*: mit → faschiertem Schweine- und Rindfleisch gefüllter → Erdäpfelknödel.

Fleischmarkt, *m.*: Die heute noch so bezeichnete Adresse in der Innenstadt war früher der Standort der Wiener Fleischer. Daneben gab es auch noch einen Markt für Landfleischhauer am Lichtensteg.
Lit.: S. Müller: Die Märkte der Reichshaupt- und Residenzstadt Wien, Diplomarbeit, Uni Wien 1987.

Fleischstrudel, *m.*: Suppeneinlage aus einem mit → Faschiertem, Zwiebeln, → Semmelbröseln und Gewürzen gefülltem Strudelteig (→ Lungenstrudel).

Krebs-Reis-Meridon

Man kocht 20 Stück mittelgroße Krebse, löst die Scheren und Schweifchen sorgfältig aus und legt sie bis zum Gebrauch zugedeckt an einen kühlen Ort. Aus den leicht gestoßenen Schalen und ausgenommenen Leibern bereitet man mit 25 dkg Butter oder Weinmark eine Krebsbutter. In dieser Krebsbutter läßt man nun eine Stunde vor dem Anrichten 2 feingewiegte mittelgroße Zwiebeln gelblich anlaufen und gibt, wenn dies geschehen,
½ Stunde vor dem Essen, ½ l oder 7 dl ausgelesenen, aber nicht gewaschenen Reis dazu, läßt ihn am offenen Feuer unter fleißigem Rühren mit einem Schmarrenschäuferl das Fett aufsaugen und gießt dann mehrere Schöpfer voll guter Rindssuppe darauf; man rührt immer fort und gießt wieder Suppe nach, bis der Reis gar geworden, doch darf er seine ursprüngliche Form nicht verlieren. Er braucht hiezu beiläufig 25 Minuten; hierauf mischt man ½ l gekochte grüne Erbsen und 15-20 dkg geriebenen Parmesankäse dazu. Eine schöne Reif- oder Kuppelform schmiert man dann mit Butter, legt sie ganz mit den ausgelösten Krebsscheren und -Schweifchen und gekochten Spargelköpfen, zierlich abwechselnd, aus und füllt den fertigen Reis halb ein, unterlegt ihn noch mit gedünsteten Champignons und auch gedünstetem Brieschen (letzteres kann auch wegbleiben), füllt nun den Model ganz mit Reis an und stürzt ihn gleich auf eine flache Porzellanschüssel. Ist er in einer Reifform, so gibt man in den mittleren hohlen Raum nach dem Stürzen eine schöne, gekochte, mit Krebsbut-

ter abgeschmalzene Karfiolrose; ist er in einer Kuppelform, so garniert man den Meridon mit den zerteilten Röschen des Karfiols.

Flinserl, *s.*: kleiner Rest, winziges Stückchen.

Fluchtachterl, *s.* → Achtel.

Flußkrebs, *m.*: Vor der großen Krebsenpest, die um 1879/80 über Mitteleuropa hereinbrach, waren Flußkrebse – insbesondere Edelkrebse und die billigeren → Galizier – eine weithin beliebte Speise, vor allem aber auch eine Zutat für Füllungen sowie zahlreiche Gerichte vom Krebsauflauf über die Krebsenschöberl bis zu Krebspudding und Krebstorte. Welche Rolle der Flußkrebs in der Wiener Ernährung schon früh gespielt hat, beweist die Tatsache, daß die »Krewsler und Krewslerinnen« zu den ältesten Wiener Handelstreibenden zählten und als »Kreusler« später zu → »Greisslern« wurden. Auch in Wolfgang Schmeltzls 1547 erschienem ›Lobspruch auf Wien und die Wiener‹ nehmen die Flußkrebse einigen Raum ein, wenn es heißt: »Fünnfzig Fuder Krewssen ich sah! / Der Krewssenrichter zu mir sprach: / Mein Freund, laßt euch kain wunder sein. Denck wohl, das khomen seind herein (Hundert Fuder auff einen Tag, / Und all verkhauft wordn wie ich sag.« Unter dem Krebsenrichter verstand man damals einen speziellen Marktrichter, der dafür verantwortlich war, aus der Unmenge in die Stadt eingeführter Tiere alle »umbgestandenen und crepirten Krepsen« zur Seuchenverhütung in die Donau zu werfen. Außerdem war er für die Einhebung der Stadtmaut bei den Krebsenhändlern zuständig. Lit.: R. Sedlaczek: »Wenn er dann im allerappetitlichsten Reize vor uns hintritt...«, in: Ch. Wagner/R. Sedlaczek (Hg.), Österreich für Feinschmecker. Das kulinarische Jahrbuch 1995, Wien 1994.

Fogás, *m.* (Fogosch) → Zander.

Fotzmaul, *m.*: Die eßbaren Teile rund um das Ochsenmaul werden mitunter auch als »Bibergoschn« bezeichnet.

Frack, *m.*: Der neben dem Brustkopf zweite große Teil der Rinderbrust wird in Bauchfleisch und Bauchlapperl aufgeteilt und gilt als eher minderwertig. Seinen Namen trägt das Stück nach der unverkennbaren Form des gleichnamigen Kleidungsstücks.

Frackerl, *s.* (Frakerl, Flakerl): volkstümliche Maßbezeichnung für einen »Flachmann«, der üblicherweise vier → Stamperln Schnaps enthält; geht möglicherweise auf das französische »flacon« zurück.

Fragilité, *w.*: zartes Gebäck, eine Spezialität des ehemaligen k. k. Hofzuckerbäckers → Demel.

Fragner, *m.* (it. frangere = herunterbrechen): Delikatessen- bzw. Viktualienhändler, in Wien (→ Greißler).

Frankfurter Würstel, *s.*: laut Julius Jakobs ›Wörterbuch des Wiener Dialekts‹ »eine bessere Art Krenwürstel«, das auch »in Saft« (sprich: in Gulaschtunke) serviert wird. Was in Wien Frankfurter heißt, entspricht dem, was man weltweit unter einem »Wiener Würstchen« versteht. Diese verwechslungsanfällige Tatsache geht auf jenen Fleischermeister Johann Georg Lahner zurück, der gegen Ende des 18. Jahrhunderts im Frankfurter »Worschtquardier« das Metzgerhandwerk erlernt hatte, bevor es ihn »auf der Walz« in die Donaumetropole verschlug. Dort arbeitete er zunächst als sogenannter »Aufhackknecht«, bevor er im Schottenfeld – der späteren Neustiftgasse – eine eigene Fleischerei gründete und sich die Tatsache zunutze machte, daß die Wiener Fleischhauer nicht wie die Frankfurter Metzger nur jeweils eine Tiersorte verarbeiten durften. Im Jahre 1805 lieferte er erstmals eine Wurst aus, die alle Vorzüge einer Schweins- und einer Rindswurst in einer Schafsaitlinghülle vereinigte, und nannte sie kurzerhand »Wiener Frankfurter«. Als Lahner am 23. April 1845 starb, hatte sich seine Wurstkreation bereits in ganz Wien durchgesetzt. Auf dem Firmenkopf stand nunmehr: »Leopold Lahner. Feine Wurst-, Fleisch- und Selchwaren. Spezialerzeugung der Original Wiener Lahner-Frankfurter Würstel. Gegründet im Jahre 1805«. Im weiteren Verlauf der Wiener Wurstgeschichte gesellte sich eine »Luxusvariation« zum Lahnerschen Angebot, bei der das verwendete Rindfleisch durch Kalbfleisch ersetzt wurde, was die Würstel noch feiner, aber auch weniger kernig machte. Die Kreativität scheint bei den Lahners jedenfalls in der Familie gelegen zu haben: Rund hundert Jahre nach der »Erfindung« der Wiener Frankfurter Würstel ersann Leopold Lahner, ein Urenkel des Firmengründers und nebenbei auch Hammerwerfer und Kugelstoßer bei der Olympiade 1906 in Athen, eine neuerliche Wurst-Innovation. Die »Würstel im Schlafrock« waren ein »Wiener Frankfurter«-Würstchen in einer Brotteighülle, das dem, was später einmal ein Hot Dog werden sollte, schon damals zum Verwechseln ähnlich sah.

Lit.: E. Blimlinger u.a. (Hg.): Frankfurter, Wiener & Heiße Hunde, Wien 1994.

Franziskaner, *m.*: eine besonders lichte → Melange mit → Schlagobers und Schokostreuseln; entspricht am ehesten dem italienischen Cappuccino.

Fraßdarm, *m.*: Vielfraß (veraltet).

Fratschler, *m.*, **Fratschlerin,** *w.* (ausfratscheln = auskundschaften, ausfragen): Altwiener Volkstype; klatsch- und tratschsüchtige Marktfrau. Ernst Moritz Arndt schrieb 1781 über diesen seltsamen Wiener Berufsstand: »Zu dieser Klasse kann man eigentlich alle rechnen, durch deren Hände die gewöhnlichen Nahrungsmittel, entweder im natürlichen Zustande, oder zum Theil schon bereitet und verändert gehen, und ihre Anzahl muß also in einer Stadt, die so gute Magen hat, schon ziemlich bedeutend seyn.«

Fressalien, Mz.: globaler Ausdruck für alles Eßbare, das für den Transport gedacht ist.

Freunderln, Mz.: Zechkumpane, die dazu beitragen, daß – wenn sie miteinander Geschäfte machen – die berüchtigte Wiener »Freunderlwirtschaft« entsteht.

Friedhofspargel, *m.*: etwas makabre Bezeichnung für die – besonders starken – Virginierzigarren, die eine »g'standene« Kutschermahlzeit im alten Wien fast zwangsläufig abschlossen und sich heute wieder erneuter Popularität erfreuen.

Frikassee, *s.*: Ragout aus weißem Fleisch in weißer Sauce, eine alte Wiener Spezialität.

Frischling, *m.*: junges Wildschwein.

Frissling, *m.*: Fresser, Schlemmer.

Frittaten, Mz. (Fridatteln; ital. frittata = Eierkuchen): Die aus Omelettes bzw. Pfannuchen geschnittenen Nudelstreifen dienen in Wien als besonders beliebte Suppeneinlage (Flädlesuppe).

Fuaderasch, *m.* (altfrz. fourage): Nahrung im allgemeinen.

Fuchs, Klara: Autorin des 1860 in Wien erschienenen Kochbuchs ›Die praktische Wiener Vorstadt-Köchin als Meisterin in der Kochkunst‹; schrieb außerdem ›Die praktische Wiener Bürger-Köchin‹ (Wien 1893) sowie ›Das praktische Einsieden‹ (Wien 1875).

Runde Gansleber-Weckerln

21 dkg Mehl werden mit 10 ½ dkg Butter auf dem Brette rasch abgeknetet, damit die Butter nicht weich wird; dann arbeitet man 1 ½ dkg in etwas Milch aufgelöster Germ und 2 Dotter dazu und salzt etwas. Der Teig wird wie ein Nudelteig abgearbeitet und nach Bedarf noch etwas Milch beigefügt. Wenn der Teig Blasen bekommt, läßt man ihn auf dem Brette, mit einer erwärmten Kasserolle bedeckt, gehen. Hierauf sticht man mit einem Krapfenstecher runde Formen aus und läßt diese auf einem Bleche nochmals gehen. Man bestreicht sie vor dem Bakken mit Milch und Ei und läßt sie im nicht zu heißen Rohre schön braun backen. Dann werden sie der Quere nach in Hälften geschnitten und mit Gansleberschnitten belegt.

G

Gabelbissen, *m.*: kleiner Happen aus Ei, Mayonnaise, sauren Pickles, Bismarckhering oder ähnlich pikanten Zutaten; beliebter Imbiß im Büro.

Gabelfrühstück, *s.*: Dabei handelt es sich keineswegs um ein → Jausenbrot oder eine → Beamtenforelle, sondern um ein echtes »Voressen«, zu dessen Genuß man, wennschon kein Messer, so doch wenigstens eine Gabel benötigt. Als »mursel« (von frz. morceaux) findet sich der vormittägliche Imbiß schon in den Gedichten des um 1250 am Wiener Hof weilenden Minnesängers Tannhäuser, den die Wirte allerdings, da er ein bekannter Zechpreller gewesen sein soll, »lieber gehen als kommen« sahen. Die urwienerische Institution des »zweiten Frühstücks« gerät heute zunehmend – sowohl aus Gründen eines vertieften Ernährungsbewußtseins als auch aus Zeitmangel – immer mehr in Vergessenheit. Da die Österreicher jedoch schon seit jeher eine Nation absoluter Frühaufsteher sind und oft schon um sechs oder halb sieben Uhr morgens mit der Arbeit beginnen, hatte das Gabelfrühstück, das zwischen 11 und 12 Uhr eingenommen wurde, durchaus seinen Sinn. Im Gegensatz zum ersten Frühstück am Tag bietet das Gabelfrühstück vor allem pikante warme Kleinigkeiten wie → Bruckfleisch, → Salonbeuschel oder kleines → Gulasch. Zu den klassischen Gabelfrühstück-Lokalen im Wien der Jahrhundertwende zählten neben den nicht mehr existierenden »Drei Laufern« der »Gerstner«, der »Stiebitz« (ehemals »Zum Schwarzen Kameel«) und – last but not least – auch der → »Demel«, wo man zum klassischen »Hachée« – einem → faschierten Laibchen – traditionell ein Gläschen Nuß, Wein vom Wiener Nußberg trank. In Wien wird ein tägliches Gabelfrühstück heute noch im »Steirereck« im dritten Wiener Gemeindebezirk angeboten.

Gablitzer, *m.*: 1. Da sich in der Wienerwaldgemeinde Gablitz einst eine berühmte Rindersammelstelle befand – im Volksmund auch die »Hohe Schule von Gablitz« genannt –, bezeichnete man die Ochsen früher einfach als Gablitzer; 2. Dummkopf.

Gagerl, *s.* (Gogerl; mhd. gagzen = gackern): Hühnerei.

Galingnagl, *w.*: gelbe Rübe, Möhre.
Galizier, *m.*: billiger Sumpfkrebs von hellbrauner Farbe mit extrem dünnen Scheren.
Ganauser, *m.* (ahd. ganazzo): Gänserich.
Gansbiegel, *w.*: Gänsekeule.
Gansel, *s.* (Ganserl): 1. weibliche Gans; 2. abwertender Name für ein unreifes und putzsüchtiges junges Mädchen.
Ganseljunges, *s.*: Gänseklein.
Gänsewein, *m.* (Ganserlwein): Wasser.
Ganskragen, *m.*: Gänsehals.
Gansleber, *w.* (Gänseleber): Ursprünglich spielte die Gänsestopfleber in der Wiener Küche durch die Nähe der großen ungarischen Gänsezuchten wohl eine wesentlich größere Rolle als heute, da das Stopfen von Gänsen in Österreich aus Tierschutzgründen verboten ist. Die Einfuhr ausländischer Gänselebern ist freilich nach wie vor erlaubt, und so bekommt man in den Wiener Restaurants heute keineswegs nur Straßburger Gänseleberpastete, sondern auch so manche Altwiener Gansleber-Spezialität wie → Ganslebergulasch, gebackene Gänseleber oder das traditionelle »Gänseleber-Weckerl«, zweifellos eine etwas feinere Variante der Leberkässemmel.
Ganslebergulasch, *s.*: ganz besonders feine Rahmgulaschvariante, in welcher das Fleisch durch geröstete Gänseleber ersetzt und mit Reis sowie Paprikajulienne serviert wird.
garazen: mit der Gabel auf dem Teller kratzen, wodurch ein unangenehmes Geräusch entsteht.
Gareisel, *m.* (lat. carassius): heute nur noch selten zu bekommende Karausche, ein etwa dreißig Zentimeter langer Süßwasserfisch, wegen seines eher groben und vor allem für Suppen tauglichen Fleisches auch Bauernkarpfen genannt.
Gartler, Ignaz: Er verfaßte zusammen mit Barbara Hikmann das 1790 in Wien erschienene Werk ›Wienerisches bewährtes Kochbuch in sechs Absätzen‹.
Gasdutteln, Mz.: Die länglichen Weintrauben haben nichts mit Gas zu tun, sondern tragen ihren Namen nach ihrer Ähnlichkeit mit dem Ziegen(= Geiß-) euter.
Gatsch, *m.* (tschech. kase): Brei.
Gatscherl, *s.* (tschech. kachna, ung. kacsa): Ente.
Gawlierspitz, *m.* → Kavalierspitz.
Gebackene Mäuse, *w.*: gezuckertes und mit Kompott, Vanillesauce oder Himbeersaft serviertes Schmalzgebäck aus Hefeteig.

Im Ganzen gebratene Gansleber

Eine schöne, große Gansleber wird, nachdem die Galle und die grünlich, gefärbte Umgebung weggeschnitten wurde, gut gewaschen und mit nagelförmig zugeschnittenen Trüffelstückchen reichlich gespickt. Man legt sie in eine Bratpfanne auf Speckplatten und bedeckt sie auch mit solchen, salzt ein wenig und brät sie im Rohre unter fleißigem Begießen mit ihrem eigenen Safte, bis sie eine hellbraune Kruste erhält. Die Dauer des Bratens ist je nach Größe der Leber 30-40 Minuten. Man schneidet sie in schöne Scheiben, schiebt diese auf der Schüssel wieder zusammen und garniert die Leber mit gedünstetem Reise und beliebigem Ragout. Zu letzterem eignet sich namentlich eine Mischung von gedünsteten Champignons, Bries, Zungenwürfeln und grünen Erbsen.

Gefüllte Kalbsbrust, *w.* → Kalbsbrust.
Gefüllte Lammbrust, *w.* → Kalbsbrust.
Gefüllte Paprika, *w.* → Paprika, gefüllte.
Geiztriebe, Mz. → Irxen.
Gekröse, *s.*: Wie in allen Großstädten mit Schlachthöfen spielten auch in der Wiener Küche die Schlachtabfälle aus dem auch → Reisel oder → Inster genannten »kleinen Gedärm« von Kalb, Rind und Lamm eine nicht zu unterschätzende Rolle in der »Küche des kleinen Mannes«. Mit zunehmendem Wohlstand ging diese Tradition allmählich verloren. Heute findet man ein Gericht wie »Kalbsgekröse in Buttersauce« allenfalls noch in teuren Gourmettempeln.
Gelbe Rübe, *w.*: Möhre.
Gemse, *w.*: Gemsenfleisch ist in der Wiener Küche seltener zu finden als im österreichischen Umland. Der Grund dafür liegt bereits einige Zeit zurück: Intensive Versuche Kaiser Ferdinands I. (1503-1564), die Gemse im Wienerwald heimisch zu machen, scheiterten kläglich.
Generalsborte, *w.*: sprich Generäulsburten; besonders hoher Schaum im Bierglas.
Gerechtigkeit, *w.*: in früheren Zeiten Betriebserlaubnis für einen Schankbetrieb (auch: Schankgerechtigkeit).
Germ, *w.*: 1. Hefe, mit deren Hilfe das sogenannte → Dampfl zubereitet wird. 2. obszön auch: Sperma.
germerln: nach Hefe riechen oder schmecken.
Germknödel, *m.*: warme böhmische Mehlspeise aus Hefeteig. Der Germknödel wird mit → Powidl gefüllt und vor dem Servieren mit einer Mohn-Staubzuckermischung und flüssiger Butter angerichtet.
Geröstete Knödel, Mz.: in Scheiben geschnittene → Semmelknödel werden erst in Butter knusprig angeröstet und dann mit versprudeltem Ei und Petersilie serviert.
Geröstete Nierndeln, Mz. → Nierndeln.
Gerstl, *s.*: Graupe; Reibteig als Suppeneinlage (→ Reibgerstl bzw. Rollgerstl).
Geschäftsgeist, *m.*: Kellnerserviette (→ Hangerl bzw. Charakter).
Geschlinge, *s.* (Gschlingl) → Gekröse.
Geschnattel, *s.* (Gschnatts, Gschnattl): ursprünglich Abfallfleisch, das von den Ärmsten der Armen gekauft wurde. In weiterer Folge wurde daraus eine Variante des → Beuschels, das aus verschiedenen Innereien (vor allem Lüngerl) zusammen ge»schnitten« wurde. »Schnattl« heißt heute auch ein

beliebtes, gutbürgerliches Lokal in der Josefstadt.

Geselchte(s), *s.* (G'selchtes): Räucherfleisch. Während am Lande aus Gründen der Vorratshaltung schon immer viel geselcht und gesurt (= gepökelt) wurde, fand das Geselchte in der Wiener Küche offenbar erst relativ spät Eingang. Willibald Alexis schrieb in seinem 1833 erschienenen Buch über ›Die Wiener Küche, wie sie ist‹: »Die Kultur von Geräuchertem und Gepökeltem ist hier noch in ihrer Kindheit oder eine verkannte Fremde. (...) Kaum dringt eine Kunde durch von echtem geräuchertem Schinken.« Im übertragenen Sinn verstand man allerdings etwa unter einem »g'selchten Haring« keinen Räucherfisch, sondern einen besonders dünnen Menschen.

Gfrornes, *s.* (Gfrurns): Das erste Speiseeis, das in Wien lange Zeit »Gfrornes« oder »Gefrorenes« hieß und vom → »Gfrornimo« verkauft wurde, kam angeblich 1602 nach Wien. Es wurde aus Orangensaft von einem neapolitanischen Zuckerbäcker namens Bartolo Bensari zubereitet, der mit seiner »Erfindung« damals ganz Europa bereiste und nach dem das Speiseeis lange Zeit in vielen Gegenden Europas als »Aqua Bensari« (Bensariwasser) genannt wurde. Dabei handelte es sich allerdings wohl eher um eine Art von Granité (Halbgefrorenes) als um festes Speiseeis, das bekanntlich erst zur Zeit Marie Antoinettes im Pariser »Café Procope« aufkam. Die wirkliche Liebe des Wieners zum »Gfrornen« stammt jedoch aus dem 19. Jahrhundert, als sich italienische Gastarbeiter, vor allem die Bewohner des Zoldo-Tals in den Dolomiten, nach dem allmählichen Aussterben der dortigen Nagelindustrie, ein neues Betätigungsfeld in der Donaumetropole suchten und in Wien ganze Dynastien von Eissalonbesitzern (z. B. Panciera) begründeten.

Gfrornimo, *m.*: Eisverkäufer

G'hack, *s.*: bäuerlicher Ausdruck für Hackfleisch, Haschee, Faschiertes.

G'hackknödel, *m.* → Fleischknödel.

Giersch, *s.*: Das auch Gichtkraut (lat. Aegopodium podagraria) genannte Wildkräutlein gilt als ausgezeichnete Salatwürze.

Gieß, *s.*: Gießhübler Mineralwasser aus der Ortschaft Gießhübel bei Karlsbad wurde in Wien vor allem zum Mischen mit Wein verwendet. Was man heute als eine »Mischung« bezeichnen würde, war früher »ein Achterl mit Gieß« (→ G'spritzter). »Mattonis Gießhübler« Mineralwasser wurde, wie man dem ›Ersten Wiener Kochkunst-Kalender‹ des Jahres 1914 entnehmen kann, auch in der Küche gerne verwendet (z. B. für Bouillon und Schöpsenragout à la Gießhübler oder Mattoni-Forellen in Gießhübler-Aspik).

Gifthütten, *w.*: Schnapsladen.

Giftnudel, *w.*: Virginierzigarre.

Gigerer, *m.*: Pferde-, Roßfleischhauer.

Gigerlfutter, *s.*: Studentenfutter aus Nüssen, Mandeln und Trockenfrüchten.

Ginkas, *m.*: Schnaps.

Girardi-Rostbraten, *m.*: nach dem beliebten Volksschauspieler und Raimund-Darsteller Alexander Girardi (1850-1918) benanntes Gericht eines Rinderrostbratens, der mit Weißwein, Räucherspeck, Champignons, Sauerrahm, → Kapern und Rahm weichgedünstet sowie mit etwas Senf abgeschmeckt wird.

Gitzlin, *s.*: ein trockenes Stück Brot (Gaunersprache).

Gleichpreßte(r), *m.*: blaue Trauben, die sofort abgepreßt werden und einen Roséwein ergeben.

Glöckerl, *s.*: Das »Viertel mit Glöckerl« war früher jenes Getränk, an dem man das Herannahen eines Fiakers schon von weitem vernehmen konnte. Handelte es sich doch um ein Viertel Weißwein mit einem Eiswürfel, der in der schwankenden Kutsche wie ein Glöckerl zu scheppern begann.

Glöger, *m.* (Geläger): Der Bodensatz des Weines im Faß wird häufig als Grundlage zum Destillieren eines Glögerbrandes verwendet.

Gmachtl, *s.*: dünner Teig aus Mehl und Wasser, der zum Eindicken von Suppen und Saucen dient.

G'mischter Satz, *m.*: Wein aus Trauben verschiedener Rebsorten – vorwiegend Neuburger, Riesling, Sylvaner, Welschriesling und Grüner Veltliner –, die zwar gemischtsortig ausgepflanzt, jedoch gemeinsam gelesen und gepreßt werden. Nicht zu verwechseln mit einer Cuvée, bei der die unterschiedlichen Sorten erst nach der Vinifikation miteinander verschnitten werden.

Gnackspitz, *m.* → Spitz.

Göderl, *s.* (Goderspeck): Speck vom Schweinskinn.

Goglmogl, *s.*: eine Spezialität aus Zitronensaft der Altwiener → Limonadenhütten, der mit Eigelb und Zucker vermischt wurde.

Golasch, *s.* (Gollasch; ung. gulyás): Paprikafleisch (→ Gulasch).

Golatsche, *w.* → Topfenkolatsche.

Golatschenbäck, *m.*: Zuckerbäcker.
Gollaschreindl, *s.*: in Altwien nicht nur ein Geschirr, in dem man sich das Gulasch aufwärmte, sondern auch ein kleiner runder Damenhut von ähnlicher Form.
Gössermuskel, *m.*: auf eine bekannte steirische Biermarke zurückgehender Ausdruck für Bierbauch.
Gotscheer, Mz.: aus Gottschee, der deutschen Sprachinsel im alten Krain, stammende Wien-Einwanderer, die ihr Geld zunächst häufig als Hausierer verdienten und im Prater sowie diversen Heurigenvororten Südfrüchte und Süßwaren verkauften. Der Ausdruck »Gottscheer« wurde bald so populär, daß man ihn für alle fliegenden Prater- und Heurigenhändler schlechthin verwendete.
Grahamweckerl, *s.*: Gebäck aus Weizenvollschrot
Grammel, *w.*: 1. Griebe; 2. Dirne, leichtes Mädchen, daher auch der Ausdruck: »hier grammelt's« (hier findet man Prostituierte).
Grammelknödel, *m.*: mit Grieben gefüllter → Erdäpfelknödel.
Grammelpogatscherl, *s.* (ung. pogácsa, ital. focaccia): aus der südöstlichen Küche nach Wien gelangtes Weingebäck, das heute fast nur noch in Wiener Balkanrestaurants und burgenländischen Heurigen gereicht wird.
Grammelschmalz, *s.*: mit Grieben vermischtes Schweineschmalz.
Granatapfelkochbuch, *s.*: Das 1701 in Wien verlegte Kochbuch Titel ›Freywillig-auffgesprungener Granat-Apffel Deß Christlichen Samaritan‹ zählt zu den grundlegenden Werken der europäischen Kochkunst und geht auch bereits auf zahlreiche Spezialitäten der Wiener Küche ein. Im nachhinein hat man herausgefunden, daß das ursprünglich anonym verfaßte Opus von Eleonora Maria Rosalia Gräfin zu Gradisca geschrieben wurde.
Granité, *s.*: Halbgefrorenes.
Granten, *w.* (Grantlbeer): Preiselbeere.
Gratfleisch, *s.*: unterhalb des Kavalierspitzes liegendes Stück der Rindsschulter.
Greans, *s.*: Suppenkräuter mit Wurzelgemüse.
geberzn: rülpsen.
Greißler, *m.* (mhd. griuzel = kleines Grießkorn, mhd. krebiz = Krebs): Gemischtwaren- bzw. Viktualienhändler. Der in Wien 1466 erstmals erwähnte »Handelsmann, der Greußelwerk gen Wienn fürete« ist eine zentrale, wenngleich zunehmend im Aussterben begriffene Ge-

Grammel-Pogatscherl

3 ½ dl kalter, guter Speckgrammeln (Grieben) schneidet man mit dem Wiegemesser sehr fein und mischt sie auf dem Nudelbrette mit 3 ½ dl Mehl, gibt noch 1 Ei, 2 Löffel sauren Rahmes, 1 Löffel Wein und 1 ½ dkg mit Milch aufgelöster Germ dazu und macht daraus einen Teig. Diesen Teig rollt man dann sehr dünn aus, schlägt ihn wie Butterteig zusammen und wiederholt dies dreimal und läßt ihn rasten. Hierauf rollt man ihn nochmals fein aus, sticht mit einem kleinen Krapfenstecher runde Krapfen aus, legt diese auf ein Blech, läßt sie gut gehen, bestreicht sie dann mit Ei, drückt mit einem Messer ein Gitter ein und läßt sie schön backen.

Ohne Germ: 3/10 l gewiegter, kalter, trockener Grammeln vermengt man mit 3/10 l Mehl, 1 Ei, Salz und 1 Kaffeelöffel Paprika, macht daraus einen Teig, welchen man auswalkt und zusammenschlägt wie Butterteig, dann zu kleinen runden Krapfen aussticht und mit Ei bestreicht. Vor dem Backen auf dem Bleche im Rohr streut man Salz und Kümmel darauf. Schmeckt zum Bier vorzüglich.

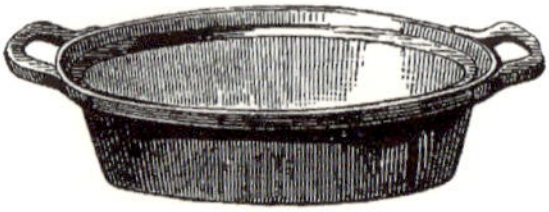

stalt der Wiener Nahversorgung. Möglicherweise hat sich das Wort »Greißler« auch aus den alten »Kreuslern« gebildet, jenen schon im Mittelalter in Wien weitverbreiteten Krebsenhändlern, die im Laufe der Zeit auch andere Handelsbefugnisse erhielten und zu Viktualienhändlern wurden.

Grenadiermarsch, *m.*: Der Name für diesen auch Durchmarsch genannten → »Schmarren« stammt aus dem Kasernendeutsch. Es handelt sich dabei, ähnlich wie beim verwandten → »Tiroler Gröschtl«, um ein klassisches »Restlessen«, bei dem gekochte Kartoffeln, übriggebliebene Teigwaren wie Flekkerl oder Bandnudeln, aber auch → Semmelknödel oder Fleischreste mit Fett und Zwiebeln angeröstet und anschließend im heißen Rohr überbakken werden (→ Kaschernat).

Grenadiernanni, *w.* → Fratschlerin bzw. Naschmarktweiber.

Griebs, *s.*: Kerngehäuse beim Obst.

Grieß, *m.*: Im 18. und zu Beginn des 19. Jahrhunderts, so berichten Habs und Rosner in ihrem ›Appetitlexikon‹, »übertraf der Wiener Grieß aus bestem Weizen alle seine Konkurrenten.« Hartweizengrieß ist daher bis heute eine besonders beliebte Basis für zahlreiche Wiener Gerichte und Mehlspeisen geblieben, zu denen u.a. Grießauflauf, Grießdunstkoch, Grießdalken, Grießfarferl, Grießschmarren, Grießstrudel, Grießsuppe und die als Suppeneinlage sehr populären Grießnockerln, Grießdukaten und Grießschöberl gehören.

Grießknödel, *m.*: Sehr viel scheint man früher von diesem eher bäuerlichen Gericht nicht gehalten zu haben. Unter einem »Griasknödel« verstand man nämlich auch einen besonders plumpen Menschen.

Grillage, *w.*: fein geriebene und anschließend in Zucker geröstete Nüsse und/oder Mandeln.

Grillagetorte, *w.*: beliebte Torte mit einer Fülle aus Grillage und Sahne.

Gripplerts, *s.*: Ripperl (= Rippen)fleisch.

Große(r) Braune(r), *m.*: große Schale schwarzer Kaffee mit gerade soviel (meist aufgeschäumter) Milch, daß er eine bräunliche Farbe erhält.

Gröste, Mz.: geröstete → Erdäpfel, Rösti.

Gründling, *m.* (Grundel): im alten Wien der »Herrentafel« vorbehaltener Süßwasserfisch. Als besonders delikat galten dabei kleine Gründlinge in Backteig. In Wien nannte man die Grundeln früher auch »Leut-

Gries-Nockerln

14 dkg Butter werden mit 4 ganzen Eiern gut abgetrieben, dann gibt man 3 ½ dl Gries und Salz dazu. Man läßt die Masse einige Zeit stehen und kocht dann die Nokkerln in Rindssuppe ein.
Oder: Man treibt 10 dkg Rindschmalz mit 2 ganzen Eiern ab, gibt 2 dl Gries und 2-3 Löffel Wasser und etwas Salz dazu.

fresser«, da während der Türkenkriege diese Fische in der Donau regelrechte »Bacchanalien« mit den Leichnamen der gefallenen und im Fluß treibenden Soldaten gefeiert haben sollen.

Gruschpl, *m.* (Kruspel): Knorpel. Nach dem Knorpelstück, das sich durchs Fleisch zieht, heißt ein bekannter Rindfleischteil auch → Kruspelspitz.

Gschlader, *s.* (mhd. sloda = eine Mischung aus Lehm und Wasser): sprich Gschloder; schlechtes Bier. Der nämliche Ausdruck wird zuweilen auch für einen besonders schwachen Kaffee verwendet.

Gschmachen, *m.*: Geschmack, negativ auch Gestank.

Gschmaß, *m.*: alter Ausdruck für → Kalbskopf und Kalbsfuß.

Gschnatter, *m.*: auch Anschnitt genanntes Wadschinkenstück beim Rind, dient vor allem als Gulaschfleisch.

gschnatte(s) Schwanzl, *s.* → Hüferschwanzl.

Gschrade, *m.*: im Gegensatz zum → Baunzerl vierteilig gespaltene Semmel.

Gschradi, *m.* (nhd. schroten): kreuzweise eingeschnittene Semmel.

Gspeiszamm (Gspeist z'ham): im Altwiener Kellnerdeutsch soviel wie »Wünsche, wohl gespeist zu haben«. Kann – nach einem schlechten Essen – allerdings auch ironisch gemeint sein.

G'spritzte(r), *m.*: mit Sodawasser im Verhältnis 1 : 1 aufgespritzter Wein. Wenn statt Sodawasser Mineralwasser verwendet wird, spricht man von einer Mischung. Ernst Moritz Arndt notierte 1781 über den Wiener Weinkonsum: »Gewöhnlich mischt man den Wein hier mit Wasser, oder besser, man trinkt das Wasser mit Wein.« Ein G'spritzter ist aber auch eine Spezialität Wiener Kaffeehäuser, wo ein mit Alkohol versetzter Kaffee darunter verstanden wird. Ein »Mokka g'spritzt« ist demnach nichts anderes als ein schwarzer Kaffee mit einem Spritzer Weinbrand oder Rum.

g'stutzte Rippe, *w.*: auch Zwerchrippe oder Zwerchspitz genannter Teil aus dem Vorderviertel des Rinds (→ Spitz).

G'stutzte(s), *s.*: Name für das aus dem → Knöpfel geschnittene → schwarze Scherzel.

Gsteam, *s.* (nhd. Stamm): Eßbesteck.

Gudlkraut, *s.* → Kuttelkraut.

Gugelhupf, *m.* (Guglhupf; lat. cucullus und mhd. gugele = Kapuze): Der Napfkuchen ist in Wien nach der von den Marktfrauen getragenen, kugelförmigen Kopfbedeckung benannt und wird vorwiegend aus Hefe-

Wiener Gugelhupf

Man treibt 14 dkg Butter oder Rindschmalz, oder beides gemischt, ab, rührt nach und nach 3 Dotter, 7 dkg Zukker mit Geruch hinzu, mischt dann ein gegangenes Dampfel von 2 dkg Germ, 20 dkg feinsten Mehles und die nötige Milch dazu, schlägt den Teig fein ab und gibt noch festen Schnee von 2 Klar und 6 dkg Rosinen hinein und läßt den Teig in einer mit Butter bestrichenen und mit Mandeln ausgestreuten irdenen Gugelhupfform langsam gehen. Es wird bei mäßiger Hitze gebacken und zwar fast 1 Stunde lang. Man stürzt ihn dann auf ein Sieb, bestreut ihn mit Zucker und bedeckt ihn mit einer Serviette.

oder Biskuitteig gebacken. Eine andere Theorie besagt, daß junge Mönche bei ihrem Eintritt ins Kloster ein guglhupfähnliches Festgebäck namens »cuculla offa« überreicht bekamen und die Kapuze der Kapuzinertracht ebenfalls mitunter als »Gugel« bezeichnet wurde – in der Wiener Gaunersprache hieß ein Franziskanermönch daher auch Gugelfranz. Seinen Namen soll der Gugelhupf allerdings nicht nur dieser Ähnlichkeit verdanken, sondern vor allem auch der Tatsache, daß der Hefeteig beim Aufgehen »wie eine Kugel aufhupft«. Je nach Teig- und Zubereitungsart unterscheidet man u. a. Germgugelhupf, Marmorgugelhupf (mit Kakao), → Steinkogler Gugelhupf, Erdäpfelgugelhupf, Stefaniegugelhupf (ohne Hefe), Kaisergugelhupf (mit Sultaninen und Mandeln) oder Biskuitgugelhupf. Seit Kaiser Josef II. hat der Gugelhupf übrigens auch noch eine nicht kulinarische Nebenbedeutung erhalten und wird als ironisches Synonym für den 1784 erbauten »Narrenturm« im Allgemeinen Krankenhaus, eine Verwahranstalt für Geisteskranke, verwendet.

Gugerligu, *m.* (frz. coquelicot): Klatschmohn.

Gulasch, *s.* (ung. gulya = Rinderherde): Im Gegensatz zum original ungarischen Gulyás ist das Wiener Saftgulasch ein typisch wienerisches Gericht, das sich von seinem ungarischen Vetter nur den Namen und den → Paprika geborgt hat. Während das klassische ungarische Gulyás am ehesten der österreichischen Gulaschsuppe entspricht, ist das Gulasch eigentlich ein mit Paprika gewürztes Rindsragout, das sich aus einem im Kessel zubereiteten Pferdehirtengericht namens »gulyás hús« entwickelt hat und um die Mitte des 19. Jahrhunderts über Preßburg nach Wien »importiert« wurde. Hier ersetzte man die ursprünglich verwendeten Paprikaschoten durch Paprikapulver, und das »Gollasch« – später: »Wiener Saftgulasch« – war geboren. Durch die engen Kontakte zwischen Österreich und Ungarn wurde dieses Modegericht wieder in seine ursprüngliche Heimat zurückimportiert, heißt aber dort, um keinerlei Verwechslungen mit dem »gulyás« aufkommen zu lassen, Pörkölt – das im Gegensatz zum Wiener Saftgulasch allerdings auch mit Schweins- oder Kalbfleisch zubereitet werden kann (→ Andrássy Gulasch, Bauerngulasch, Bogracsgulasch, Bohnengulasch, Bosnisches Gulasch, Debreciner Gulasch,

Eierschwammerlgulasch, Erdäpfelgulasch, Esterházy Gulasch, Fiakergulasch, Fischgulasch, Fiumer Gulasch, Ganslebergulasch und Herrengulasch, Hunyadi-Gulasch, Kalbsgulasch, Karlsbader Gulasch, Kaisergulasch, Károly Gulasch, Kesselgulasch, Lungenbratengulasch, Maximiliangulasch, Palffy-Gulasch, Pester Gulasch, Preßburger Gulasch, Salongulasch, Schweinsgulasch, Serbisches Gulasch, Szegediner Gulasch, Székely-Gulasch, Triester Gulasch, Zelny Gulasch, Zigeunergulasch, Znaimer Gulasch).
Lit.: R. Schwendter: Zur Dialektik des Gulaschs, in: Ders.: Schwendters Kochbuch, Frankfurt/M. 1988.

Gulyássuppe, *w.* (Gulaschsuppe) → Gulasch.

Gummiadler, *m.*: Spottname für → Brathendl.

Gumpolds, *s.*, Eig.: 1. Kosename für den niederösterreichischen Weinort Gumpoldskirchen südlich von Wien;
2. auch der Wein aus diesem Ort.

Gundelpalatschinke, *w.*: vom legendären Budapester Meisterkoch János Gundel (1844-1915) kreierte Palatschinkenspezialität mit Nuß-Rosinenfülle, Schokoladensauce und Sahne, die auch als → Kapuzinerpalatschinke oder → Schokopalatschinke Eingang in die Wiener Küche gefunden hat.

Gundelrebe, *w.* → Soldatenkräutl.

Gupf, *m.*: meist in Verbindung mit Sahne verwendetes Wort für »Häubchen«.

Gurke, *w.*: Die große Wiener Gurkenwelt reicht von der in jedem »gemischten Salat« verarbeiteten Salatgurke über die → Senfgurke bis zum → Essiggurkerl. Die oft zitierte »Saure-Gurken-Zeit« hat allerdings nichts mit den Gurken zu tun, sondern geht vermutlich auf ein Kompositum aus zwei jiddischen Wörtern – auf »zores« = Sorgen und »jokres« = Teuerung – zurück. Neben den berühmten → Znaimer Gurken sind in der Wiener Küche die aus Retz sehr populär.

Gurkenhobel, *m.* → Hachel.

Gurken-Leo, *m.* → Salzgurken.

Gurkenkräutl, *s.* → Dille.

Gurkensalat, *m.*: Der klassische Wiener Gurkensalat wird mit Borretsch (Gurkenkraut) und → Knoblauch gewürzt und entweder mit Essig und Öl oder mit saurem Rahm angemacht. Manche geben auch fein geschnittene und gekochte Kartoffeln dazu. Typisch wienerisch ist es, den Gurkensalat vor dem Servieren mit edelsüßem Paprikapulver zu bestreuen.

Einige Bemerkungen über Gulyás

Um ein gutes Gulyás zu bereiten, wähle man vor allem ein gut abgelegenes Stück Fleisch von den vorderen Teilen des Ochsen. Viele nehmen auch Lungenbraten, doch ist dies sehr kostspielig und nicht nötig. Die Abfälle eines ganzen Lungenbratens verwendet man zu Gulyás und es genügt dies meistens für 3-4 Personen, wenn der Appetit nicht gar zu groß ist. Will man mehr spendieren, so nehme man mürbes Fleisch von hinteren Teilen des Ochsen. Jedes Fleischstück muß, vor dem Zerschneiden in große, ziemlich regelmäßige und gleichgroße Würfel, gut geklopft werden. Das ganze Gericht kann in 1 ½ Stunden fertig sein; das richtet sich natürlich nach der Zartheit des Fleisches. Das Salz soll man erst gegen Ende beimengen.

Rinds-Gulyás

In Kernfett läßt man feingewiegte Zwiebel anlaugen, gibt 1 kg in Würfel geschnittenes Rindfleisch dazu, läßt es etwas rösten, worauf man es mit Kümmel, viel Paprika, etwas Salz und ½ Zehe Knoblauchs würzt, mit Wasser vergießt und dünsten läßt. Gegen Ende wird es entweder mit einem Kochlöffel voll Mehl gestaubt oder man läßt 2-3 rohe, in kleine Würfel geschnittene Erdäpfel mit- und verkochen.

Gusto, *m.*: Geschmack, im übertragenen Sinn auch Appetit.
Gustobrettl, *s.*: ausgestellte »Schaugerichte« und kalte Speisen, von denen man je nach Belieben »gustieren« kann.
G'würznagerl, *s.*: Gewürznelke.

H

Habemus, *m.*: Rausch.

Habs, Robert: zusammen mit Ludwig Rosner Verfasser des 1894 erstmals erschienenen ›Appetitlexikons‹.

Hachel, *s.*: Küchen- bzw. Gemüsehobel; wird in Wien auch als Gurkenhobel bezeichnet.

hacheln: Gemüse hobeln.

Hachlputz, *m.*: etwas zu essen (Gaunersprache).

Hackerpepi, *m.*: Pferdefleischhauer.

Hadn, *m.*: Buchweizen, auch Heidekorn oder kurz »Heiden« genannt.

Hadschiloja, *s.*: kleines, nach Hadschi Loja, dem Anführer der bosnischen Moslems im Kampf gegen die Besetzung von Bosnien und der Herzegowina 1878-80, benanntes Kümmelbrötchen (»Kümmelweckerl«) aus dunklem Roggenmehl, auch → »Bosniakerl« genannt; bis 1938 auch Bezeichnung für ein »Bierweckerl«.

Häfen, *m.*: 1. Kasserolle; 2. Gefängnis; 3. → Häferl.

Häferl, *s.* (Hafen, Häfen, Hefen, Haferl): Tasse, Topf.

Häferldalk, *m.* → Häferlteig.

Häferlgucker, *m.*: etwas spöttischer Ausdruck für einen Topfgucker oder Küchenkiebitz, der zwar nascht, aber bei der Küchenarbeit nicht mithilft. Der Ausdruck soll, wie man häufig liest, auf die von Kaiser Leopold I. (1640-1705) erlassenen »Anti-Luxus-Gesetze« zurückgehen, deren Einhaltung von eigens ernannten Kücheninspektoren in den Haushalten geringerer Standespersonen streng überprüft wurden. Tatsächlich aber ist der Wiener Häferlgukker wesentlich älter als dieser Spitzname Kaiser Leopolds und reicht bis ins Mittelalter zurück. Als Heinrich Jasomirgott (1107-1177) sich nach der Verleihung des Herzogstitels im Jahre 1158 verpflichtet hatte, die Schottenmönche umsonst aus der Hofküche zu speisen, mußten die Speisen naturgemäß von dort ins Kloster hinübergetragen werden. Damals bürgerte sich unter den Wienern die Unsitte ein, die Speisenträger aufzuhalten und an deren Töpfen zu riechen oder gar den Deckel aufzuheben, um nachzusehen, welche Köstlichkeiten sich darunter verbargen. Der Unfug hörte erst auf, als Heinrich anordnete, »damit man nit wissen soll, was in seiner Kuchl auf seiner fürstlichen Gnaden Leib gekocht wurd, den new hergebrachten Bruedern etlich Einkhumen ge-

Ungarisches Halászlé

2 Zwiebel wiegt man fein, läßt sie in viel Butter gelblich anlaufen und gibt noch 1 Kaffeelöffel voll Paprika dazu, den man eine Weile mitrösten läßt. Vorher hat man einen kleinen Karpfen, einen kleinen Hecht und einen Aal, oder jeden anderen beliebigen Süßwasserfisch abgeschuppt und ausgeweidet, in Stücke zerschnitten und 1 Stunde lang eingesalzen stehen gelassen. Nun gibt man die Fischstücke in die angelaufene Zwiebel, gießt etwas Wasser zu und läßt die Fische unter öfterem, vorsichtigem Rühren, gut zugedeckt, langsam weich dünsten, staubt etwas Mehl daran, läßt es verkochen und serviert sie mit der Sauce. Man kann die Speise verfeinern, indem man statt Wasser Suppe zum Vergießen nimmt und ¼ l sauren Rahmes mitdünsten läßt. Kurz vor dem Anrichten gibt man noch 1-2 Dotter und den Saft von 1 Limonie dazu.

ben für die Speiß, damit sie sich (des Essenholens) enthalten mögen.« Die Schottenmönche kochten ab diesem Zeitpunkt selbst, waren aber damals von der Hofküche offenbar bereits so verwöhnt, daß der Orden, um die Qualität weiterhin abzusichern, eine der bedeutendsten Wiener Kochschulen gründete.

Häferlkaffee, *m.*: schwacher Milchkaffee, früher auch Kaffee-Ersatz

Häferlsterz, *m.*: → Sterz aus flüssigem Teig.

Häferlteig, *m.* (Häferldalk): Backwerk aus Hefeteig. Der Ausdruck kommt jedoch nicht, wie es naheliegend wäre, von der Hefe, sondern von jenem »Häfen«, in welchem man den Teig aufgehen ließ.

Hagelzucker, *m.*: grob gestoßener Zucker.

Hagger, Conrad: Salzburger Hofkoch und Autor des nicht nur für die Wiener Küche, sondern für die Küche an den Fürstenhäusern in ganz Europa maßgeblichen ›Neuen Saltzburgischen Koch-Buchs für hochfürstliche und andere Höfe‹ (Augsburg 1719).

Haglputz, *s.*: Fleischreste, die am »Fleischerhagl« – also am Beil des Metzgers – hängen bleiben.

Halászlé, *w.* (Halászlé; ung. hal = Fisch): Die in Wien auch heute noch populäre Szegediner Fischsuppe wird meist nur noch mit Karpfenfleisch zubereitet, in der klassischen Variante sollten allerdings auch ein kleiner Hecht und ein Aal sowie andere Süßwasserfische nach Belieben dabei sein. In der Wiener Variante der Halászlé werden häufig auch geschnittene Kartoffelscheiben mitgekocht.

Halbe, *w.*: wienerisches Biermaß, ein halber Liter (→ Krügel).

Halmrübe, *w.*: weiße Rübe.

Haluska, *w.* (Haluschka, Topfenhaluschka; slowak. halu ki = Fleckerln): Daß aus der slowakischen Haluschka ein Wiener Gericht wurde, verdankt sie der Zugabe des → Topfens, der dafür sorgt, daß dieses früher nur mit → Speckgrammeln und → Schweineschmalz zubereitete Nudelgericht, das sich auch als Beilage zu verschiedenen → Gulasch- und Paprikaarten eignet, etwas leichter verdaulich wird.

hamerln: Dialektausdruck für »gut essen«, »ham-ham-machen«.

Hangerl, *s.*: Kellnerserviette, die aus der Hosentasche heraushängt.

Hangerlritter, *m.*: Kellner.

Hansel, *m.* (Hansl): letzter schaler Bierrest im Glas, auch Tropfbier genannt (→ Bierhansl).

Haluschka

Man macht ziemlich derben Nudelteig aus 2 Eiern und Wasser und rollt den Teig messerrückendick aus. Wenn der Teig getrocknet ist, schneidet man 2 Finger breite Streifen und radelt daraus große viereckige Fleckerln herunter, welche man in Salzwasser kocht und nach dem Kochen auf einem Siebe gut abtropfen läßt. Man schneidet sehr viel Speck würfelig, läßt denselben in einer Kasserolle gelb werden, schöpft mit einem Löffel die Grammeln heraus und gibt in das heiße Schmalz die Fleckerln hinein. Sie werden dann in Lagen auf der Schüssel angerichtet, die man dick mit geriebenem Topfen bestreut; obenauf kommen die Speckgrammeln. Statt Topfen kann man auch frische Brinse nehmen und mit Butter statt Speck abschmalzen.

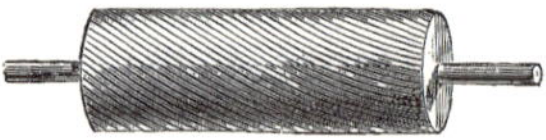

Hanseltippler, *m.*: → Biertippler; bieriges Gegenstück zum → Faßlspritzer.

Hanswurst, *m.*, Eig.: Hierbei handelt es sich nicht um etwas Eßbares, obgleich es jede Menge damit zu tun hat. Die Figur, deren Gestalt einer Wurst gleicht, ist aus dem Südtiroler Typus des gefräßigen Bauern Hans Lewerwurst, dem englischen Stockfisch oder Pickelhering sowie dem italienischen Arlecchino hervorgegangen.

Happl, *m.* (Happel, Hapl): alle einem Haupt ähnlichen Gemüse wie Krautkopf, → Häuptelsalat, Kohl etc.

Harfenist, *m.*; **Harfenistin,** *w.*: allgemeiner Name für die in öffentlichen Lokalen auftretenden Wiener Volkssänger und -sängerinnen, die ihre Reime, Balladen u. ä. zunächst melodramartig zu Harfenbegleitung vortrugen, bevor dazu auch andere Instrumente verwendet wurden. Als erste Wiener Harfenistin gilt die Französin Jueteaux, geborene Du Puis, die aus Paris nach Wien kam und in ihrer Heimat schon zur Zeit von Henri IV. im 16. Jahrhundert als Harfenspielerin, Sängerin und »liederliche Weibsperson« tätig gewesen sein soll.

Haring, *m.*: Hering, im übertragenen Sinn auch dürre Person.

Haringer, *m.*: Geflügelhändler, nicht wie es naheliegend wäre Fischhändler.

Harlekinbraten, *m.*: mit Speck, Gurken und Karotten gespickter Rindsbraten (Grundrezept → Boeuf à la mode).

Has, *m.*: jede Art von gebackenem, gebratenem oder geschmortem Hasen, also sowohl Feld- als auch Stallhase (Kaninchen).

Hascheeknödel, *m.* → Fleischknödel.

Hasenjunges, *s.*: Hasenklein.

Hasenlauf, *m.*: Hinterschenkel des Hasen.

Haße, *w.* → Burenwurst.

Haube, *w.*: Das Wort hat in der Wiener Küche viele Bedeutungen, die von der Kochmütze über die Schaumkrone des Biers bis zu einem »ausgewachsenen Rausch« reichen.

Hauer, *m.*: Winzer, Weinbauer. Der Ausdruck geht auf die Weingartenarbeit mit der Haue zurück.

Häuptel, *s.*: Gemüsekopf (von Kraut, Salat etc.).

Häuptelsalat, *m.*: Kopfsalat.

Hausenblase, *w.*: Die Schwimmblase von Hausen und Stör (Astrachaner Hausenblase; → Ster) galt im 19. Jahrhundert neben Hirschhorn als beliebtestes Geliermittel; wird heute noch in der koscheren Küche verwendet.

Hechten-Knödel in Fisch-Suppe

Man erweicht eine Semmel in Milch, dann löst man ein nochmals so großes Stück Hecht aus den Gräten, schneidet es mit der ausgedrückten Semmel fein zusammen, gibt es in einen Mörser und macht von 2 Eiern und einem eigroßen Stück Butter Eingerührtes, gibt dies zum Fischfleisch im Mörser, stößt alles fein zusammen, salzt, pfeffert und macht daraus kleine Knöderln, welche man in Fischsuppe einkocht.

Hausfreund, *m.*: Weihnachtsgebäck aus Früchtebiskuit.
Hausmeister, *m.* (Hausmaster): mittlerweile kaum noch erzeugtes Weißgebäck aus zwei kugelförmigen Teilen.
Haussulz, *w.* → Rebhuhn, ungarisches.
Haxen, *m.* (mhd. hahsen, hehsen, Mz.): Das Bein bzw. der Vorderfuß von Schlachttieren wird in Wien meist mit dem Diminutiv Haxerl oder Haxl bezeichnet.
Heamba, *w.* (Heampa): Himbeere, im übertragenen Sinn auch rote (Schnaps-)Nase.
Heanzer, *m.* (Heanzen): ins Burgenland ausgewanderte Schwaben verdienten ihr Geld oft als Geflügelhändler auf Wiener Märkten.
Hecht, *m.*: Der bis zu sieben Kilogramm schwere Raubfisch ist trotz seines Grätenreichtums einer der Favoriten der Wiener Fischküche, die ihn nicht nur gerne zu Farcen (→ Hechtnokkerln) verarbeitet, sondern auch im Ganzen, etwa mit → Sardellen gewürzt, serviert. Am besten schmecken kleinere Tiere bis zu einem Kilogramm Lebendgewicht. Als besonderer Leckerbissen gilt die Hechtleber. Ganz allgemein galt der Hecht früher als ausgesprochener Nobelfisch, weshalb ihm Habs und Rosner in ihrem ›Appetitlexikon‹ auch den Ehrentitel »Der geborene Herr Von und privilegierte Ritter von der Landstraße« verliehen.
Hechtbarsch, *m.* → Zander.
Hechtnockerln, Mz.: aus faschiertem und fein passiertem Hechtfilet, Eiern, (ursprünglich auch Nierenfett) und Brandteig werden → Nockerln geformt und in heißem Wasser pochiert. Die heißen Nockerln werden als Vorspeise oder Hauptgericht in einer mit Ei legierten Weißwein- (meist: Riesling) sauce serviert.
Hefen, *m.* → Häferl.
Heidelbeeren, Mz.: Blaubeeren.
Heidenknödel, *m.*: → Knödel aus Heiden- (= Buchweizen) mehl.
Heidenmehl, *s.*: Buchweizenmehl.
Heidensterz, *m.* → Sterz.
Heilingstrizl, *m.* (Heiligenstriezl): Brauchtumsgebäck im alten Wien, das zu Allerheiligen gebacken und von den Bäckern gratis an ihre Stammkunden verteilt wurde.
Heitz, Johann Michael: Autor des 1902 in Wien erschienenen illustrierten Kochbuchs ›Die Wiener Bürger-Küche‹.
Hemadspreizer, *m.*: vulgär für Sellerie, dem man aphrodisische Kräfte zuschrieb.
Hendl, *s.* (Henderl): Hähnchen (→ Brathendl).

Hendlgottsacker, *m.* → Backhendlfriedhof.
Hendlkramer, *m.*: Geflügelhändler.
herausbacken: in heißem Fett schwimmend fritieren.
Hernalser Kipferl. So nennt man heute noch ein in der Fastenzeit am Hernalser Kalvarienmarkt verkauftes Fastengebäck, das früher, wie es in einem Sittengemälde aus 1801 heißt, als »eigene Art von Brot mit Schmalz und Eiern gemacht (wurde), von denen an einem heiteren Fastensonntage viele tausende ub Hernals verkauft und gespeiset werden.«
Herrengulasch, *s.*: eine der neueren Gulaschvariationen: Saftgulasch mit Pommes frites.
Herrenpilz, *m.*: Steinpilz.
Herzl, *s.* (Salatherzl): das besonders beliebte Innere einer Gemüsepflanze, vor allem beim Salat.
Herzwurm, *m.*: Sodbrennen, saures Aufstoßen.
Herzzapfen, *m.*: dicker Teil des → Kronfleischs.
Hess, Olga: Autorin des heute noch gebräuchlichen und erstmals 1913 in Wien erschienenen Kochbuch-Klassikers ›Wiener Küche‹.
Hetschepetsch, *w.* (Hetscherl): aus Hagebutten bereitete man gern eine »Hetschepetsch«- oder »Hetscherlsauce« zu, die zu Wildschwein serviert wurde.
Hetzendorfer Sauwirt: Gastronom, der für seine Grobheit weithin berüchtigt – und beliebt war.
Heurige, Mz.: Als »heurige Erdäpfel« bezeichnet man Speisefrühkartoffeln aus der jeweils neuesten Ernte, die vor dem 10. August erstmalig in den Handel gebracht werden und zum unmittelbaren Verbrauch bestimmt sind. Da Heurige für gewöhnlich sehr früh geerntet werden, sind sie noch nicht völlig ausgereift und verfügen über viel Wasser und Stärke.
Heurige(r), *m.*: 1. Der Heurige bezeichnet sowohl den Jungwein der jeweils letzten Lese als auch die → Buschenschank, in welcher dieser seit einem entsprechenden Dekret Kaiser Josefs II. wochenweise ausgeschenkt werden darf. Die erste Darstellung einer Buschenschank befindet sich zwar bereits auf dem Babenberger-Stammbaum des Hans Part aus dem Jahre 1492, die josefinische Zirkularverordnung, die das Heurigenwesen für alle habsburgischen Lande endgültig regelte, wurde allerdings erst im Jahre 1784 erlassen. Mittlerweile sind aus sehr vielen Heurigen vollkonzessionierte Schank- und Restaurantbetriebe geworden, weshalb heute die Buschenschank als der »echte« Heurige

Hirn-Pudding
(Hirndunstkoch)

Man treibe 12 dkg Butter sehr gut ab und rühre nach und nach 7 Dotter hinein. Nach jedem zweiten Dotter gebe man einen Eßlöffel voll sauren Rahmes dazu (im Ganzen nur 3), sowie 5 abgerindete, in Milch erweichte, fein zerschnittene und gut ausgedrückte Rundsemmeln und ein blanchiertes, fein geschnittenes Kalbshirn. Man würzt mit 3 gehäuften Eßlöffeln voll Parmesankäse, etwas Salz und Muskatnuß und mengt schließlich den festen Schnee von 7 Klar dazu. Man füllt die Masse in einen mit Butter bestrichenen Dunstmodel und kocht sie eine Stunde im Dunste. Nach dem Stürzen bestreut man den Pudding noch mit Parmesankäse und träufelt etwas zerlassene Butter darauf.

angesehen werden darf. Auch wenn der Wiener seinen Alkoholkonsum während der letzten Jahre, statistisch betrachtet, geringfügig reduziert hat, gilt jedoch im großen und ganzen noch immer, was der Historiker Franz Graeffer schon im vorigen Jahrhundert über den Heurigen schrieb: »Der Heurige ist unter den Weinen, was der Wiener unter den übrigen Leuten, der Wiener beim Heurigen daher ein doppelter Wiener.« Lit.: B. Sinhuber, Wiener Heurige, Wien 1986; F. Arnold, Wiener Weinwanderwege, Wien 1996.

Hexenei, *s.*: Stinkmorchel (Bot. Phallus impudicus).

Hieferscherzl, *s.*: Das als besonders mürb geltende Rindfleischstück entspricht der kleinen Nuß bzw. dem Schlußbraten beim Kalb und wird auch »Rose« genannt.

Hieferschwanzl, *s.* (Hüferschwanzl): Das häufig mit dem → Hieferscherzel verwechselte Rindfleischstück gilt als besonders mager und bildet im → Knöpfel (= Keule) einen dreieckigen Teil, der den → Zapfen mit dem Hieferscherzel verbindet.

Hikmann, Barbara: Sie schrieb zusammen mit Ignaz Gartler das 1790 in Wien erschienene Werk ›Wienerisches bewährtes Kochbuch in sechs Absätzen‹.

hintere(s) Ausgelöste(s), *s.*: aus dem Rindfleisch-Bug stammendes, gut durchwachsenes und daher sowohl zum Sieden als auch zum Dünsten geeignetes Rindfleischstück in Anschluß an die Rostbratenried.

Hinterviertel, *s.*: Das aus dem → Englischen, dem → Knöpfel und dem → Riedhüfel bestehende hintere Viertel des Rinds wird auch Diech genannt.

Hirn, *s.*: Unter den Innereien zählt das Hirn zu den meistverwendeten in der Altwiener Küche. Das bekannteste Gericht ist Hirn mit Ei. Hirn wird auch gebacken und als Hirnknödel, Hirnschöberl, Hirnkroketten, Hirn-Ei-Strudel, Hirnsuppe, Hirnaspik, Hirnwürstchen, Hirnpudding, Hirnpofesen oder Hirnwandel zubereitet.

Hirschgulasch, *s.*: klassisches Rahmgulasch, bei dem allerdings statt Rindfleisch Hirschschulter verwendet wird.

Hirschhorn, *s.*: Geliermittel.

Hirschhornsalz, *s.*: Treibmittel für Lebkuchen.

Höchst, *m.*: höchster Heuriger und einst der Name von »Weigls Heurigenschank« in Wien-Hernals, wo es am »höchsten« = lustigsten zuging.

höchster Spinat, *m.*: besonders gute Unterhaltung.

Hohberg, Wolf Helmhard von: * 20. 10. 1612 Oberthumeritz

Hunyady-Torte

28 dkg fein gesiebten Zuckers mit Vanillegeruch werden mit 8 Dottern ½ Stunde gerührt, dann werden noch 14 dkg fein geriebener Chocolade etwas mitgerührt, ebenso 56 dkg gekochter und passierter Kastanien. Zuletzt mischt man den festen Schnee von 8 Klar leicht darunter und bäckt dann die Torte in zwei gleichen, mit Butter ausgestrichenen Tortenreifen langsam im kühlen Rohre. Wenn die 2 Blätter ausgekühlt sind, schneidet man sie quer auseinander und füllt sie beliebig entweder abwechselnd mit Marillen-Marmelade und Oberschaum, oder man teilt die Blätter nicht und bestreicht eines davon mit einer Fülle aus passierten Kastanien, mit Zucker und Oberschaum vermischt, oder auch mit Nuß- oder Haselnuß-Fülle. Die fertige Torte überzieht man mit Chocolade-Eis.

(NÖ.), † 29. 6. 1688 Regensburg, Agronom, protestantischer Barockdichter und Schloßbesitzer zu Weistrach und Erla. Er verfaßte mit seinen in Versen abgefaßten ›Georgica curiosa‹ (1682) ein poetisch-landwirtschaftliches Lehrbuch und gilt mit diesem Standardwerk über »Adeliges Land- und Feldleben« als erster Agrarwissenschaftler Mitteleuropas. Als neuntes Kapitel dieses Werks findet sich das ›Bewährte und wohl-eingerichtete Koch-Buch, Welches von einer sorgfältigen Liebhaberin dieser schönen Wissenschaft, meistens selbst practicirt, mit ohnermüdetem Fleiß zusammen getragen, und in 16 Capiteln eingetheilet worden‹. Hohberg verdanken wir u.a. eine der frühesten Darstellungen des → Erdapfels, den er »Tartouffel« oder »Indianische Papas« nannte.

Hohlhippe, *w.* (Hohlihippe): röhrenförmiges Gebäck, das vorzugsweise zu Speiseeis gereicht wird.

Holler, *m.*: 1. Holunder ist eine beliebte Grundlage zahlreicher Fruchtdesserts, Erfrischungsgetränke (Hollerkracherl, Hollersekt) und Mehlspeisen;
2. Blödsinn.

Hollerblüten, gebacken, Mz.: Das auch als »Hollerstrauben«, »Hollerschöberl« oder »Hollerküchel« bekannte Gericht geht auf die ländliche Krapfentradition zurück und wird aus Hefe- oder Backteig als Brauchtumsgebäck zur Sonnwendfeier gebacken. Im städtischen Bereich hat es mittlerweile an Bedeutung verloren, während man es im Wiener Umland noch heute findet.

Hollermandl, *s.*: beliebte Süßspeise, für die Holunderbeeren zunächst mit → Borretsch und → Äpfeln eingekocht und dann auf Schwarzbrotschnitten serviert werden.

Hollerröster, *s.*: in Zuckerwasser aufgekochte, bei Bedarf auch mit Stärkemehl oder Sahne gebundene Holunderbeeren. Manchmal werden auch Beeren und Zwetschken gemischt. Das Gericht wird heiß oder kalt, mit Häubchen aus → Obers oder als »Beilage« zu warmen Mehlspeisen (z.B. → Kaiser- oder Grießschmarren) gereicht.

Hornblattl, *s.*: schieferne Teigkarte der Bäcker.

Huchen, *m.* (Huachen): Der in der Donau und anderen größeren österreichischen Flüssen heute noch vorkommende Raubfisch aus der Salmonidenfamilie gilt als äußerst delikat und wohlschmeckend und wird auch »Donaulachs« oder »Rotfisch« genannt. Bisweilen erreicht er eine Länge von über

1,5 Meter und ein Gewicht von bis zu 30 Kilogramm.

Hufstück, *s.*: → Beiried.

Hüferschwanzl, *s.* → Hieferschwanzl.

Hugo, *m.*: Ein Fleisch, das »einen Hugo hat«, muffelt.

Hühnerbügerl, *s.*: Hühnerkeule.

Hühnerjunges, *s.*: Hühnerklein.

Hunyadi-Gulyás, *s.*: nach dem gleichnamigen ungarischen Adelsgeschlecht benanntes Rahmgulasch aus der Schweinsschulter.

Hunyadi-Rostbraten, *m.*: Nach dem ungarischen Reichsverweser Johannes Hunyadi (1387-1456) benannter Rollrostbraten mit einer Fülle aus Nudeln und → Selchfleisch, der in einer mit → Paradeismark und → Paprika abgeschmeckten Sauce serviert wird.

Hunyadi-Torte, *w.*: Nußtorte mit → Marillenmarmelade, Sahne und Schokoglasur.

Husarenkrapferln, Mz.: kugelförmiges Teegebäck aus Mürbteig mit einem »Marmeladenauge«.

I, J

Imber, *m.*: Ingwer.

Indian, *m.* (Indianer): Daß das Wienerische für den Truthahn zahlreiche Synonyma (→ Indianischer, kalkutischer oder welscher Hahn, Pockerl, Schustervogel, Lichtbraten) bereithält, läßt auf dessen hohe Beliebtheit schließen. Nach wie vor ist der auch Pute(r) genannte Zuchtvogel, der 1550 von den Jesuiten aus Westindien und Mexiko nach Europa gebracht wurde, als traditioneller Festtagsbraten auf vielen Weihnachtstafeln präsent. Auf Grund seiner ernährungsphysiologischen Verträglichkeit hat sich das Truthahnfleisch auch in der Alltagsküche weitgehend durchgesetzt.

Indianer mit Schlag, *m.* → Indianerkrapfen.

Indianerkrapfen, *m.*: Zwei mit Schokolade und → Marillenmarmelade überzogene Biskuithälften werden mit Sahne gefüllt. Die auch »Mohrenkopf« genannte Feinbäckerei wurde – zumindest der Legende nach – um 1820 von einem Wiener Zuckerbäcker dem indischen Zauberer Kutom Bulchia gewidmet. Aus dem indischen Zauber ist dann – wie schon weiland zu Zeiten Christoph Kolumbus' – ein Indianer geworden.

Innereien, Mz.: Ohne genußvoll zubereitete Eingeweide wäre die Wiener Küche nicht, was sie ist. Zahlreiche Rezepte ranken sich um → Hirn, → Kalbskopf, → Ochsenmaul, Leber, Zunge, → Bries, Herz, Lunge, Aorta, → Gekröse, Kutteln, Därme, Knochenmark, Milz, Netz und Blut. Am liebsten aß der Wiener Innereien zum → Gabelfrühstück, einem Nachkommen des mittelalterlichen »Voressens«.

Inslert, *s.* (Inslicht; mhd. inslit): Unschlitt, Rinderfett.

Inster, *s.* → Reisel.

Irbsnfriedhof, *m.*: scherzhaft-spöttische Bezeichnung des menschlichen Magens. Das Wort, das nur während der ersten Nachkriegsmonate Konjunktur hatte, war eine Umbildung des Ausdrucks → Backhendlfriedhof und spielt auf die hauptsächlich aus Erbsen bestehende »Maispende« der russischen Armee im Mai 1945 in Wien an.

Irxen, *w.* (mhd. irxe = Achsel): in der Weinsprache wilde Weintriebe (Geiztriebe), aus denen man einen billigen, sauren Haustrunk pressen kann.

Ischler Krapferl, *s.*: klassisches Teegebäck aus der kaiserlichen Sommerresidenz in Bad Ischl. Zwei runde Mürbteighälften werden mit Marmelade gefüllt und mit einem Schokoladeguß überzogen, bevor man auf die Mitte der Oberfläche eine halbe Mandel setzt.

Jackerl, *s.*: → Stamperl Weinbrand.

Jägerbraten, *m.*: gespickter Rindsbraten mit Pilzen, Weißweinsauce und → Kapern.

Jägerbrot, *s.*: eßbare Wurzel der Silberdistel.

Jägerwecken, *m.*: ausgehöhlter Weißbrotwecken, mit pikant abgeschmeckter Krume, Butter, Schinken, Essiggurken, Eiern etc. gefüllt.

Jagler, *m.*: alter Ausdruck für Frosch (von jageln = quaken).

Janisch (von indianisch) → Indian.

Jause, *w.* (Jausen; slow. užina = Mittagessen): Zwischenmahlzeit; Vesperbrot, Nachmittagskaffee.

Jodl, *m.*: Spottwort für den ersten Bäckergehilfen.

Johann, *m.*: Wein (Gaunersprache).

Johanniswein, *m.*: Wein, der am 27. Dezember in der Kirche geweiht worden ist.

Jourgebäck, *s.*: ursprünglich eine ausgehöhlte Semmel, die statt der Krume mit pikanter Fülle versehen wird. Heute versteht man darunter jede Form von Kleinstgebäck.

Jucka, *m.*: Instrument zum Reinigen (Abjucken) der Bäckereitafeln.

Jüdischer Karpfen: Aus der ostjüdischen Küche nach Wien gekommenes, gedünstetes Karpfengericht mit Wurzelwerk, aromatischen Gewürzen, → Rosinen und Mandeln.

Judenfanni, *w.* → Fratschlerin bzw. Naschmarktweiber.

Junge(s), *s.*: das »Klein« von Geflügel, Hasen u. ä.

Jungfernbraten, *m.* (Jumpfernbraten): Lenden- (= Lungen-)braten vom Schwein oder Kalb.

Jungfernwein, *m.*: erster Wein nach einer neuen Anpflanzung. Da der Ertrag niedrig ist, sind Jungfernweine meist von hoher Qualität.

Jus, *m.*: sprich Tschus; Saft, Brühe.

K

Kabalierspitz, *m.* → Kavalierspitz.

Kabanossi, *w.*: Die ebenso dürre wie dünne Dauerwurst war ein fixer Bestandteil im Angebot des → Salamudschimanns. Da die Salamudschis für gewöhnlich italienischer Herkunft waren, kam auch die Kabanossi in den Ruf, aus Italien zu stammen. In Wahrheit handelt es sich jedoch um eine polnische Wurst aus 45 Teilen Schweinefleisch, 25 Teilen Speck und 30 Teilen Rinderbräd. Gewürzt wird die klassische Kabanossi mit Salz, Pfeffer, → Knoblauch, Kümmel und → Paprika (→ Durri-Durri).

Käfer, *m.*: 1. Rausch (veraltet); 2. Mädchen.

Kaffeebaberl, *s.*: leidenschaftliche Kaffeeschwester (veraltet).

Kaffeedscherl, *s.*: Verniedlichung für Kaffee.

Kaffeehaus, *s.*: Das erste Wiener Kaffeehaus des Griechen Johannes Theodat (Diodato) bestand bereits 1685. Im Jahre 1686 erhielt im Zuge der zweiten Türkenbelagerung auch der Kundschafter Georg → Kolschitzky das Privileg, Kaffee zu brennen und auszuschenken. Im 18. Jahrhundert grenzten sich die Kaffeehäuser durch Komfort und Service allmählich von den einfachen Wirtshäusern ab und wurden so eine Wiener Institution des gesellschaftlichen Lebens. 1750 erhielt der Cafetier Gianni Tarroni zum erstenmal die Erlaubnis, im Sommer Tische und Stühle vor dem Kaffeehaus aufzustellen (→ Schanigarten). Die Glanzzeit der Kaffeehäuser war das Biedermeier; damals wurde etwa Neuners legendäres »Silbernes Kaffeehaus« in der Spiegelgasse gegründet. Weitere, heute noch existierende, traditionelle Wiener Kaffeehäuser sind u. a. das Dommayer (gegr. 1787), das Central (1860), das Griensteidl (1847), das Landtmann (1873), das Museum (1899), das Prükkel (1903) und das Hawelka (1938). Neben zahlreichen Kaffeespezialitäten (→ Kleiner Brauner, Großer Brauner, Einspänner, Fiaker, Fransziskaner, Häferlkaffee, Kaffee verkehrt, Kaisermelange, Kapuziner, Kurzer, Konsul, Mazagran, Mariloman, Melange, Mokka, Obermayer, Obers g'spritzt, Schale Gold, Verlängerter, Eiskaffee) – wozu das obligatorische Glas Wasser mit dem verkehrt herum darübergelegten Kaffeelöffel gereicht wird – werden im Kaffeehaus auch → Wie-

Kaiser-Schmarren

6 Dotter rührt man mit 2 Löffeln voll Zucker, 1/4 l Milch und 20 dkg Mehl sehr fein ab, dann kommt noch der feste Schnee der 6 Klar hinzu und eine Prise Salz. In einer weiten flachen Kasserolle läßt man gute Butter zerschleichen, gießt die Masse ein, streut noch Rosinen darunter und bäckt den Schmarren einige Minuten auf dem Feuer, wendet und zersticht ihn und bäckt ihn auf der zweiten Seite. Beim Anrichten wird er mit Zucker bestreut.

ner Frühstück und kleine Kaffeehausschmankerln wie → Gulasch, Spezialtoast, → Frankfurter Würstel und vor allem → Mehlspeisen angeboten. Verfügt ein Kaffeehaus über eine umfangreichere Speisekarte, so spricht man von einem Café-Restaurant. Nach 1950 geriet die Kaffeehaus-Kultur etwas in Vergessenheit, wurde aber um 1990 neuerlich entdeckt. Heute gibt es in Wien wieder mehr als 1000 Kaffeehäuser und Café-Restaurants.
Lit.: G. Gugitz: Das Wiener Kaffeehaus, Wien 1940; Torberg, Friedrich: Kaffeehaus war überall. Briefwechsel mit Käuzen und Originalen, München/Wien 1982; Ch. Brandstätter/W. J. Schweiger (Hg.): Das Wiener Kaffeehaus, Wien 1986; H. Veigl, Wiener Kaffeehausführer, Wien ^{2}1994.

Kaffee-Indianer, *m.* (Kaffeekrapferl): Wie → Indianer mit Sahne, nur mit Kaffeecrème gefüllt und mit Karamel überzogen.

Kaffeekrapferl, *s.* → Kaffee-Indianer.

Kaffeeobers, *s.*: etwas dünnere Sahne.

Kaffeeschale, *w.*: Tasse.

Kaffeesieder, *m.*: Inhaber eines Kaffeehauses.

Kaffee verkehrt, *m.*: in einer Teeschale servierter kleiner Mokka, der mit geschäumter heißer Milch aufgegossen wird.

Kaiser: Die bekannte imperiale Vorsilbe bedeutet, daß etwas nicht nur fein, sondern »vom Feinsten« ist, wie z. B. Kaiserbier, → Kaiserbirn, Kaiserfleisch, Kaiserfisch, Kaiserschmarren, Kaisersemmel, Kaisertee oder Kaiservirginier.

Kaiserauszug, *m.*: alter Ausdruck für das beste vorrätige Weizenmehl (→ Auszugsmehl).

Kaiserbirn, *w.*: besonders feine Butterbirnensorte.

Kaiserfisch, *m.*: Saibling bzw. junger Salm (= Lachs); Goldforelle (Salmo salvelinus).

Kaiserfleisch, *s.*: Räucherfleisch mit besonders saftiger Schwarte; andernorts auch: ein besonders zartes Jungschweinernes.

Kaisergerstl, *s.*: besonders fein geriebenes → Gerstl.

Kaiserg'spritzter, *m.*: → G'spritzter mit Sekt.

Kaisergulasch, *s.*: Gericht aus Rindslungenbraten mit abgeschmalzenen Bandnudeln.

Kaisermelange, *w.*: großer Mokka, der statt mit Milch mit Eigelb, Honig und Weinbrand vermischt wird.

Kaiserschmarren, *m.*: Über die Entstehung dieses wohl berühmtesten aller Wiener → Schmarren aus gerissenem Eierteig existieren zahlreiche Legenden. Eine davon erzählt von einem

Hofküchen-Patissier, der für die notorisch linienbewußte Kaiserin Elisabeth gerne besonders leichte Desserts kreierte. Als er jedoch einmal mit einer neuen Komposition aus Omelettenteig und → Zwetschkenröster in der kulinarischen Gunst der Kaiserin gar nicht zu landen vermochte, sprang seine Majestät in die Bresche und aß die Portion der Kaiserin mit den Worten »Na geb' er mir halt den Schmarren her, den unser Leopold da wieder z'sammkocht hat« auf. Ein anderes Gerücht berichtet von einer kaiserlichen Jagd, die auf einer Hütte endete, deren Senn – in Österreich auch »Kaser« genannt, da auf Almen auch Käse hergestellt wurde und wird – dem Kaiser einen »Kaserschmarren« vorsetzte. Wie es heißt, war der Kaiser davon dermaßen begeistert, daß er das Gericht kurzerhand in »Kaiserschmarren« umtaufte. Eine interessante Etymologie trägt auch Franz → Maier-Bruck bei, wenn er meint, daß es sich beim Kaiserschmarren um einen bäuerlichen Hausschmarren, also einen »Schmarren a la casa« handle, aus dem – möglicherweise in Zusammenhang mit dem auch Casa d'Austria (Haus Österreich) genannten Habsburgerhaus – der Kaiserschmarren geworden sei. Historisch verbürgt ist allerdings keine dieser Auslegungen, sehr wohl jedoch die Tatsache, daß der Kaiser den Kaiserschmarren – wie der ehemalige Hofbedienstete Josef Cachée in seinem Buch über ›Die Hofküche des Kaisers‹ zu berichten weiß – auf seinen Jagdgesellschaften durchaus zu schätzen wußte.

Kaiserschnitzel, *s.*: Rahmschnitzel aus der → Kalbsnuß, das mit Petersilie sowie kleingehackten → Sardellen, → Kapern und Zitronensaft abgeschmeckt wird.

Kaiserschöberln, Mz.: mit viel Butter und geriebenem Käse zubereitete → Schöberln als Suppeneinlage.

Kaisersemmel, *w.*: fünfmal sternförmig eingeschnittene Semmel, für die ausschließlich reinstes weißes Mehl verwendet wird.

Kälberne(s), *s.*: Kalbfleisch.

Kalbsbeuschel, *s.* → Beuschel.

Kalbsbries, *s.*: die inneren Brustdrüsen (Thymusdrüsen) vom Kalb, eines der feinsten Stücke, bestehend aus der runden Nuß und dem länglichen Fortsatz.

Kalbsbries Tegetthoff: nach dem Admiral Wilhelm von Tegetthoff (1827-1871) benanntes blanchiertes und in Butter gebratenes Kalbsbries, eine mit Madeira, Spargelspitzen und

Kalbsbries oder Hirn in Limoniensauce

Eine kleine Zwiebel zerhackt man sehr fein und läßt sie mit 2 Löffel grob gestoßenen Zuckers mit 8 dkg Butter ganz hellgelb rösten, staubt dann Mehl daran, gibt ein Stückchen Limonienschale, den Saft einer ganzen Limonie und Suppe daran und läßt die Sauce gut verkochen, worauf man sie nach Geschmack salzt. Die Sauce muß glänzend licht und etwas dicklich sein und angenehm süßlich-säuerlich schmecken. Vor dem Anrichten muß das Stückchen Limonienschale herausgenommen werden. Man gibt kurz vor dem Anrichten gekochtes Bries oder Hirn hinein. In Ermangelung von Suppe kann man auch die Brühe, worin das Bries kochte, zum Vergießen der Sauce verwenden. Man gibt gedünsteten Reis dazu. Ganz gut sieht es aus, wenn man den Reis in eine Reifform drückt, dann auf eine runde Schüssel stürzt und in den in der Mitte leer gebliebenen Raum das Bries samt Sauce gibt.

Erbsenpüree gefüllte Tortelette.

Kalbsbrust, *w.*: wird in Wien vor allem als knuspriger Braten mit Semmelfülle zubereitet, das Fleisch kann aber auch ausgelöst und für Kalbsgulasch verwendet werden.

Kalbsgulasch, *s.*: Rahmgulasch mit gedünsteter Kalbsschulter, das klassisch mit → Nockerln serviert wird.

Kalbsjungfer, *w.*: Kalbslende, Kalbslungenbraten.

Kalbskopf, *m.*: Unter den → »Einschiebspeisen« und → Gabelfrühstück-Spezialitäten hat der Kalbskopf in der Wiener Küche seinen sicheren Platz. Meistens wird er gebacken zubereitet.

Kalbskotelett, *s.*: Kalbsrippe.

Kalbmedaillons Metternich: Nach dem österreichischen Haus-, Hof- und Staatskanzler Clemens Wenzel Lothar Fürst von Metternich (1773-1859) benannte, mit Kalbsfarce (→ Fasch), geräucherten Zungenstücken und Pistazien gefüllte Roulade vom Kalbslungenbraten, die auf dem Spieß gebraten und mit → Risipisi serviert wird.

Kalbsnierenbraten, *m.*: Die in ein ausgelöstes → Karreestück eingerollte Niere bildet die Grundlage für einen klassischen Wiener Sonntagsbraten, zu dem traditionell → Risipisi serviert wird.

Kalbsnuß, *w.*: ausgelöstes Stück vom Kalbsschlegel, das vorzugsweise für → Wiener Schnitzel verwendet oder auch im Ganzen gebraten wird. Der Schlußbraten wird auch als Kleine Nuß oder Rose (→ Hieferschwanzl) bezeichnet.

Kalbsstelze, *w.*: Kalbshachse.

Kalbsvögerl, *s.*: ausgelöste und zu einer Roulade dressierte Kalbsstelze.

Kalbspörkölt, *s.* → Pörkölt.

kalkutischer Hahn, *m.*: Truthahn, → Indian.

Kalter, *m.* → Fischkalter.

Kam, *m.* (lat. canus = grau): Schimmel auf (gegorenen) Flüssigkeiten.

Kammerhandel, *m.*: In Alt-Wien eine leicht sarkastische Bezeichnung für eine erkaufte (bzw. auf dem freien Markt erworbene) Gasthauskonzession.

Kanarimilch, *w.* (Canarimilch): dünne Vanillecrèmesauce auf Maizena- oder Puddingbasis, die zu Gerichten wie → Dukatenbuchteln oder → Milchrahmstrudel serviert wird.

Kandlschrank, *m.*: kleine Branntweinschenke, die durch eine Kanne über der Eingangstür kenntlich gemacht wurde.

Kaneel, *m.*: besonders feine Zimtart.

Kapaun (Kapäunl, Kapphuhn;

Kalbsvögerln

Man schneidet vom Schlegel oder von einer schönen Schulter kleine Schnitzchen herab und klopft sie gut, nachdem man alle Sehnen und Häutchen entfernt. In fein gewiegtem Speck läßt man eine sehr fein gehackte Zwiebel anlaufen, gibt grüne Petersilie, Pfeffer und viel Majoran heran, streicht von dieser Masse auf jedes Schnitzchen 1 Löffel voll, rollt das Schnitzchen ein und überbindet es mit einem feinen Bindfaden. Auf der oberen Seite spicke man noch etwas mit Speck. Man legt sie alle in eine Bratpfanne auf Butter und brät sie im Rohre, oder man gieße etwas Suppe daran und dünste sie auf dem Herde, oder man steckt sie quer an Spießchen, mit Speckstückchen wechselnd, brät sie bei jäher Hitze und begießt sie mit Rahm.

Oder man bereitet die Fülle aus folgenden Zutaten: Die Fleischabfälle werden sehr fein gehackt. Etwas Speck läßt man mit Zwiebel anlaufen, mengt das gehackte Fleisch, eine zerdrückte Knoblauchzehe, etwas Thymian, Pfeffer und Salz und 1 Löffel sauren Rahmes dazu und rührt alles wohl durcheinander. Man bestreicht damit die geklopften Schnitzchen, rollt sie zusammen, umwindet sie mit Spagat und spickt jedes reichlich. In eine Kasserolle gibt man etwas Speck, fein gehackte Zwiebel, etwas Bertramblätter, Pfeffer und Salz, legt die Vögerln hinein und brät sie auf dem Herde bei jäher Hitze, indem man sie fleißig mit ihrem eigenen Safte begießt. Man nimmt sie heraus, staubt die Sauce mit Mehl, vergießt sie mit Suppe, läßt sie verkochen, passiert die Sauce und läßt in dieser die Vögerln nochmals aussieden. Man gibt Polenta, abgeschmalzene Nudeln, Reis etc. dazu.

Eingemachtes Kalbfleisch

In einer Kasserolle läßt man mit Abschöpffett 1 fein gehackte Zwiebel anlaufen, gibt 1 Petersilie und 1 gelbe Rübe in länglich schmale Stücke geschnitten, dazu und läßt mit Suppe vergossen, alles verdünsten. 1 kg Kalbfleisch von der Schulter oder Brust wäscht und enthäutet man, schneidet es in große Würfel, gibt dieselben zu den Wurzeln und läßt das Fleisch ¾ Stunden dünsten. Wenn dasselbe halb weich ist, fügt man etwas Sellerie, in gleicher Form wie die anderen Wurzeln geschnitten, dazu. Ist das Fleisch genügend weich, schöpft man den Saft ab, staubt etwas Mehl daran, vergießt wieder mit dem abgeschöpften Safte und verrührt gut, gibt etwas Safran hinein und läßt alles gut verkochen.

Gebackener Kalbskopf

Wenn der Kalbskopf nach angegebener Art geputzt wurde, so kocht man ihn in Salzwasser mit etwas Zwiebel weich, legt ihn dann in kaltes Wasser, läßt ihn abtropfen und trocknen. Man schneidet ihn in fingerlange, 2 Finger breite Stücke, bestreut ihn mit Salz und Pfeffer, dreht ihn in Mehl, Eier und Semmelbröseln und bäckt ihn aus heißem Schweinschmalze. Es wird Erdäpfel- oder grüner Salat dazu gegeben. Nach Geschmack kann man die Kopfstücke auch in Bier- oder Weinteig tauchen, statt in Eier und Bröseln.

Gefüllte Kalbsbrust

Nachdem eine Kalbsbrust untergriffen und die Knorpeln ausgelöst sind, füllt man eine Semmelfülle ein, näht die Öffnung zu, legt die Brust in eine Bratpfanne, übergießt sie mit heißer Butter und schmiert sie fleißig damit während des Bratens im heißen Rohre. Beim Tranchieren muß man acht haben, daß bei jeder Schnitte die Fülle gleichmäßig darin bleibe. Beim Anrichten muß der Faden natürlich entfernt werden.

Über das Untergreifen und Füllen des Geflügels und einer Kalbs- oder Lammsbrust

Beim jungen Geflügel greift man beim Halsstiche unter die Haut, löst sie vom Fleische bis in die halbe Brust und gibt in diesen so gewonnenen leeren Raum, welchen man noch überdies etwas aufbläst, mit einem Löffel oder Trichter die Fülle gleichmäßig hinein und umbindet die Haut beim Halsende fest mit einem Bindfaden, daß die Fülle beim Braten nicht herausfließen kann.
Bei Kalbs- oder Lammsbrust löst man zuerst die Brustknorpeln aus und fängt an einer der schmalen Seiten zu untergreifen an und löst das innere feine Häutchen los. Wenn die Fülle hineingegeben ist, näht man die Öffnung zu und zieht nach dem Braten den Faden aus.

Kapauner, Polaki, Poularde), *m.*: verschnittenes Huhn; wird manchmal auch als Masthuhn oder steirischer Kapaun bezeichnet und in der klassischen Art fast immer nur gebraten.

Kapäunlerin, *w.*: Geflügelhändlerin.

Kapern, Mz. (Kapri): eines der wichtigsten Würzmittel der Wiener Küche, wird gerne in Zusammenhang mit → Sardellen verwendet.

Kapernsauce, *w.*: klassische, mit Sauerrahm gebundene Einbrennsauce mit Zwiebeln, Kapern und Petersilie. Wird hauptsächlich zu Rind-, Hammel- und Lammfleisch gereicht.

Kapperlfettn, *w.*: bestes rohes Gänsefett (veraltet).

Kapphuhn, *s.* → Kapaun.

Kapri, Mz. → Kapern.

Kapuziner, *m.*: Mokka mit einem Spritzer Milch oder → Schlagobers.

Kapuzinerkoch, *s.* → Besoffener Kapuziner.

Kapuzinerpalatschinke, *w.* → Gundelpalatschinke.

Karafindl, *s.* (frz. caraffe): Behältnis für Essig und Öl.

Karbonade, *w.* (Karbonadel, Kaminadl, Kamanadl): gebratenes Rippenstück (Kotelett), wird auch manchmal »Carmänadel« geschrieben.

Karfiol, *m.*: Blumenkohl.

Karlsbader Gulyás: Rahmgulasch, das mit → Nockerln, zuweilen auch mit Rinds-, Kalbs- und Schweinefleisch zubereitet wird.

Karnickel, *s.*: Kaninchen.

Károly-Gulyás: Nach einer der bedeutendsten ungarischen Magnatenfamilien benanntes Rindsgulasch mit Tomaten und Kartoffelwürfeln.

Karotte, *w.*: Mohrrübe.

Karpfen, *m.*: klassischer Weihnachts- und Fastenfisch, der in der Wiener Küche seit jeher eine große Rolle spielte. Im Wien des Jahres 1890 wurden beispielsweise 476475 Kilogramm Karpfen verzehrt. Seither ist der Verbrauch allerdings rückläufig. Die größten Karpfenzuchten befinden sich im nordwestlich von Wien gelegenen Waldviertel (→ Böhmischer Karpfen, Polnischer Karpfen, Serbischer Karpfen, Ungarischer Karpfen, Jüdischer Karpfen und Wurzelkarpfen).

Karree, *s.*: Kalbs- oder Schweinsbraten mit Rippenknochen (verstümmelt: Karrière).

Kas, *m.*: 1. Käse; 2. wertlose Sache.

Kaschernat, *m.* (frz. cochonnaille): Das Wienerische bezeichnet damit jede Art von Mischmasch wie → Grenadiermarsch oder Eintopf, aber auch eine Schweinssülze.

Gespickter Karpfen

Ein großer Karpfen wird geschuppt oder barbiert, ausgenommen und gewaschen. Der Rücken wird ganz abgehäutet, mit feinem Speck gespickt, mit Salz, Pfeffer, Zwiebeln, gelben Rüben, 1 Lorbeerblatt und Essig mariniert, 12 Stunden liegen gelassen und öfters in der Marinade umgewendet. Dann stellt man den Fisch auf den Bauch in eine mit Butter bestrichene oder mit Speckplatten ausgelegte Pfanne, kocht alle Bestandteile der Marinade mit Suppe aus, seiht die Brühe über den Fisch, staubt etwas Mehl daran und läßt den Fisch im Rohre unter fleißigem Begießen mit feinem Safte schön braun braten. Man gibt eine braune Kapern-Sauce dazu.

Käsekrainer, *w.*: mit Käsewürfeln gespickte derbe Grillwurst. Wiener Taxifahrer pflegen diese am → Würstelstand mit »A Eitrige mit an Bugl« zu bestellen, wobei sich das Wort »Bugl« auf die Form des Senfs bezieht.

Käsestangerl, *s.*: Feingebäck aus mit Reibkäse und Paprikapulver bestrichenem, mit Kümmel gewürztem und spiralenförmig gewundenem Blätterteig.

Kasnudel, *w.*: Die bekannte Kärntner Spezialität aus Nudelteig mit → Topfen-Minze-Kartoffelfüllung fand erst in den letzten Jahren wirklich Eingang in die Wiener Küche.

Kasstecher, *m.*: Käseverkäufer, im weiteren Sinne auch Feinkosthändler. Früher war der Ausdruck auch gleichbedeutend mit Italiener, da die meisten der Wiener Käsehandlungen in italienischer Hand waren.

Kästen, *w.*, Ez. und Mz.: → Maroni.

Kästenbrader, *m.*: → Maronibrater.

Kastraunenes, *s.*: verschnittener Hammel.

Kastroll, *s.*: Kasserolle, Schmorpfanne.

Kasweib, *s.*: Käseverkäuferin.

Katz, *w.*: Holzfigur, die vom Winzer auf das beste Faß eines Jahrgangs gestellt wird. »Da sitzt d' (schwarze) Katz darauf« = Das ist der beste Wein.

Katzengschra, *s.*: sprich Kozzngschrah; → Erdäpfelschmarren mit → Grammeln; die Bezeichnung findet aber auch für andere Eintopfgerichte Verwendung.

Katzenzungen, Mz.: kleine Schokoladeriegel in → Biskottenform.

Katzlmacher, *m.*, Ez. und Mz.: Die abfällige Bezeichnung für Italiener geht nicht, wie man öfters hört, darauf zurück, daß diese so viele Kinder haben oder ihre Katzen umbringen, sondern – da die eingewanderten italienischen Handwerker Küchengeräte, insbesondere Löffel herstellten – auf das ma. »Gatzel« = Schöpfkelle (zu venezianisch »cazza« = Zinnlöffel). Daß die bekannte Vorliebe unserer südlichen Nachbarn für die auch »cascia« genannte Polenta bei der Namensgebung eine Rolle gespielt haben könnte, ist etymologisch nicht belegt.

Käuli, *m.* (lat. caulis) → Karfiol.

Kavalierbries, *s.*: in Butter gedünstetes → Bries gemischt mit Spargelspitzen, Karfiolröschen, Schwarzwurzeln und Einmachsauce, das mit → Risipisi oder gedünstetem Reis serviert wird.

Kavalierspitz, *m.* (Kabalierspitz, Gawlierspitz): fast ebenso beliebt wie die Teile aus dem

→ Knöpfel sind jene aus der Rindsschulter, als deren unumschränkter Star der Kavalierspitz gilt. Er verdankt seine Beliebtheit allerdings nicht nur dem Umstand, daß er gut durchwachsen und auf Grund seiner gallertigen Einschlüsse auch ziemlich saftig ist, sondern auch seinem Namen, der Assoziationen an nostalgische Galanterien weckt.

Kelch, *m.* (Kölch): sprich Köch; Kohl.

Kellerpartie, *w.*: Zechtour.

Kernfett(en), *s.* (*w.*): Rindsfett, Rindertalg, Unschlitt, auch Rindsnierenfett.

Kesselgulasch, *s.* → Bográcsgulyás.

Kelleranten, Mz.: sprich Köllerانten; stinkende kleine, auch → Quargeln, → Bierhunde oder → Catalanizungen genannte Käse, die wegen ihres intensiven Geruchs im Keller aufbewahrt wurden. Im voluminösen Korpus der alten Steinpressen gab es sogar eine auch »Quarglkastl« genannte Aussparung, in welcher man den → Jausenkäse aufbewahren konnte.

Kiem, *m.* (Kimm): Kümmel.

kifln (mhd. kife = kauen, nagen): an einem Knochen nagen, bei Backhendln nicht nur erlaubt, sondern sogar Pflicht.

Kigerl, *s.* (Kücherl; jiddisch Kigel): kleiner Kuchen.

Kilometerwurst, *w.*: scherzhafter Ausdruck für »Polnische«.

Kipfel, *s.* (Kipferl, Kipfl; ahd. kipf, kipfa = Wagenzunge, Achse, von lat. cippus = Spitzsäule; kife = nagen, kauen): Daß das halbmond- bzw. hörnchenförmige Gebäck auf die Zeit der Türkenkriege zurückgeht, ist nur die halbe Wahrheit. Tatsächlich kam damals ein Bäckermeister namens Peter Wendler auf den patriotischen Einfall, ein mit Eiern zubereitetes Festgebäck in Form des türkischen Halbmonds zu backen und dieses nach jenem, der damals gemeinsam mit einem Kreuz den Stephansturm zierte, »Gipfel« (bzw. Kipfel) zu nennen. In Wahrheit handelt es sich beim Kipfel um ein schon viel früher bekanntes, heidnisches Brauchtumsgebäck, das – gemeinsam mit dem Fladen – bereits bei einer Weihnachtsfeier Leopold des Glorreichen (1176-1230) im Jahr 1227 erwähnt wurde, als die Bäcker »ihm Chiphen und weiße Flecken, weißer als Hermelin« brachten. Von manchen Volkskundlern wird das Kipfel auch als Symbol des doppeltgehörnten Gottes Dionysos gedeutet. Außerdem wird von einem abergläubischen alten Ritus der Donauschiffer berichtet, die vor dem Eintritt in gefährliche Stromschnellen Kipfeln in die

Fluten warfen, um damit die Wassergeister zu besänftigen (→ Peregrinikipferl).

Kipfelkoch, *s.*: → Dunstkoch auf der Basis altbackener Kipfel.

Kipfelschmarren, *m.*: → Schmarren aus blättrig geschnittenen Kipfeln, Milch, Eiern und → Rosinen, der im Rohr gebacken und mit → Zwetschkenröster serviert wird.

Kipfler, *m.*: kipfelförmige Kartoffel, die vor allem für Salat verwendet wird. Ihre enge genetische Verwandtschaft zur französischen Erdäpfelsorte »Ratte« läßt die Vermutung zu, daß sie bereits während der Napoleonischen Kriege (Ende des 18., Anfang des 19. Jahrhunderts) nach Österreich gelangte. Eine Sonderform der Kipflererdäpfel sind die länglichen, fast schlauchförmigen, mittelfrühen und festkochenden Naglerner Kipfler.

Kitte, *w.*: Quitte.

Kittenkäse, *m.*: gelierter Quittensaft.

Kitzl, *s.* (mhd. kitze): auch Zickl oder Zicklein. Das Wort bezeichnet ein junges Lamm oder eine junge Ziege, die in einigen Gegenden Österreichs (meist gebacken) zum Osterfest verspeist werden.

Klachelfleisch, *s.*: steirische Klacheln sind im Gegensatz zu einem weitverbreiteten Irrglauben keineswegs Schweinshaxeln, obwohl diese zweifellos die wichtigste Zutat der → Klachelsuppe sind. »Klacheln« bedeutet vielmehr soviel wie baumeln, schlenkern und klappern, und unter einem »Klachel« versteht man außer einem Glockenschwengel – einem plumpen Menschen, einem Lumpen und dem männlichen Geschlechtsorgan – vor allem einen Sprudellöffel.

Klachelsuppe, *w.*: Eine »abgeklachelte Supp'n« ist eine versprudelte Suppe mit viel kleingeschnittenem Fleisch von Schweinskopf und -fuß, zu der vor allem in der Steiermark, woher dieses Gericht stammt, ein Heidensterz (→ Sterz) serviert wird.

klani Würstel, Mz.: Krenwürstel.

Klar, *s.*: Eiweiß.

Klärfleisch, *s.*: Suppenfleisch.

Klenkas, *m.* (Klekas): billiger Streichkäse.

klebeiseln: appetitlos in einer Speise herumstochern.

Klecks, *m.* (Klacks): kleine Menge, etwa jeweils ein Eßlöffel → Schlagobers, Senf, → Rahm etc.

Kleine(r) Braune(r), *m.*: kleine Schale Mokka mit gerade soviel – meist aufgeschäumter – Milch, daß er eine bräunliche

Farbe erhält. Eine doppelte Portion bezeichnet man als »Großen Braunen«.

Kletzen, *w.* (mhd. klotzbire): Dörrbirne; auch magere, schwächliche Person.

Kletzenbrot, *s.*: Früchtebrot.

Klosterneuburger Knödel, *m.*: Serviettenknödel mit → Selchfleisch- und Schinkenfülle.

Knacker, *w.*: Knackwurst.

Knickebein, *s.*: Mischung aus Slibowitz, Kümmel und Kirsch, zuoberst mit Eidotter serviert, dessen allzu üppige Konsumtion eine dem Namen entsprechende Körperhaltung zur Folge hat.

Knieschützer, *m.*: Nudelhörnchen.

Knoblauch, *m.*: Wo immer der vielzitierte »Knoblauchäquator« durch Österreich seinen genauen Verlauf haben mag, fest steht, daß Wien auf der knoblauchseligen »Halbkugel« liegt. Vor allem bei Gerichten aus den ehemaligen östlichen Kronländern erweist sich der Knoblauch als unentbehrliche Zutat. Das berühmteste Wiener Knoblauchgericht ist jedoch zweifellos der → Vanillerostbraten.

Knofel, *m.*: sprich Gnofi; → Knoblauch.

Knofelhütten, *w.*: ordinäres Wirtshaus, in dem es nach Knoblauch riecht.

Knödel, *m.* auch *s.*: (ahd. knoto, mhd. knode = Knoten, tschech. knedlík): sprich Gnedl. 1. schon für prähistorische Zeiten nachgewiesener Teigkloß, der meist aus Mehl, Grieß oder Kartoffeln besteht. Die erste bildliche Darstellung eines Knödel findet sich auf einem Fresko in der Burgkapelle von Hocheppan in Südtirol. Der Knödel wird im Wienerischen auch gerne im Gegensatz zum Hochdeutschen als »das Knödel« bezeichnet (→ Fleischknödel, Palffyknödel, Semmelknödel, Serviettenknödel u. a.); 2. törichter Mensch; 3. spricht man von Knödeldeutsch, so meint man die oft etwas holprig und schwerfällig anmutende Militärsprache.
Lit.: E. M. Binder: Knödel, Klöße und andere runde Sachen, Passau 1974; F. Helmreid/A. Staudinger: Nur Knödel, Wien 1993.

Knödelfrau, *w.* (Knödelweib): Altwiener Volkstype. Knödelfrauen fand man auf den meisten Märkten im alten Wien, wo sie um einen Kreuzer heiße Knödel anboten. Um eineinhalb Kreuzer bekam man auch eine Portion Sauerkraut dazu. In der Obstsaison konnte man bei ihr auch den begehrten Teller »Kirschen- oder Zwetschkenpfeffer« erstehen.

Knopf, *m.*: Nach der Form eines Schusterknopfes bezeichnetes »Vierkreuzerbrot«.

Knöpfel, *s.*: Rindskeule aus dem die »Gustostückeln« – → Ortsschwanzel, Schalblattel, Zapfen, Hieferschwanzel, Hieferscherzel, Tafelspitz, Tafelstück, G'stutztes, weißes Scherzl, Gschnatter (Anschnitt), Wadschunken (Wadschinken) und Ochsenschlepp – geschnitten werden.

Kober, *m.*; **Koberin,** *w.* (mhd. koberen = beherbergen): ein Wirt oder eine Wirtin, in deren Gastwirtschaft auch leichte Mädchen ihre Dienste feilbieten.

Koch, *s.*: Brei, Mus, auflaufähnliche Süßspeise; nach Anna Finks 1894 erschienenem Kochbuch ›Die Küche des Mittelstandes‹ eine »leichte Mehlspeise, welche in der Form oder im Papierkästchen gebacken, in demselben hoch auflauft, während des Backens und dann sofort mit demselben zu Tisch gebracht wird (...) Werden die Speisen aber in festgeschlossenen Formen, im Wasserdampf oder Dunst gesotten und gestürzt servirt, so nennt man sie Puddings oder Dunstköche.« Der Facettenreichtum des Wiener Koch ist entsprechend groß. So findet man in alten Kochbüchern unter anderem ein Kindskoch, Frittatenkoch, Krebskoch, Erbsenkoch, Blamaschee-Koch, Schmankerlkoch, Krapferlkoch, Kukuruzkoch, Schwarzes Koch – heute besser als »Mohr im Hemd« bekannt –, Weinkoch, Brotkoch, Äpfelkoch, Quittenkoch und sogar ein Baumwollkoch.

Kochlöffelkroate, *m.*: herumziehender Straßenhändler, der wie der → Rastelbinder kein Kroate, sondern ein Slowake war. Seine Waren – Kochlöffel, Pfannen, Nudelbretter, Holzpferdchen u. dgl. – bot er an, indem er auf einer Holzflöte eine kurze, schalmeiartige Weise ertönen ließ und dann »Gaafte Guleffl, Spillerai!« rief.

Kochsalat, *m.*: Lattich.

Köhl, *m.* (Kolch): Kohl, Wirsingkohl.

Kofranek, Albert: Autor des 1950 in Wien erschienenen Standardwerks ›Gute Wiener Küche‹ und Inhaber einer berühmten Kochschule in der Schottengasse.

Kohlsprosserl, *s.* (-brockerl): Rosenkohl.

Kohlpflanzln, Mz.: junger Kohl.

Kohlschöberl, *s.*: Suppeneinlage.

Kokosbusserl, *s.*: beliebtes Teegebäck aus Zucker, Eiweiß und Kokosraspeln, das auch häufig auf Jahrmärkten verkauft wird.

Kolasch, *s.* (Gollasch) → Gulasch.

Kolatsche, *w.* (Kollatsche): sprich Gollatschn; → Topfenkolatsche.

Kolschitzky, Georg Franz: * 1640, † 20. 2. 1694 Wien. Der aus Polen stammende Kaufmann fungierte als Kurier und Kundschafter während der zweiten Türkenbelagerung 1683. Für seine Verdienste erhielt er 1686 ein Privileg für den Kaffeeausschank und gilt seither – fälschlicherweise – als »Begründer des Wiener → Kaffeehauses«. Tatsächlich wurde aber das erste Kaffeehaus-Privileg schon 1685 an den Griechen Johann Theodat vergeben (→ Kaffeehaus).

Kompott, *s.*: Der wienerisch-scherzhaft gemeinte Gruß »Grüß Gott, Kompott« weist schon darauf hin, welch großer Bedeutung sich das gedünstete Obst in der Wiener Küche erfreut. Wie kaum eine andere vergleichbare europäische Küche experimentiert sie – übrigens ähnlich wie die chinesische – besonders gern mit dem Zusammenspiel von süß und sauer. Ein besonders beliebtes Mittel zu diesem Zweck ist die Kombination von Bratenstükken mit Kompotten, auf die Marie von Rokitansky ausdrücklich bei den Schweinsbratenbeilagen hinweist. Außerdem ist das Kompott selbstverständlich auch ein eigenständiges Dessert sowie ein Bestandteil vieler warmer Mehlspeisen.

Konsul, *m.*: großer Mokka mit einem Schuß → Schlagobers.

Korinthe, *w.*: kleine → Rosine.

Korn, *m.*: Getreideschnaps.

Kornelkirsche, *w.* → Dirndl.

Korsikaner, *m.*: streifenförmig geschnittener Leb- bzw. Pfefferkuchen.

Kost, *w.*: Verpflegung.

Kracherl, *s.*: kohlensäurehältige Fruchtsaftlimonade, die heute noch in einigen Heurigen in einer typischen Flasche serviert wird, die beim Öffnen knallt (= »kracht«). Heute existieren lediglich noch die zwei Marken Privoznik und Rax.

Krainer, *m.*: derbe Wurstsorte aus fettem Bauch- und Halsfleisch vom Schwein mit starkem Knoblauchgeschmack; wird vor allem am → Würstelstand gegessen.

Kramer, Theodor, * 1897 Niederhollabrunn/NÖ., † 3. 4. 1958 Wien. Kramer arbeitete nach einem abgebrochenen Studium der Staatswissenschaften im Buchhandel und schrieb Gedichte sowie Werke zu zeitgenössischen Schriftstellern wie Thomas Mann und Franz Werfel. Posthum wurde 1988 der Lyrikband ›Der Braten resch, der Rotwein herb‹ mit bemerkenswerten »Freß- und Saufgedichten« veröffentlicht, in denen der Schriftsteller »Speisen und die Stätten ihres Verzehrs

Krautfleckerln

Man löse einen Krautkopf auseinander, entferne von den einzelnen Blättern alle Rippen, hacke das Kraut fein zusammen, gebe es in eine Schüssel, salze es gut und lasse es, wenn es gut durcheinander gemischt ist, zugedeckt eine Weile stehen. Wenn es ziemlich feucht geworden ist, drücke man alles Wässerige gut aus und dünste das Kraut mit ziemlich viel Butter und etwas Zwiebel, ohne etwas anzugießen, bis es weich und gelblich, aber nicht braun ist. Kurz vor dem Anrichten gebe man in Salzwasser abgesottene, gewöhnliche, ziemlich groß geschnittene Fleckerln, blos aus Eiern und Mehl bereitet, darunter. Dieses gedünstete Kraut kann auch in einen Strudelteig gefüllt werden, oder in Germkrapfen.

Kremser-Senf

Man stößt in einem Marmormörser sehr fein 14 dkg schwarzes Senfmehl und 4 dkg weißes Senfmehl. 4 dl guten weißen Weines läßt man mit 15 dkg Zucker zusammen kochen, worauf man das gestoßene Senfmehl darunter rührt und nur einmal zusammen aufkochen läßt, vom Feuer nimmt und ausgekühlt in Gläser füllt.

rühmt, Schenken und Trünke preist und so zum Verkünder leiblichen Wohlseins und Genusses wird.«

Krammetsbeere, *w.*: Wacholderbeere.

Krammetsvogel, *m.* (Kramsvogel): Die Wacholderdrossel war früher eine beliebte Köstlichkeit auf herrschaftlichen Wiener Tafeln, für deren Zubereitung sich daher auch zahlreiche Rezepte finden. Mittlerweile wurde die Jagd auf Krammetsvögel verboten.

krampensauer: Schimpfwort für einen besonders sauren Wein, der so sauer ist, daß es einen »zusammenkrampft«.

Kramperl, Mz.: Triebe bei Pflanzen, insbesondere bei Reben.

Kramperltee, *m.*: Teeabsud aus allerlei Heilpflanzen; schlechter Tee.

Kranatwittbeere, *w.* (Kranawitte): Wacholderbeere.

Kranawitter, *m.* (Kranewitter): Wacholderbeerschnaps.

Kraner, *m.*: vazierender und hausierender Südfrüchtehändler (ursprüngl. Krainer).

Kranewitter, *m.* → Kranawitter.

Kranzl, *s.*: Achtelmarkierung.

Krapfen, *m.*: schmalzgebackenes Hefeteiggebäck (→ Faschingskrapfen).

Krapferl, *s.*: Törtchen.

Krätzer, *m.*: saurer Wein, der in der Kehle kratzt (veraltet).

Kraut, *s.*: Weißkohl, Sauerkraut.

Krauterer, *m.*: Sauerkrauthändler.

Krautfleckerl, Mz.: → Fleckerlspeis, mit – zuweilen auch leicht karamelisiertem – Weißkraut untermengt; kam laut Franz → Maier-Bruck erst im letzten Drittel des 19. Jahrhunderts auf.

Krautfleisch, *s.* → Szegediner Gulasch.

Kräutlerin, *w.*: Gemüse- und Gewürzhändlerin.

Krautsalat, *m.*: warme oder kalte Beilage zu zahlreichen Fleisch- und Geflügelgerichten, wird meist mit Essig, Kümmel, Zukker, → Selchspeck oder → Grammeln abgeschmeckt.

Krautstrudel, *m.*: mit Weißkraut, Zwiebeln und Speck gefüllter → Strudel, der häufig als Vorspeise oder kleines Zwischengericht serviert wird.

Krautwasser, *s.*: schlechter Wein, dessen Aroma an Sauerkraut erinnert.

Krautwickler, *m.*: mit → faschiertem Fleisch gefüllte Krautrouladen, die ähnlich wie → gefüllte Paprika, gerne mit Tomatensauce serviert werden.

Krebserl, *s.* → Flußkrebs.

Kredenz, *w.*: Anrichte, Küchenschrank.

Kremser Senf, *m.*: österreichische Senfspezialität aus Krems a.d. Donau, die heute nach dem Originalrezept in Wien hergestellt und als klassische »Beilage« zu → Frankfurter Würstel und → Burenwurst gilt.

Kren, *m.*: Der Meerrettich tritt in der Wiener Küche sehr häufig als Begleiter des Rindfleisches auf, so z. B. als Semmelkren, Oberskren, Apfelkren, Eierkren, Essigkren oder Krensauce. Nicht minder beliebt ist der Kren als »Zwillingsbruder« des → Kremser Senfs am Wiener → Würstelstand. Die Beliebtheit des Kren äußert sich auch in zahlreichen Redewendungen wie: »zum Krenreiben« (zum Weinen), »sich einen Kren geben« (hochmütig sein) oder »einen Kren reißen« (sich wichtig machen).

Krensauce, *w.*: warme Meerrettichsauce zu gekochtem Rindfleisch.

Krenfleisch, *s.*: Das in Essig und Zwiebeln oder Wurzelgemüse gesottene – und auch Steirisches Wurzelfleisch genannte – fette Schweinefleisch, das vor dem Servieren mit frisch gerissenem Kren bestreut wird, ist ein beliebtes Gericht zu Silvester und Neujahr.

Kriecherl, *s.* (Kriacherl): Reineclaude; Krieche, auf den alten Namen »Prunum Graecum« = griechische Pflaume hinweisend.

Kröblkraut, *s.*: Kerbel (Bot. Anthriscus cerefolium).

Kronfleisch, *s.*: Der das Zwerchfell spannende Muskelkranz beim Rind besteht aus dem dicken Zwerchfellteil und dem dünnen Herzzapfenteil. Beide werden für das → Bruckfleisch verwendet.

Krös, *s.* → Gekröse.

Krügel, *s.* (Krüagl; mhd. krupc): Maßeinheit für 0,5 Liter Bier (→ Halbe).

Kruspel, *m.* (Gruschpl; lat. crudus = roh, blutig, cruor = Blut, mhd. kruspe): Knorpel.

Kruspelspitz, *m.*: Das zwischen Schulter und Rückenbereich eingebettete Rindfleischstück zählt, optisch wie geschmacklich, zu den attraktivsten Teilen. Die weißen Ansätze zum weichen, biegsamen Teil des Schulterblatts müssen bei diesem Stück noch sichtbar sein. Sie werden als wichtige Geschmacksträger mitserviert. Bemerkenswert ist, daß der Kruspelspitz in einem Stück dreierlei Fleisch von verschiedener Faserung und Mürbe in sich vereinigt, weshalb für geschmackliche Abwechslung gesorgt ist.

Küchenlied, *s.*: eine spezielle Gattung des Wienerlieds ist eine Moritat mit zahlreichen Strophen, mit der man sich bei langwierigen Küchenarbeiten wie dem Kartoffelschälen die Zeit verkürzt. Die meisten Küchenlieder behandeln auf

Äpfel-Kren

Einige geschälte Äpfel werden gerieben und gleich mit Essig vermischt, damit sie nicht braun werden. Man zukkert sie etwas und gibt 2-3 Löffel geriebenen Krens dazu. Manche ziehen es vor, die Äpfel vorher zu braten oder zu dünsten und dann zu passieren.

Semmel-Kren

Zwei abgerindete, feinblätterig geschnittene Semmeln werden mit weißer, guter Rindssuppe verkocht und versprudelt, gesalzen und kurz vor dem Anrichten mit 2 Eßlöffeln voll geriebenen Kren vermischt. Zur Verfeinerung gibt man auch gerne 2 Dotter und 2 Löffel sauren Rahmes dazu.

Krenfleisch

Man schneidet das Fleisch vom Rücken, Brust oder Schulter eines jungen Schweines mit der Schwarte zu Stücken und dünstet diese mit Zwiebelringen, Essig, Wasser, Pfefferkörnern und 1 Lorbeerblatt. Die Brühe muß die Stücke fast bedecken. Wenn sie kurz eingekocht ist, seiht man sie über das Fleisch auf die Schüssel und bestreut dieses mit gerösteten Bröseln und geriebenem Kren.

sentimentale Weise historische Stoffe wie etwa die Geschichte des Räuberhauptmanns Grasl oder die Tragödie von Mayerling. Lit.: H. Goertz (Hg.): Lieder aus der Küche, Frankfurt/M. 1963.

Kuchl, *w.*: eine kleine Küche war Teil der klassischen Wohneinheit »Zimmer-Kuchl-Kabinett« in Wiener Bassenahäusern (→ Bassena).

Kuchlbär, *m.* (Kuchldragoner, Kuchltrabant): besonders gut gestellte und robuste Köchin oder Küchenmagd.

Kudlkraut, *s.* (Kuttelkraut): Gartenthymian (Quendel) hat nichts mit Kutteln (Kaldaunen) zu tun, sondern ist lediglich eine volkstümliche Verballhornung aus → Kuchl und Kraut.

Kugel, *w.* → Zapfen.

Kügerl, *s.*: Rindfleischsorte aus dem Bruststück zwischen Bauchfleisch und Brustkern. Man unterscheidet ein dünnes, ein mittleres und ein dickes Kügerl.

Kuheuter, *s.*: Altwiener Spezialität, die – gebacken oder gedünstet – noch heute beim »Renner« am Nußdorfer Platzl im 19. Bezirk serviert wird.

Kukuruz, *m.* (Kukeruz; türk. kokoroz, tschech. kukurice, serb. kukuruz): Mais. Das Wort »Kukuruz« leitet sich von »Kuruzzen« (Kreuzträger) ab. Seit dem 17. Jahrhundert wird es auch für aufständische ungarische Bauern gebraucht, die zu Beginn des 18. Jahrhunderts in Österreich einfielen. Zum Schutz von Wien wurde damals der Linienwall – der dem heutigen Verlauf des Gürtels entsprach – erbaut.

Kümmelfleisch, *s.*: in Essigwasser weichgedünstetes Schweine- und/oder Rindfleisch, das zuvor kräftig mit Kümmel gewürzt wurde und auch mit Kümmelkartoffeln serviert wird.

Kümmeltürk, *m.*: (Kümmel-) Schnapstrinker.

Küniglhas, *m.*: Kaninchen.

Kuraschiwasser, *s.*: Schnaps. Etymologisch gesehen könnte das Wort von frz. courage = Mut, Schneid gebildet worden sein.

Kürbis, *m.*: Gedünstetes Kürbisfleisch ist eine beliebte Beilage zu Rindfleisch; mitunter wird es auch – wie in vielen ländlichen Gegenden – als Kürbiskraut eingelegt und kalt gegessen. Lit.: E. und R. Reiterer, Kürbis, Wien 1994.

Kürbiskernöl, *s.*: steirische Ölspezialität aus zunächst angerösteten und danach gepreßten Kürbiskernen, dient vor allem als Salatöl.

Kurzer, *m.*: Bei dieser auch »Großer auf kurz« genannten Kaffeespezialität wird die Kaffeemenge für einen → Großen Mokka mit möglichst wenig Wasser versetzt.

Kuttelfleck, *m.*: Kaldaunen (= Rindermägen), vor allem in der »Flecksupp'n« präsent.

Kuttelkraut, *s.* → Kudlkraut.

Kuvertüre, *w.*: Tunkmasse.

L

Laberl, *s.*: Laibchen (→ Wachauer Laibchen, Schusterlaberl und faschiertes Laberl).

Lachs, *m.*: Vor der Erfindung von Schleusen und Kraftwerken war der Lachs auch in Traun und Donau heimisch. Als »Lachs auf Wiener Art« bezeichnete man noch um 1900 ein Gericht aus in Fischsud und Madeira gedünstetem Lachs mit Fischfarcenockerln, Kartoffeln sowie einem Ragout aus Meeresfrüchten und Champignons.

Lack, *m.*: 1. Mischung aus Kornschnaps und Rum; 2. Rausch; 3. schlechtes Bier.

Lager, *s.*: von Anton Dreher (1810-1863) im Jahre 1841 in der Brauerei Klein-Schwechat erstmals in Österreich gebrautes untergäriges, filtriertes Bier von gehobener Qualität (Schwechater Lager), das später zur Grundlage des größten Brauereiunternehmens der Donaumonarchie wurde. Lit.: J. Promintzer, 300 Jahre Brauerei Schwechat, Wien 1932; C. Seidl: Hopfen & Malz, Wien 1995; Ders.: Unser Bier, Wien 1996.

Lagl, *s.* (Lägel): längliches Fäßchen mit einem Fassungsvermögen von 10-15 Liter, das zum Weinholen diente.

Lahner Frankfurter Wiener Würstel, *s.* Ez. und Mz. (Lahnersche) → Frankfurter Würstel.

Lammbrust, *w.* → Kalbsbrust.

Lämmerne(s), *s.*: Lammfleisch.

Lammgulasch, *s.*: Rahmgulasch mit → Nockerln.

Lampl, *s.*: Lamm, Lämmchen.

Lamprete, *w.*: Neunauge, auch Pricke. Der aalähnliche Fisch ist heute nur noch selten erhältlich. In größerem Umfang wird diese ehemals Altwiener Fischspezialität heute fast nur noch als »Lamproie« in der französischen Gironde serviert. In der Wiener Küche wurde die Lamprete wie Aal zubereitet, mit einem einzigen Unterschied: Im Gegensatz zum klassischen → »Wiener Aal« behielt das Neunauge seine Haut und wurde nur einige Male eingeschnitten. In die Einschnitte steckte man vor dem Anbraten Salbeiblätter.

Landbutter, *w.*: auf vielen Wiener Märkten heute wieder mehr denn je erhältliche Butter direkt vom Bauernhof mit charakteristischem, intensivem Geschmack, gelblicher Farbe und poröser Konsistenz.

Langos, *s.*: Das tellergroße und meist mit → Knoblauch bestrichene, fritierte Hefeteiggebäck

Leber-Käse

Eine kleine Gansleber, mehrere Hühner- oder Repphühnerlebern, auch ein faustgroßes Stück einer Kalbsleber dünstet man mit Zwiebeln und Butter, salzt und pfeffert sie und stößt sie mit 2 hartgesottenen Dottern im Mörser sehr fein zusammen. Dann passiert man die Masse durch ein Sieb mischt etwas zerlassenes Aspik darunter und läßt nun den Käse in einem glatten Model sulzen. Man schneidet zierliche Vierecke daraus, legt diese entweder mit klarem Aspik abwechselnd schichtweise in einen Model ein, stürzt die Masse, schneidet schöne Stücke herab, welche man, mit kaltem Aufschnitt gemischt, anrichtet, oder man formt von Leberfarce eine Wurst, schneidet davon Stückchen, legt sie mit Hirn und Kalbfleisch in Muscheln, gibt Mayonnaise darüber und garniert diese mit feingeschnittenem Fisolensalat.

aus der Krapfenfamilie zählt zu den autochthonen Spielarten des Wiener »Fast Food« und wird vor allem auf Jahrmärkten angeboten.

Lasanysuppe, *w.*: Rindsuppe mit Fleckerln.

Lassani, *s.* (Lasany; ital. lasagna) → Fleckerlspeis.

lätschert → ledscher.

Latern, *m.*: auch Ziment; großes Blechgefäß zum Biertragen.

Laube, *w.*: Brachsenart; Karpfenfisch.

Lauf, *m.* (Läufl): 1. Bein vom Hasen (Jägersprache); 2. Milchkaffee (→ Melange); galt im Wiener Kaffeehaus als »laufendes (meistbegehrtes) Getränk«, woher auch der Name stammt.

Laxenburger Spargel, *m.*: Nach dem kaiserlichen Gemüsegarten in Schloß Laxenburg benannte Redensart für 25 Hiebe. »Jetzt hat er sein Laxenburger Spargel kriagt« bedeutet soviel wie: Jetzt hat er seine wohlverdiente Strafe erhalten.

Leberkäse, *m.* (Leberkäs): vor allem auch in der Form des Pferdeleberkäses eine beliebte Spezialität am Wiener → Würstelstand, aber kein urtümliches Wiener Gericht. Mit Leber hat Leberkäs übrigens nichts zu tun. Es handelt sich vielmehr um ein brühwurstähnliches Produkt. In Wien wurde ein etwas anders gearteter Leberkäse allerdings als pikante Vorspeise früher auch aus Wild- und Geflügelleber hergestellt und hat seinen Namen daher hier durchaus verdient.

Leberknödel, *m.*: klassische Suppeneinlage, die sowohl gesotten als auch in heißem Fett schwimmend ausgebacken werden kann. Dafür, daß die Leberknödel ursprünglich aus dem salzburgisch-bayerischen Raum stammen, spricht unter anderem die Tatsache, daß sie bereits in Conrad Haggers ›Saltzburger Kochbuch‹ (1719) Erwähnung finden.

Lebernockerln, *s.*: aus faschierten (durch den Fleisch gedrehten) Innereien, Eiern, Butter und Gewürzen zubereitete Suppeneinlage.

Leberpofesen, *m.* → Pofesen.

Leberreis, *m.*: feine, kleinere → Lebernockerln.

Lebzelten, *m.* (Lebzöltn, Lebzelter): Leb- bzw. Pfefferkuchen.

Leck, *m.*: 1. im engeren Sinn ein besonders süßer Most; 2. im weiteren auch für »Leckereien« ganz allgemein verwendet.

Leckermaul, *s.*: 1. Feinschmekker; 2. Liebhaber süßer Speisen.

ledscher (lätschert): abwertende Bezeichnung bei allzu weichem, bißlosem Obst, Brot oder Fleisch.

Leibspeis, *w.*: Lieblingsspeise.

Leit, *m.* (aus germ. lit): Obst-

Leber-Knödel

26 dkg Kalbsleber werden mit einem Messer fein geschabt und zu 15 dkg abgeriebenen, in Wasser erweichten und gut ausgedrückten Semmeln gemengt. ½ Kaffeelöffel voll fein geschnittener Zwiebel wird mit etwas Petersilie und Abschöpffett geröstet und samt Leber, Semmeln und noch 15 dkg Abschöpffett durch ein Haarsieb gestrichen. Nun mengt man noch 15 dkg Semmelbrösel, 1 ganzes Ei und 1 Dotter, ½ Kaffeelöffel Salz, etwas Pfeffer, eine Messerspitze Majoran dazu, verrührt alles gut und läßt es ½ Stunde zugedeckt stehen. Dann macht man kleine Knödel daraus, kocht sie in siedendes Salzwasser ein und gibt sie in Rindssuppe zu Tisch.

wein, von dem sich unter anderem der Leitgeb (Gastwirt), das Leitrecht (Konzession) und der Leitkauf (Gelöbnistrunk zwischen Vertragspartnern) ableitet. Auch das Wort »Leitn« (Weinberg, Abhang) steht damit in Verbindung.

Lembraten, *m.*: von Fett und Strängen befreite Rinderniere.

Lemoni, *w.* (Limoni): Limone.

leni Eier, Mz.: weiche Eier.

Leopoldi: Am Namenstag des hl. Leopold – dem 15. November – wird in Wien (in den anderen Bundesländern am 11. November) erstmals der neue Wein (→ Heuriger) ausgeschenkt.

Leschak, *s.*: Ausdruck für Lagerbier, der auf das tschechische »lezek« (liegen, lagern) zurückgeht.

Letscho, *s.*: Das gedünstete ungarische Paprikagemüse mit Pfefferoni, Speck, → Paradeisern und → Knoblauch ist eine beliebte Beilage zu zahlreichen Grillgerichten.

Letzerl, *s.* (Lezerl): kleine Kostprobe einer Mehlspeise oder anderer Süßigkeiten.

Lichtbraten, *m.* (Lichtbratl): Diese Bezeichnung für einen Truthahn geht auf ein traditionelles Festessen, das »Lichtbratl« zurück. Am ersten Herbsttag, an dem bei künstlichem Licht gearbeitet werden mußte, lud der Meister seine Gesellen zu diesem Festschmaus ein.

Lichtln, Mz. (Liachteln): eine der wichtigsten Zutaten von → Bruckfleisch und → Beuschel: zerschnittene Luftröhrenstücke aus der Aorta, die dem Gericht in Form weißer Ringe den nötigen »Biß« verleihen.

Lieber Augustin, *m.* → Augustin, Lieber.

Liebold, Josephine: Autorin des 1888 in Wien erschienenen ›Größten und vollständigsten Kochbuchs für die österreichisch-ungarische Küche‹.

Limonadehütte, *w.*: gegen Ende des 18. Jahrhunderts in Wien aufgekommenes »Erfrischungszelt«, in dem Zitronenlimonade, Fruchtweine, Mandelmilch, aber auch Eisspezialitäten verkauft wurden.

Lingerl, *s.* → Beuschel.

Linzer Köchinnen: Die böhmischen Köchinnen genießen heutzutage noch einen legendären Ruf. Ein wenig in Vergessenheit ist jedoch geraten, daß es gerade die Linzer Köchinnen waren, die nicht unwesentlich zur Weiterentwicklung der Wiener Küche beitrugen. Schon im 18. Jahrhundert sah man – glaubt man dem Kulturhistoriker und Volkskundler Gustav Gugitz (1874-1964) – die schönen Linzerinnen nicht in Linz, sondern in Wien, wo sie als

»Zierstücke des Patriziers«, als Stubenmädchen und Köchinnen dienten. In der Wiener Stadtbibliothek wird auch noch das Lied eines anonymen Vorstadtbarden über ›Die Köchinn von Linz‹ aufbewahrt, die im fernen Wien allerlei kulinarisch-erotische Abenteuer erlebte, die nicht ohne Zweideutigkeiten beschrieben werden: »Heut' bring i a vorders Fleisch / Und a hinters hübsch viel, / Weil i's nöd wissen kann, / Wir's mei Herr will. / Irzt stell i z'erst a Hinters auf, / Und ißt er's nöd gern, / No, so g'hört's Hint're ön Hausknecht / Und's Vordere mein'n Herrn.«

Linzer Torte, *w.*: Der aus dem deutschen Weihenzeller stammende und nach Linz ausgewanderte Zuckerbäcker Johann Konrad Vogel gilt als Erfinder jener berühmten Torte, die im 1827 erschienenen ›Linzer Kochbuch‹ gleich mit zwei Rezepten vertreten ist. Tatsächlich ist die Linzer Torte schon wesentlich älter. Bereits im alten Ägypten ist ein zumindest von der Form her vergleichbares Backwerk nachgewiesen. Vermutlich geht der Name darauf zurück, daß man unter einem »Linzer Teig« einen Mürbteig verstand. Herr Vogel hat die Linzer Torte daher sicherlich nicht erfunden, sondern lediglich populär gemacht. Lit.: L. Schlager: Linzer Torte, Linz 1990.

Linzeraugen, Mz.: beliebtes kleines Weihnachtsgebäck aus »Linzer Teig« (= Mürbteig) mit Marmeladenfüllung.

Liptauer, *m.*: Käsespezialität, die bei keinem Heurigenbüffet fehlen darf (→ Brimsen).

Liwanzen, Mz. → Dalken.

Lokäul, *s.*: Gasthaus.

Lorchel, *w.*: Morchel, eine Pilzart.

Lösch, *w.*: Wasser zum Auswischen des heißen Lehmofens (z. B. in Bäckereien) mit dem Wisch

Löser, *m.* → Kuttelfleck.

Lota, *w.* → Trüsche.

Lud(e)l, *m.*: direkt an den Schenkelknochen anliegendes Schulterstück vom Rind.

Luegertopf, *m.*: Ewald Plachutta, der bekannte Kochbuchautor und Herrscher über die neuzeitlichen »Rindfleisch-Paradiese« in Hietzing, Döbling und am Luegerplatz im 1. Wiener Bezirk, hat seinen eigenen Beitrag zur neuen Wiener Rindfleischküche geleistet und für sein beliebtes Innenstadt-Lokal den in der Tradition des Altwiener Suppenfleischs stehenden »Luegertopf« kreiert – eine Kombination aus → Kalbskopf, Räucherzunge und einem besonders saftigen Stück Rindfleisch, zu-

Linzer Torte

(Das alte, berühmte Rezept)

28 dkg Butter werden mit 14 dkg fein gestoßenen Zukkers und 2 Dottern sehr flaumig ½ Stunde lang abgetrieben, dann gibt man 14 dkg abgezogener, fein geriebener Mandeln und etwas fein gewiegte Citronenschale dazu und treibt abermals ½ Stunde lang gut ab, worauf man 31 ½ dkg vom feinsten Mehle recht fein hinein rührt. Einen großen Tortenmodel bestreicht man hierauf mit Butter und streut ihn mit feinem Zucker aus. Man füllt nun die größere Hälfte des Teiges ein, streicht Ribiselsalse darauf und flicht von der anderen, kleineren Hälfte des Teiges ein Gitter über die Salse. Der Teig wird hiezu in fingerbreite Stängelchen gerollt. Davon legt man eines zuerst in die Mitte darauf, ein zweites übers Kreuz, dann wieder über dieses, fingerbreit entfernt, ein anderes übers Kreuz und so fort bis alles belegt und geflochten ist. Es müssen die mit Salse sichtbar werdenden Zwischenräume fingerbreite, verschobene Vierecke bilden. Man schneidet am Rande das Gitter gleichmäßig ab, legt noch eine Teigrolle als Abschluß rund herum, bestreicht die Oberfläche des Teiges mit abgeschlagenem Ei und bäckt die Torte bei gleichmäßiger, nicht zu starker Hitze beiläufig 1 Stunde lang. Nach dem Backen bestreut man die Torte mit feinem Zucker und gibt noch frische Ribiselsalse zwischen das Gitter.

meist einem Schulterscherzl, die ihren Namen von Dr. Karl Lueger (1844-1910) hat, der von 1897-1910 Wiener Bürgermeister war.

Luftgeselchte(s), *s.*: Salzgeselchtes.

Lumpl, *s.* (lat. lumbus, mhd. lumbel = Lende): fälschlich Lunge; Lende.

Lungenbraten, *m.*: Rinderlende, Rinderfilet. Unter einem Altwiener Lungenbraten versteht man eine mit Gänseleber, Kalbs- und Schweinshaschee sowie Schneidsemmeln gefüllte Roulade in Rahmsauce. Nach einem anderen Rezept wird der Wiener Lungenbraten mit Wurzelwerk und Weißwein gedünstet sowie mit Sauerrahm abgeschmeckt. Das Kochbuch von Anna Dorn kennt schließlich auch ein »geflochtenes Lungenbratl«, einen aus mehreren Strängen zu einem Zopf fabrizierten und mit Wurzelwerk weichgedünsteten Lungenbraten, der mit → Sardellen oder → Kapern und Rahmsauce serviert wird.

Lungenbratengulasch, *s.* → Kaisergulasch.

Lungenstrudel, *m.* (Lumplstrudel): Der → Strudel aus gehackter Kalbs- oder Lammlunge ist eine beliebte Wiener Suppeneinlage und wird oft in einem Atemzug mit dem Fleischstrudel genannt. In so manchem befindet sich daher reichlich Lunge, aber es gibt oft genug auch den gegenteiligen Fall, bei dem ein Lungenstrudel fast ausschließlich aus Fleischresten besteht. Etymologisch betrachtet hat der Lungenstrudel mit der Lunge so wenig zu tun wie der Lungenbraten. Beides stammt von mhd. »lumbel«, und das bedeutet Lende, also nicht Innereien, sondern Fleisch. Daher auch der alte – aber richtigere – Name »Lumplstrudel«.

Lüngerl, *s.* (Lungl) → Beuschel.

Lustock, *m.*: Liebstöckl.

Gekochter Fleisch- oder Lungenstrudel

Zuerst wird von 30 dkg Mehl, 1 Ei, etwas Salz und lauwarmem Wasser, ohne Fett, ein Strudelteig gemacht. Man läßt ihn ½ Stunde, mit einer Schüssel zugedeckt, rasten. ½ Kalbslunge oder eine ganze Lammslunge läßt man mit Zwiebel, Petersilie und einer gelben Rübe kochen. Wenn sie weich gekocht ist, wird sie sehr fein zusammengeschnitten und mit feingehackter Zwiebel und grüner Petersilie und Fett geröstet und mit etwas Majoran und Pfeffer gewürzt. Wenn es überkühlt ist, schlägt man 1 ganzes Ei dazu und verrührt es gut. Nun zieht man den Strudelteig auf einem bemehlten Tuche fein aus, schneidet die dicken Ränder des Teiges weg, bestreicht noch den Teig mit einem aufgeklopften Ei und streicht die kalte Fülle gleichmäßig auf, doch so, daß in der Mitte des Teiges durchaus ein breiter, leerer Raum bleibt und rollt nach der Länge von beiden Seiten je eine Rolle ein, daß also zwei lange dünne Strudeln werden. Der in der Mitte leer gebliebene Teig gehört zum Überschlagen der beiden Strudel. Man teilt nun die Strudel mittelst eines in Mehl getauchten Kochlöffelstieles in 2-3 Finger breite Stücke, so zwar, daß beim Aufdrücken die Fülle zu beiden Seiten des Stieles zurückgedrängt wird und der Teig sich schließt, den man noch überdies an beiden Seiten mit dem Daumen und Zeigefinger zusammendrückt. Man legt die so hergerichteten Stücke auf ein mit Mehl bestäubtes Brett. Macht man nur einen dicken Strudel, so schließt sich der Teig schwer an beiden abgeschnittenen Seiten und die Fülle kocht sich leicht heraus. Die vorgerichteten Strudel gibt man 10-12 Minuten vor dem Essen in kochendes Salzwasser, läßt sie zugedeckt kochen, nimmt sie dann vorsichtig mit einem kleinen Backlöffel heraus und gibt sie in die heiße Suppe, welche gleich aufgetragen werden muß, da sonst die Strudel durch längeres Stehen fest werden. Zu Strudelteig, welcher gekocht wird, nimmt man kein Fett, weil der Teig zu zart wird und leicht zerfällt. Statt Lunge nimmt man auch gekochte oder gebratene Fleischüberreste zur Fülle, welche auf diese Weise am besten verwendet werden. Man röstet sie ebenfalls in Fett und Zwiebel etc. Man kann, um die Fülle zu vermehren, auch einige dkg Semmelbrösel mitrösten.

M

Magen, *m.* (mhd. mâhen): → Mohn.
Magenbeugel, *s.*: Mohnkipferl.
Magenfahrplan, *m.*: scherzhaft für eine täglich wechselnde Speisekarte, wie sie u.a. der Wiener Erzähler Friedrich Schlögl in seiner ›Wiener Luft‹ beschreibt: »Montag: A fein's Beuschl mit Knödl; Dienstag: Backene Kalbsfüß; Mittwoch: Schunk'nfleckerln, Donnerstag: Leberwurst mit Kraut; Freitag: ein halb's Pfund Karpfen; Samstag: Jungschweinernes; Sonntag: Backhendl mit Zellersalat.«
mageres Meisl, *s.* → Meisel.
Maggikraut, *s.*: Liebstöckel oder → Lustockkraut, das in Wien nach der gleichnamigen Suppenwürze benannt ist.
Magron, *s.* (mhd. mejeron): Majoran.
Magn, *m.* (Mogn) → Magen.
Maier-Bruck, Franz: Autor des 1975 erschienenen Standardwerks der Wiener Küche ›Das große Sacher-Kochbuch‹, das neben einer mustergültigen Sammlung authentischer Rezepte auch zahlreiche kulturgeschichtliche und volkskundliche Beiträge enthält; verfaßte außerdem ›Vom Essen auf dem Lande‹ und ›Frisch vom Fischmarkt‹.
Mailänder Schnitzel, *s.*: Dieses Gericht wird bei Marie v. Rokitansky noch 1899 sehr wohl vom → Wiener Schnitzel unterschieden, hat aber mit dem klassischen »costoletta Milanese« nichts zu tun. Unter einem Mailänder Schnitzel versteht Marie v. Rokitansky vielmehr eine aus dem Schlegel geschnittene Kalbsroulade, die mit einer Mischung Räucherspeck, Parmesan, Ei und → Bröseln gefüllt und in einer Sauce aus Tomaten und Butter gedünstet wird.
Majoranerdäpfel, Mz.: eingebrannte, blättrig geschnittene Kartoffeln mit Kümmel und Majoran.
Majoranfleisch, *s.*: gedünstete Rindsschulter in mit Majoran abgeschmeckter Rahmsauce.
Makkaroni, Mz. (Makroni; ital. maccaroni, maccheroni): Röhrennudeln spielten in der Wiener Küche schon lange vor dem Aufkommen der Italien-Welle in unserem Jahrhundert eine große Rolle. Man servierte sie, wie aus zahlreichen alten Kochbüchern hervorgeht, u.a. mit Pilzen, Tomaten, Muscheln oder verwendete sie als Grundlage von → Aufläufen.
Makrone, *w.*: Das bereits im 17. Jahrhundert bekannte Klein-

Malakoff

(Galizische Speise für 8 Personen)

20 große Biskotten taucht man in gezuckerte Milch und legt je 3-4 kreuzweise auf eine schöne Glas- oder Porzellanschüssel übereinander, doch füllt man sie zwischen jeder Lage mit viel von untenstehender Crème. Wenn alle bestrichen und schön gelegt sind, überzieht man das ganze Viereck mit gezuckertem Oberssschaume (½ Liter) und macht am Rande oben aus dem Oberssschaume die Formen von Zinnen einer Festung auf und zwischen welche man noch eingekochte Früchte steckt.

Crème hiezu: 14 dkg Butter treibt man mit 4 Dottern und 14 dkg Zucker gut ab und fügt noch 15 dkg abgezogener, geriebener Mandeln hinzu. Man verdünnt die Crème noch mit etwas Milch, damit sie sich leichter streichen läßt und die Biskotten saftig bleiben.

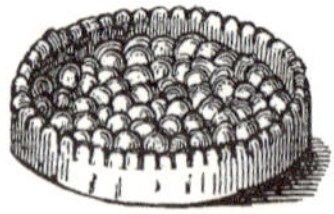

gebäck aus Mandeln (ersatzweise auch Nuß- oder Kokosmasse) mit geschlagenem Eiweiß wird in Wien auch als Mandelbusserl bezeichnet.

Malakofftorte, *w.* (Malakowtorte): Die nach Jean J. Pélissier (1794-1864), dem Erstürmer der russischen Bastion Malachov bei Sewastopol auf der Krim, benannte → Biskottentorte stammt vermutlich aus dem damals österreichischen Norditalien und setzte sich schnell im gesamten Gebiet der Donaumonarchie durch. Sie muß nicht gebacken werden, sondern basiert auf rumgetränkten Biskotten und der sogenannten Malakoff-Crème, für die es recht unterschiedliche Rezepte mit Sahne, Butter, Milch, Mascarpone etc. gibt, die allerdings allesamt auf der Grundlage von Eigelb gemacht werden. Die in der Fachliteratur zuweilen geäußerte Vermutung, daß es sich bei der Malakoff-Torte um eine in Tortenform gebrachte Verwandte der heute auch Tiramisu genannten Mascarponecrème handelt, ist daher nicht ganz von der Hand zu weisen. Marie von Rokitansky kann sich dieser Ansicht indessen nicht anschließen und führt ihr Rezept auch nicht unter Torten, sondern beim Kapitel »Crèmes« an, in dem sie ihr »Malakoff« einfach als »galizische Speise« bezeichnet.

Malteser, *m.* Weihnachtsbäckerei aus zusammengelegten und mit Himbeermarmelade gefüllten Nußkeksen, die mit Tunkmasse überzogen und mit gehackten Pistazien bestreut werden.

maltraitierter Schlegel, *m.*: falscher Thunfisch; zu einer Wurst gerollter Kalbsschlegel, der mit einer falschen Tonnina-Sauce (aus → Sardellenpaste) überstrichen und mit Aspik und Limonenscheiben sowie Petersilie garniert wird.

Mamaliga, *w.* (russ. mamalyga, aus den Rumänischen): mit → Brimsen überbackener Polentaauflauf.

Mandelbogen, *m.*: Bäckerei aus Mandeln und Oblaten.

Mandelbusserl, *s.* → Makrone.

Mandelkoch, *s.* → Koch.

Mandolettimann, *m.*: Die heute fast schon ausgestorbene Wiener Volkstype, die beim Heurigen und im Prater Mandelgebäck verkauft, durfte sein Gewerbe schon unter Josef II. ausüben, aber nur in den Vorstädten, weil sich die mächtige Innung der Zuckerbäcker über die unerwünschte, meist aus dem Süden »zugereiste« Konkurrenz beschwerte.

Manner, Josef, * 1865, † 1947; gründete 1890 das heute noch

Marillenknödel mit Germteig

Man macht einen Germteig aus 56 dkg Mehl, 7 dkg Butter, 4/10 l Milch, 2 1/2 dkg Germ, 3 ganzen Eiern und 2 Dottern, einem Stäubchen Salz und läßt den Teig gut gehen. Die Marillen schält und entkernt man vorsichtig, daß sie ganz bleiben und steckt statt des Kernes ein Stückchen Zucker hinein. Man überzieht jede Marille mit gut einem Löffel voll Teiges, kocht sie in Wasser ein und schmalzt sie, abgeseiht, mit heißer Butter ab.

Marillenknödel mit Topfenteig

Man schneidet die Marillen entzwei, schält und dreht sie in gestoßenen Zucker ein, zieht Topfenteig, wie bei »Zwetschkenknödel mit Topfenteig« beschrieben ist, darüber und verfährt weiters wie oben.

in Familienbesitz befindliche Süßwarenunternehmen, dessen Markenzeichen seit nahezu 100 Jahren der Wiener Stephansdom und dessen »Manner Neapolitaner-Schnitten« – Haselnußwaffeln mit Schokoladefülle – weltberühmt sind.

Maria Theresia, *m.*: Mokka mit einem Schuß Orangenlikör.

Marille, *w.* (lat. armenica, ital. armellino = Marillenbaum; bot. Prunus armeniaca): Die Aprikose ist im Wiener Umland vor allem in der Wachau heimisch, wo sie 1679 in Oberarnsdorf erstmals auch urkundliche Erwähnung fand. Sie gilt mit Recht als eine der beliebtesten Wiener Mehlspeis-Zutaten und findet sich in zahlreichen Gerichten wie Marillenknödel, Marillenkompott, Marillenröster, Marillenfleck, Marillenbusserl, Marillentorte und Marillenstrudel.

Mariloman, *m.*: Mokka mit Cognac.

Mark, *s.*: Das Knochenmark wird in der Wiener Küche – mitsamt dem aufgeschnittenen Rohrknochen – zu allen Siedefleischspezialitäten serviert, wozu häufig auch Schwarzbrottoasts gereicht werden. Mark dient aber auch als Bindemittel für Suppeneinlagen wie Markknödel (→ Knödel) oder -schöberl (→ Schöberl).

Markknochen, *m.*: Rohrknochen.

Marmelade, *w.*: Konfitüre oder Frucht-Gelée – in Wien früher auch → Salse – wird vor allem aus → Marillen, Pfirsichen, Erdbeeren, Himbeeren, Kirschen, Hagebutten, Zwetschken, Johannisbeeren, Mirabellen, Renekloden, und Quitten zubereitet.

Marmorguglhupf, *m.* → Gugelhupf.

Marokkaner, *m.*: mit Cognaccrème gefülltes Weihnachtsgebäck aus Schokoladeteig.

Maroni, *w.* (Kästen), Ez. und Mz. (ital. marrone): Edelkastanie.

Maronibrater, *m.* (Maronimann): Der Maronibrater an der Ecke, der im Winter in einem gußeisernen Öfchen über glühenden Holzkohlen Edelkastanien und Kartoffelscheiben röstet, ist nicht nur eine original Wiener Volkstype, sondern auch ein Kennzeichen für eine österreichische Frühform des »Fast Food«.

Maronireis, *m.*: Kastanienreis; durch eine Erdäpfelpresse passierte Masse aus gekochten Maroni, Zucker und Butter, die mit Sahne und kandierter Kirsche serviert wird.

Martinigansl, *s.*: Martinsgans; 1. Der ursprünglich ländliche Brauch des »Martinigansl-

Marillenknödel mit Erdäpfelteig

Kleine Marillen werden geschält, vorsichtig entkernt, daß sie ganz bleiben und mit Erdäpfelteig, wie er bei »Zwetschkenknödel mit Erdäpfelteig« beschrieben ist, überzogen, in Salzwasser eingekocht und dann mit heißer Butter abgeschmalzen. Man bindet mit 3 Eiern ab, mischt die Erdäpfel, etwas Mehl, eine Hand voll Semmelbröseln und 10 dkg fein gehackten Schinkens dazu, kocht die Knödel in Salzwasser ein und gibt sie dann in Rindssuppe.

Mark-Knöderln

10 dkg fein geschnittenen Markes stellt man in einem Weidlinge warm, treibt es dann sehr flaumig ab, rührt 1 ganzes Ei dazu und 3 abgerindete in Wasser erweichte, würfelig geschnittene und gut ausgedrückte Semmeln. Man verrührt alles fein und gibt so viel feine Semmelbrösel dazu, daß sich kleine Knöderln formen lassen. Man versucht zuerst Eines und kocht es in siedendes Salzwasser ein, ehe man alle einkocht. Sollte der Teig weich sein, so gibt man Brösel nach, ist er zu fest, einige Tropfen Milch. Sie werden in braune oder Einmach-Suppe gegeben.

essens« am 11. November hat mittlerweile auch im urbanen Bereich Fuß gefaßt; 2. früher auch einfältige Frau.

Märzenbier, *s.*: Vor der Erfindung der Lindeschen Kältemaschine war es notwendig, das Bier für die heiße Saison bereits im Frühjahr zu brauen und in Eiskellern – auch »Märzenkeller« genannt – bis in den Sommer zu lagern. Heute gilt Märzenbier daher auch als Synonym für → Lagerbier.

Marzihaserl, *s.*: junger (März-) Hase.

Maschansker, *m.* (Marschansker; tschech. mizenské jablko = Meißnischer): Meißner oder Borsdorfer Apfel, der besonders in der Steiermark angebaut wird. Auch in Wien war der Ruf der Marktschreier »Maschanska, scheene Maschanska hab'n mar da! Dar Kilo dreißig Groschen! Maschanska, Maschanska!« nicht zu überhören.

Maschansker Reisauflauf, *m.*: mit Kompottäpfeln verfeinerter → Reisauflauf.

Maschin, *w.*: veralteter Ausdruck für eine luftdicht verschließbare Kasserolle, dem Vorläufer des heutigen Druckkochtopfs.

Maschinrostbraten, *m.*: Rostbratenspezialität, die in einer → »Maschin« gedünstet wird.

maskieren: eine Fleisch- oder Mehlspeise mit einer dicken Sauce vollkommen bedecken.

matschkern (tschech. omáèka = Sauce): 1. Tabak kauen; 2. sich beschweren.

Mäulbir, *w.*: Maulbeere.

Maultasche, *w.*: viereckige Teigtasche mit süßer oder saurer Fülle.

Maurache, *w.*: Morchel, eine Pilzart (auch: Lorchel).

Maurerforelle, *w.*: Die aufgeschnittene Knackwurst mit Zwiebelringen gilt als klassische → »Jaus'n« am Bau.

Mäuse, gebackene, Mz. → Gebackene Mäuse.

Mäusel, *s.* → Meisel.

Maut, *w.*: Trinkgeld.

Maximiliangulasch, *s.*: → Gulasch mit Pommes frites (→ Kaisergulasch), die allerdings mit dem Chartreusemesser wellenförmig zugeschnitten wurden.

Mayonnaisesalat, *m.* → Erdäpfelsalat.

Mazagran, *m.*: mit Eiswürfeln im Glas servierter schwarzer Kaffee mit Maraschino, Gewürzen und flüssigem Zucker.

Mehlspeisen, Mz.: Wien gilt unter den europäischen Großstädten bis heute als jene Metropole, über die sich wie nirgendwo anders ein »Mehlspeishimmel« wölbt. Die von Habs und Rosner in ihrem ›Appetitlexikon‹ als »Pointen der Wiener Küche« bezeichneten Mehlspei-

Feine Maschin-Rostbraten

Man läßt in einer großen Nickelrein, welche einen festschließenden Deckel hat (oder Dampfkochtopf), viel fein gehackte Zwiebel in Kernfett anlaufen. Dann legt man 4 rohe, gut entfettete, geputzte und geklopfte Rostbraten darauf, bestreut sie mit Salz und Pfeffer und bedeckt sie vollständig, d.h. man füllt die ganze große Rein bis an den Rand mit den verschiedensten, rohen, geputzten Gemüsen, wie: Erdäpfel in 4 Teile geschnitten, grüne Erbsen, Spargel, Carotten, grüne Fisolen, feine Kohlrüben, Karfiolröschen, Paradiesäpfel, Morcheln oder Champignons, oder auch beide Gattungen, salzt und legt viele Butterstückchen dazwischen. Wenn die Rein voll ist, schließt man den Deckel. Wasser darf keines dazu kommen. Man stellt die Rein auf den Herd und läßt den Inhalt ohne zu öffnen 1 ½ Stunden dünsten. Man stelle genau um ½ 12 Uhr die Rein auf den Herd, wenn man um 1 Uhr speist. Die Fisolen werden in 2-3 Stücke geschnitten, die Kohlrüben in Viertel wie die Erdäpfel, die Spargeln in 3-4 Stücke, die Carotten bleiben ganz, ebenso die Schwämme. Man serviert die Speise samt der Rein. Wenn man keine frischen Paradiesäpfel hat, so bestreiche man den Rostbraten mit Paradiesäpfel-Marmelade. Diese Speise ist ausgezeichnet und, obwohl kein Tropfen Flüssigkeit dazu kommt, sehr saftig.

sen – gemeint sind damit eigentlich Süßspeisen – sind tatsächlich wie kaum eine andere Speisengruppe geeignet, die Eigenständigkeit einer unverwechselbaren »Wiener Küche« unter Beweis zu stellen. »Was Grillparzer in seinen Dramen, Strauß in seinen Walzern, Makart in seinen Gemälden der Welt nur vorgaukelt«, heißt es bei Habs und Rosner daher auch weiter, »das alles und noch etwas mehr legt die Wiener Mehlspeis-Köchin in Dalkerln (...), Äpfel-Strudel, (...) Zwetschgen-Knödel, Topfen-Tascherl (und) Kaiserschmarren.« Der legendäre Ruf der Wiener Mehlspeisküche geht wohl nicht zuletzt auf den in Spanien aufgewachsenen Habsburgerkaiser Ferdinand I. (1503-1564) zurück, der seine Residenz nach der Kaiserkrönung 1522 an der Donau aufschlug. Was das Angebot an süßen Leckereien betraf, war Ferdinand durch die am spanischen Hof tätigen niederländischen Zuckerbäcker zweifellos verwöhnt und mit dem Wiener Angebot zunächst alles andere als zufrieden. Er ließ also eine »Komposterey« für die Herstellung von Konfitüren und Fruchtsäften eröffnen und berief bewährte »Zuggermacher« aus den Niederlanden und Spanien an den Wiener Hof. 1560 trat mit dem Holländer Matthias de Viss der erste Wiener Hofzukkerbäcker seinen Dienst an, und schon fünf Jahre zuvor die Geburtsstunde der Wiener Zuckerbäckerinnung geschlagen, die in Kaiser Ferdinand einen wohlwollenden Förderer fand. Wie intensiv die Liebe des österreichischen Herrscherhauses zu allem Süßen war, läßt sich übrigens allein daran ablesen, daß es in der Hofburg bis heute eine eigene »Zuckerbäckerstiege« gibt. Die Wiener Mehlspeisküche ist dennoch keine rein aristokratische Angelegenheit. Mit der Zuwanderung → böhmischer Köchinnen und der industriellen Produktion von preisgünstigem Rübenzucker im 19. Jahrhundert »verbürgerlichte« sich das bislang nur den Allerreichsten vorbehaltene Vergnügen der Zuckerschleckerei. Zur wirklichen Volksküche ist die Wiener Mehlspeisküche erst damals geworden. Lit.: Ziegenbein, Hans: Die gute Mehlspeise, Wien 1932; Ann Tizia Leitich, Das süße Wien, Wien 1964; R. Sandgruber: Bittersüße Genüsse, Wien 1986; Ch. Wagner, Süßes Gold. Kulturgeschichte des Wiener Zuckers, Wien 1996.

Mehlspeistiger, *m.*: leidenschaftlicher Mehlspeisen (= Süßspeisen)esser.

Wiener Maultaschen

14 dkg Butter, 14 dkg Mehl, 2 Eßlöffel Zucker, 2 Eßlöffel Wein und 1 Dotter werden gut zu einem Teig verarbeitet. Man läßt diesen ½ Stunde rasten, walkt ihn dann messerrückendick aus, und schneidet hiervon viereckige Flecke, bestreicht sie in der Mitte mit Eingesottenem, schlägt rechts und links den Teig ein, doch so, daß in der Mitte die Fülle sichtbar bleibt, bestreicht die Ränder mit Ei und bestreut sie mit grob gestoßenem Zucker und gewiegten Mandeln.

Gebackene Milzschnitten zur Suppe

Eine kleine Kalbsmilz schabe man fein aus und passiere das Ausgeschabte. Die Häute gebe man in den Fleischtopf. Zum Ausgeschabten und Passieren mische man etwas Salz, Pfeffer und Majoran und streiche diese Masse auf feine Semmelschnitten, wie Butterbrot, und backe diese Schnitten aus heißem Schmalze. Beim Einlegen in das Fett muß man die bestrichene Seite nach abwärts geben. Will man die Masse vermehren, um für mehr Personen auszureichen, so treibe man mit etwas Fett 1 Ei ab, gebe die passierte Milz, Salz, Pfeffer und Majoran dazu und noch Semmelbrösel. Man gibt die Croutons, auf einen Teller gelegt, zur braunen Suppe.

Meinl, Julius, * 14. 2. 1903 Wien, † 10. 9. 1991 ebd. Er übernahm 1933 das 1862 gegründete familieneigene Lebensmittelunternehmen und baute es zur »Julius Meinl AG« aus. Sein Vater gleichen Namens (1869-1944) organisierte Ende des Ersten Weltkrieges Hilfsaktionen für österreichische Kinder und erwarb in den dreißiger Jahren die Konkurrenzfirma »Kunz« sowie eine Bank (»Meinlbank«).

Meisel, *s.*: An das saftige → Schulterscherzl schließt beim Rind der vordere Schulterblattmuskel an, der wegen seiner Fettarmut »mageres Meisl« genannt wird und in unmittelbarer Nachbarschaft zu seinem kalorienreicheren Alter ego, dem »fetten Meisl« liegt.

Meissl & Schadn → Rindfleischparadies.

Meixner, Elisabetha: Autorin des durch die vielen in Wien arbeitenden → Linzer Köchinnen auch für die Wiener Küche stilbildenden ›Linzerischen Kochbuchs‹ (Linz 1805).

Melange, *w.*: Schale Kaffee mit Milch oder → Schlagobers, je nach Geschmack »mehr licht« oder »mehr dunkel«.

Melanzani, *w.*: Aubergine.

Menage, *w.* (Menasch): 1. Speiseraum; 2. Verpflegung; 3. Bezeichnung für den in Wirtshäusern klassischen Tischständer für Salz und Pfeffer sowie Maggiwürze und Zahnstocher.

Menageteller, *m.*: abgeteilter Teller mit ausgespartem Raum für eine oder mehrere Beilagen; war früher in vielen Wiener Gasthäusern gebräuchlich, kommt aber heute fast nur noch in Betriebskantinen vor.

menaschieren: speisen.

Met, *m.*: Honigwein.

Methäusel, *s.*: Metschenke.

Metschenke, *w.*: Gasthaus, in dem Honigwein ausgeschenkt wurde. Der legendäre, heute nicht mehr existierende Wiener Metkeller und Lebkuchenladen »Süßes Löchl« am Lichtensteg bestand seit Mitte des 15. Jahrhunderts und wurde 1848 in die Mariengasse – heute im 17. Bezirk – verlegt.

Metternich-Brot, *s.*: stangenförmiges, süßes Mandelgebäck, das nach dem österreichischen Staatskanzler Clemens Wenzel Lothar Fürst von Metternich benannt wurde.

Milchrahmstrudel, *m.* (Millirahmstrudel; sprich: Müllirahmstrudel): Die Geschichte des Milchrahmstrudels begann angeblich in der Wienerwald-Gastwirtschaft »Roter Stadl« in Breitenfurt, die im 19. Jahrhundert unter → »Mehlspeistigern« für die besten Strudelspezialitäten im Wiener Umland berühmt war. Besonderer Beliebtheit erfreute sich eine Strudelspezialität aus Semmeln, Milch, Butter, Eiern, Vanille, Rosinen, Zucker und → Obers, die – den Ingredienzien entsprechend – als »Milchrahmstrudel« angeboten wurde. Der Legende nach soll allerdings auch die »Erfinderin« des Gerichts Milli geheißen haben. Daß es sich dabei tatsächlich nur um eine Legende handelt, läßt sich alleine dadurch beweisen, daß sich bereits in einem 1696 handschriftlich verfaßten Wiener ›Koch-Puech‹ ein Rezept, »Mülch Raimb Strudl zu machen«, findet.

Mille-Fanti, *w.*: italienische Weißbrotsuppe.

Milli, *w.*: Milch.

Millimadl, *s.*: Milchmädchen, auch: Milliweib, Millifrau, Millipritschlerin.

Millipitschen, *w.*: Milchkanne.

Millirahmstrudel, *m.* → Milchrahmstrudel.

Milliweib, *s.*: Milchfrau.

Milzschnitte: Suppeneinlage aus mit geschabter Milz überbackenen Weißbrotcroûtons.

Mischling, *m.*: 1. Mischkrug; 2. Mischwein.

Mischko, *m.* (ung. Miška, slaw. Misko = Michael, Vokativ = Miško): Zur Zeit der Donaumonarchie ein gebräuchlicher Rufname für den – häufig aus Ungarn stammenden – Schankburschen in Wiener Gastwirtschaften.

Mischperl, *w.*: Mispel.

Mistkratzerl, *s.*: Huhn (Gaunersprache).

Misttrügerl, *s.*: ein gewöhnlich in der Küche aufbewahrtes Holzkistchen zum Sammeln trockener Haushaltsabfälle.

Model, *m.*: Form zum Verzieren von Backwerk.

Mohn, *m.*: Die heute vor allem im Waldviertel gewonnenen reifen Samenkörner der blauen Mohnpflanze (Papaver somniferum) sind ein besonders wichtiger Bestandteil der böhmisch-österreichischen Mehlspeisküche, deren Facettenreichtum von Mohnnudeln, Mohntorte und Mohnkranzkuchen bis zu Mohnschaumscheiben bis zu Mohn-Marillendatschi und dem früher zur Beruhigung von Kleinkindern verwendeten »Mohnzuzel« reicht. In den dreißiger Jahren notierte der Zwettler Mohn übrigens sogar an der Londoner Börse. Lit.: H. Zimmer, Mohn, Horn 1993.

Mohnstriezel, *m.*: geflochtenes Mohngebäck, außerhalb Wiens Mohnflesserl genannt.

Mohr im Hemd, *m.*: → Koch.

Mokka, *m.*: schwarzer Kaffee, »klein«, »groß« oder »doppelt« (stark).

Mollbraten, *m.* (lat. mollis = weich) → Lungenbraten.

Mohn-Nudeln

Gewöhnliche, kurze, dicke Nudeln kocht man in Salzwasser ein, läßt sie auf einem Durchschlage abtropfen, gibt sie in heiße Butter oder Rindschmalz und streut viel zerstoßenen Mohn, Zucker und etwas Citronenschale darunter, verrührt alles gut mit einer Gabel und richtet sie gleich an.
Mit Milch: Statt in Salzwasser kocht man die Nudeln in Milch dick ein und gibt sie dann ebenfalls in heiße Butter, bestreut sie mit gestoßenem Mohn und tropft Honig darauf.

Mohr im Hemde

10 ½ dkg Butter werden flaumig mit 6 Dottern abgetrieben, nach und nach 10 ½ dkg Zucker, 10 ½ dkg samt den Schalen geriebener Mandeln und 10 ½ dkg geriebener Chocolade beigemengt, wenn alles gut verrührt ist, mischt man noch den festen Schnee der 6 Klar zur Masse und füllt sie in einen mit Butter bestrichenen Model, dann bäckt man sie im Rohre. Man stürzt das Koch auf eine runde Schüssel und überzieht es ganz mit gezuckertem Obersschaum. Diese Masse genügt für 6 Personen. Für 8 Personen nehme man 8 Dotter, 8 Klar und 14 dkg Butter, Zucker, Mandeln und Chocolade.

Rahm-Strudel

Man macht Strudelteig mit Butter oder Rindschmalz (Butterschmalz) und zieht diesen, nachdem er ¼ Stunde gerastet, sehr fein aus, schneidet den dicken Rand weg und streicht folgende Fülle darauf: Ein eigroßes Stück Butter wird flaumig abgetrieben, 2 Dotter werden nach und nach dazu gerührt, Zucker mit beliebigem Geruch (Vanille- oder Citronen-), 1 Hand voll Mandeln, eben so viel Rosinen, ¼ l saurer Rahm und zuletzt noch der feste Schnee von 2 Klar beigemengt. Man rollt dann den bestrichenen Teig leicht zusammen, dreht ihn schneckenförmig ein, legt ihn in eine mit Rindschmalz gut bestrichenen Rein, gießt etwas Milch daran und bäckt ihn im Rohre. Oder: Man treibt 12 dkg Butter sehr schaumig ab, verrührt nach und nach 6 Dotter und 2 Löffel Semmelbröseln darunter, hierauf 3 ½ dl sauren Rahm und zuletzt den festen Schnee von 6 Klar. Diese Fülle streicht man auf den ausgezogenen Strudelteig, streut nach Belieben Rosinen darauf und rollt den Teig leicht ein. Beim Backen gibt man etwas Zucker und fingergliedhoch Milch in die gut bestrichene Rein. Man serviert Canarienmilch oder blos gezuckerte, warme Milch zum Strudel.

Montur, *w.*: Als »Erdäpfel in der Montur« bezeichnet man ungeschälte gekochte oder Bratkartoffeln (Pellkartoffeln).
Mordstrum, *s.* (Murtstrum): Steigerung von Trumm (großes Stück) zu einem (verballhornten) lateinischen Monstrum, das ein »Mordsturm Rindfleisch« ebenso sein kann wie ein »Murtstrum Rausch«.
Most, *m.*: In Wien ist damit zumeist der un- bzw. halbvergorene Traubensaft beim Heurigen gemeint, bevor er noch zum → »Sturm« und zum → »Staubigen« wird. In den Bundesländern versteht man darunter eher einen Obstwein (meist Apfel-, Birnen- oder »g'mischten« Most), der auch als »niederösterreichische Landessäure« bezeichnet wird.
mosteln: 1. Trauben zerstoßen; 2. nach Most riechen.
mostlert: nach Traubenmaische riechen.
Mostschädel, *m.*: lieblose Bezeichnung der Wiener für die Oberösterreicher, da diese im Gegensatz zu Wien und seinem Umland keinen eigenen Weinbau aufweisen können, sondern sich auf das Mostmachen spezialisiert haben. Nichtsdestotrotz besitzt OÖ. eine ausgezeichnete Mostkultur.
Mostschober, *m.*: ein statt mit Wein mit Apfel-, Birnen- oder Mischmost getränkter → Besoffener Kapuziner.
Mullatschag, *s.* (ungar. mulatság = Vergnügen): Freßorgie.
Mundsemmel, *w.*: etwas größere → Kaisersemmel, bei der jedoch neben Weißmehl auch ein kleiner Anteil Schwarzmehl verwendet wird.
Mürbebraten, *m.* → Lungenbraten.
Mürbteig, *m.*: auch Linzer Teig (→ Linzer Torte) genannter, mit Butter, Zucker, Mehl und Eiern rasch gekneteter Teig. Eine besonders schmackhafte Variante ist der mit feingeriebenen Haselnüssen vermengte Haselnußmürbteig.
Murken, *w.*: Salatgurke.
Muskazinerl, *s.*: Mandelgebäck.

N

Nachtmahl, *s.*: Abendessen.

Nagl, *s.*: 1. Gewürznelke; 2. Art Maßbezeichnung, kleiner Rest.

Naschmarkt, *m.*: Der heute bekannteste Wiener Markt an der Wienzeile war früher, als er noch außerhalb des Ringwalls am oberen, dem Opernring zugewendeten linken Ende der Wiedner Hauptstraße lag, nur als Obst- und Gemüsemarkt bekannt. Er befand sich zu großen Teilen auf dem Boden des bereits 1373 erwähnten und früher zum Hl.-Geist-Kloster gehörenden »Paradies«- oder »Paradeys-Gartens« mit eigenem Gärtnermeister und angeschlossener Badstube. Der Wiener Volksschriftsteller Vinzenz Chiavacci (1847-1916) beschrieb den Naschmarkt um die Jahrhundertwende so: »Wenn man vom Kärntnerring in Wien über die Elisabethbrücke kommt, vermeint man das Zeltlager eines Nomadenstamms zu erblicken. Das ist der Naschmarkt mit seinen zahlreichen Obst- und Gemüsestandeln, die durch ungeheure Regenschirme aus Segeltuch vor Sonne und Regen geschützt sind.« Die ursprüngliche Bezeichnung »Am Aschenmarkt« wurde im Laufe der Zeit zunächst zu »Maschenmarkt« verballhornt, woraus später der »Naschmarkt« wurde. Heute ist der Naschmarkt mit dem Münchner Viktualienmarkt vergleichbar und ein Zentrum des multikulturellen Wien, wo man von Döner Kebab über Sushi bis zu orientalischen Gewürzen und Elsässer Spezialitäten alles erhält. Lit.: W. T. Bauer: Die Wiener Märkte, Wien 1996.

Naschmarktweiber, Mz.: zu den populärsten der für ihre »Reschheit« bekannten und daher zu sogenannten Volkstypen gewordenen Marktfrauen zählen u. a. die »Frau Sopherl«, die »Zwiefelliesel«, die »Grenadiernanni« oder die »Judenfanni« (→ Fratschlerin). Der mit Sicherheit bekannteste Naschmarkt-Typ unserer Tage ist allerdings keine Frau, sondern ein Mann: nämlich der für sein exzellentes Sauerkraut und seine → Salzgurken weithin und vielgerühmte »Gurken-Leo«.

Naturschnitzel, *s.*: jedes »kälberne Schnitzel«, das im Gegensatz zum → Wiener Schnitzel jedoch nicht gebacken, sondern in Butter oder Schmalz angebraten und anschließend mit Champignons, Kräutern, Zitronensaft, → Kapern, Weißwein

Gute Nuß-Kipfel

4/10 l Mehl werden mit 3 1/2 dkg Zucker, 3 Dottern und 7 dkg Butter vermengt, dann 2 dkg Germ mit 10 Löffeln Milch aufgelöst und zum Mehle gegeben, der Teig wird nun tüchtig abgeschlagen und sobald er Blasen bekommt, an einem warmen Orte stehen gelassen. Hierauf wird er ausgewalkt und zu Dreiecken zerschnitten, diese werden mit nachstehender Fülle gefüllt, eingerollt, zu Kipfeln gedreht und auf ein Blech zum Gehen gelegt. Die Fülle besteht aus 14 dkg Nüssen, welche in Milch gekocht wurden und mit 7 dkg (in 1/10 l Wasser) verkochtem Zucker vermengt werden. Alles zusammen muß noch dick einkochen. Die gegangenen Nuß-Kipfel bestreicht man mit Ei und bäckt sie im Rohre.

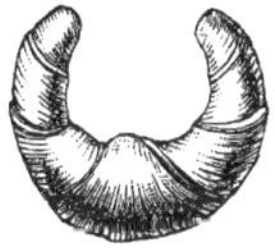

und → Sardellen abgeschmeckt wird.

Naunscherl, *s.* (Nauscherl): Suppeneinlage aus schmalzgebackenen Mehlkügelchen, die auch Backerbsen genannt werden. Einen besonders heiklen Gast bezeichnete man im alten Wien als einen, der »gefüllte Naunscherl« essen will, d.h. jemanden, der sich Unerfüllbares wünschte.

Netzbraten, *m.*: Der faschierte Braten im Schweinsnetz wird gewöhnlich in einer mit etwas Paradeismark (Tomatenmark) abgeschmeckten Rahmsauce serviert.

Neuerl, *s.*: So bezeichnet man den unerwünschten Holzgeschmack eines Weines aus ungenügend weingrün gemachten Fässern. Weingrünmachen bedeutet das Entfernen von Gerb- und Farbstoffen durch Ausdämpfen oder Heißbrühen. Lediglich bei dem seit kurzem von einigen Wiener Winzern praktizierten Barriqueausbau ist ein leichter Holzton erwünscht.

Neugewürz, *s.*: Piment.

Neunauge, *s.* → Lamprete.

niedere Beiried, *w.*: Roastbeefstück, früher auch Hüftstück genannt (→ Beiried).

Nierenbraten, *m.* → Kalbsnierenbraten.

Nierndeln, Mz. (Nierndln, geröstete Nierndln): Schweins-, Rinds- und Lammnieren werden in der Wiener Küche auch gerne mit Zwiebeln geröstet oder mit → Hirn – zuweilen auch unter Zugabe von versprudelten Eiern – vermengt.

Nigl, *m.*: von dem Wiener Feuilletonisten Eduard Plötzl in seinem Skizzenbuch ›Hoch vom Kahlenberg‹ besungener Typus des Wiener Genießers, der ungeheure Portionen bewältigen konnte; daher auch: Frißnigl.

Nobelprater, *m.*, Eig.: Der südlich des → Wurstelpraters gelegene Teil des Praters war im 19. Jahrhundert ein beliebtes Ausflugsziel der Wiener. Hier befanden sich zahlreiche Gaststätten und die legendären Prater-(Konzert-)Cafés an der Hauptallee, in denen Musikgeschichte geschrieben wurde.

Nockerln, Mz. (Nocken; ital. gnocco): winzige Klößchen aus Nockerln(= Mehl-) teig, die zuerst durch ein Nockerlsieb gedrückt und dann in siedendem Wasser gekocht werden. »Abgeschmalzene« Nockerln sind vor allem eine beliebte Beilage zu → Gulasch und Ragout. Als mit Ei versprudelte → Eiernockerln oder → Speckockerln können sie aber auch eine vorzügliche Hauptspeise bilden. Die bekannten → Salzburger Nockerln sind im eigentlichen

Sinn keine Nockerln, sondern ein → Auflauf.

Nudeln, Mz.: Die Wiener Küche unterscheidet zweierlei Arten von Nudeln: 1. die oft auch als → Dalken oder → Buchteln bekannten Hefeteiggerichte; 2. hausgemachte oder industriell vorgefertigte Eierteigwaren, die im ›Appetitlexikon‹ von Habs und Rosner in »drahtförmige Fadennudeln, riemenförmige Bandnudeln, schilfrohrstarke Rohrnudeln (→ Makkaroni), in knopfförmige Körnernudeln und in (...) Facon- oder Figurennudeln« unterteilt werden. Eine Wiener Sonderform sind die → Fleckerl, früher auch Lasany-Nudeln genannt, die allerdings nichts mit den italienischen Lasagne-Nudeln gemeinsam haben. Fadennageln werden übrigens bereits 1714 in Wolf Helmhard von Hohbergs in Niederösterreich entstandener Agrarenzyklopädie ›Georgica curiosa‹ erwähnt.

Nudelsuppe, *w.*: Rindsuppe mit Fadennudeln.

Nudelwalker, *m.*: Nudelholz; walzenförmiges Küchengerät, das an beiden Enden mit Griffen versehen ist und zur Herstellung von Nudel- und anderen Teigen dient.

Nuß, *m.* 1. kleine Kaffee- (= Mokka-)schale. 2. volkstümliche Bezeichnung für Nußberger, Wein vom Nußberg, einer der besten Lagen Wiens; 3. → Hieferschwanzl.

Nußbeugel, *s.* (Nußbeugerl, Nußbeugl): mit geriebenen Nüssen gefülltes → Kipfel.

Nußerner, *m.*: Nußschnaps.

Nußkoch, *s.* → Koch.

Ofenkater oder Tommerl

(Kukuruz-Tommerl mit Eiern)

½ l Milch (gut gemessen) wird mit 2 ganzen Eiern und schwach gemessenem ¼ l Polentagries oder Polentamehl versprudelt, etwas Salz und Zucker beigemengt und die Masse in eine mit Butter oder Rindschmalz dick bestrichene Bratpfanne gegossen. Man betropft sie noch oben mit Schmalz und bäckt sie im Rohre recht resch und braun. Aus der Pfanne gestürzt, bestreut man den Tommerl mit Zucker und schneidet ihn in große viereckige Stücke.

Ohne Eier wird er ebenso bereitet, nur sprudelt man etwas zerlassenes Rindschmalz zum Teige oder zerlassenen würfeligen Speck. Man bäckt ihn wie oben resch und braun, aber ohne Zucker.

O

Ober, *m.*: Zahlkellner, heute auch: Maître.
Obermayer, *m.*: Nach einem Mitglied der Wiener Philharmoniker benannte Kaffeespezialität, die entfernt mit dem → »Konsul« verwandt ist. Herr Obermayer liebte es, seinen Mokka »durch kaltes → Obers hindurch« zu trinken. Dabei mußte das Obers so vorsichtig auf den Mokka gegossen werden, daß sich die beiden Flüssigkeiten nicht mischten.
Oberschale, *w.* → Zapfen.
Obers g'spritzt, *m.*: bekannte Wiener Kaffeespezialität mit viel → Obers und einem Schuß Kaffee (→ Kaffee verkehrt).
Obers, *s.*: Milchsahne, Süßrahm, in Wien auch »Schmetten« genannt. (→ Schlagobers und Kaffeeobers).
Oberskren, *m.*: mit → Obers verfeinerter Meerettich, der gerne zu Siedefleisch gereicht wird.
Obi, *s.*: nach einer bekannten niederösterreichischen Obstverwertungsfirma benannter Apfelsaft; inzwischen auch Synonym für Apfelsaft schlechthin.
Obi g'spritzt, *s.*: mit Soda- oder Mineralwasser verdünnter Apfelsaft.
Oblate, *w.*: Spezialität aus in einem speziellen Oblateneisen zubereiteten Oblaten-(= Waffel-)teig, für den Mehl, Milch, Eigelb und Zucker versprudelt werden. Die berühmten Karlsbader Oblaten werden zunächst nur auf einer Seite gebacken und dann – mit feingeschnittenen Mandeln und Vanillezucker bestreut – fertiggestellt.
Obstler, *m.*: zumeist eher einfaches Destillat aus Äpfeln und Birnen.
Ochsenaugen, Mz.: (Ox'n-augen): Die gebackenen Eier (Spiegeleier) auf Gemüse oder Fleisch verdanken ihren Namen ihrer Ähnlichkeit mit der Form großer Ochsenaugen. Ihre unmittelbaren Nachfahren sind die Spiegeleier. Laut Eduard Maria Schrankas ›Wiener Dialekt Lexikon‹ wurden darunter auch »verlorene Eier« verstanden, die man in eine siedende Mischung aus Fett, Mehl, Wasser und Essig tauchte.
Ochsengaumen, *m.* → Ochsenmaul.
Ochsenmaul, *s.*: Der gepökelte Ochsengaumen ist die Grundlage des mit Essig, Öl, Zwiebeln und Pfefferkörnern angerichteten Ochsenmaulsalats.
Ochsenschlepp, *m.*: Der dicke Teil des Ochsenschwanzes gilt

Oglio-Suppe

Man belegt eine Kasserolle mit viel Speck, kleinblätterig geschnittenem Wurzelwerk und Zwiebel, mit kleingeschnittener Rinds- und Kalbsleber, zusammen ein Dessertteller voll, mit einem zerschnittenen, alten Huhn, schönen Rindsknochen und etwas Milz und läßt alles rösten, ohne es umzurühren, bis der Speck und das Wurzelwerk Farbe bekommt, gießt dann kaltes Wasser darauf, daß alles davon bedeckt ist und läßt es langsam und gleichmäßig 7-8 Stunden kochen. Hierauf wird die Suppe durch ein feines Tuch oder Sieb gegossen, doch recht vorsichtig, daß nichts Trübes dazu kommt. Die Suppe muß klar und schön braun sein. Sie wird in Tassen bei Bällen, Abendgesellschaften, Frühstück etc. serviert. Man kann auch Rindfleisch mitkochen und nach dem Rösten die ganze Masse in den papinianischen Topf geben und darin, mit kaltem Wasser übergossen, kochen lassen. Viele geben auch Kalbfleisch dazu, doch ist es nicht ratsam, da dies die Suppe trübe macht und man dieselbe mit Eiklar klären muß.

als ganz besondere Delikatesse und wird meist ausgelöst und mit Gemüsen oder Gänseleber gefüllt serviert oder als Basis für Suppen verwendet.

Ofenkater, *m.*: aus der ländlichen Küche und dort meist »Tommerl« genannte Spezialität, je nach Zutat etwa Türkentommerl mit Maisgrieß, Bluttommerl mit Schweineblut.

Ofenloch, *s.*: 1. Öffnung zum Nachlegen von Holz und Kohlen in einem Herd; 2. eine der ältesten Gaststätten Wiens zwischen Kleeblatt- und Kurrentgasse im ersten Wiener Gemeindebezirk, die ihren Namen nach der hier einst bestehenden Schwertfeger-Werkstätte erhielt.

Ofenröhre, *w.*: Bratrohr.

Ohrwangel, *s.*: Fleischteile des Rindskopfes – vor allem die Rindsbacken; werden mitunter auch als »Ohrfeigen« bezeichnet.

Ölerer, *m.*: Ölhändler, Ölmacher.

Oliosuppe, *w.* (Ogliosuppe): Die in vier großen Kesseln zubereitete Spezialität der Wiener Hofküche war vor allem auf den Wiener Hofbällen beliebt und wurde für bis zu 2000 Personen aus Rind- und Kalbfleisch, → Innereien, → Wildbret, Enten, Gänsen, Wildgänsen, Rebhühnern, Tauben und Hühnern sowie reichlich Suppengemüse und Edelkastanien zubereitet. Eine etwas weniger aufwendige Variante für kleinere Gesellschaften findet sich bei Marie von Rokitansky.

Olla Potrida, *w.*: Das mit der Oliosuppe verwandte Gericht wird auch »Spanischer Suppentopf« oder »Fauler Topf« genannt und zeichnet sich durch seinen Reichtum an – je nach Rezeptur bis zu neunzig – Zutaten aus. An den Wiener Hof kam das spanische Gericht durch das enge verwandtschaftliche Verhältnis der spanischen und österreichischen Habsburgerlinien.

Olmützer, *s.* → Quargel.

Ollnerké-Sprache, *w.*: sprich oenakäschbroch; offensichtlich aus Angst vor Bespitzelung entstandene Geheimsprache der Wiener Kellner und des Wiener Nachtgewerbes, in welchem der vokalische Teil der ersten Wortsilbe durch »é« ersetzt und dann an das Wortende gestellt wird. Dem neuen Wort wird vorne ein »O« angefügt. Aus Kellner wird demnach »Ollnerké«, aus Musiker »Osikermé«.

Omelett, *s.* (Omelette): Der Pfann- oder Eierkuchen wird im Wiener Dialekt nicht als »die Omelette«, sondern als »das Omelett« bezeichnet. Im Gegensatz zu seinem französischen Vorbild wird das Wiener Ome-

Omelette à la Kaunitz

Man macht eine sehr gute, starke, dickliche Madeira-Sauce, gibt ein gekochtes, in Stücke geschnittenes Kalbsbries, geteilte Champignons, Trüffeln und Farce-Nokkerln hinein und läßt alles zusammen einige Minuten kochen. Indessen sprudelt man 3 Eier mit etwas Salz ab, gibt dann in eine Omelettepfanne etwas Butter, läßt dieselbe heiß werden, gießt die zersprudelten Eier hinein und streift, wenn sie ziemlich hart sind, die bereitete Fülle auf die Hälfte der Omelette. Dann schlägt man die freigelassene Seite darüber, stürzt die Omelette auf einen warmen Teller und serviert sie sogleich.

lette mit Mehl zubereitet und schmeckt dadurch wesentlich kräftiger. Zu den bekanntesten süßen Omeletts zählen u. a. das mit Marillenmarmelade gefüllte Kaiseromelett und das mit Orangenlikör verfeinerte und zusammengeklappte Johann-Strauß-Omelett. Unter den sauren Omeletts gibt es neben bekannten Standards wie Schinken-, Käse- oder Bauernomelett auch verfeinerte Varianten wie das nach dem österreichischen Staatsmann Wenzel Anton Graf von Kaunitz (1711-1794) benannte Kaunitz-Omelett (→ Palatschinke).

Orangenblüten, Mz.: früher beliebte, aber heute schon etwas vergessene Zutat der Wiener Mehlspeisküche, die damit u. a. Orangenblütenkoch, -krapferl, -stangerl, -sülze und -torte herzustellen wußte.

Ort, *s.* (Örtl) → Ortsschwanzl.

Ortsschwanzl, *s.*: beliebtes, häufig auch als Schale bezeichnetes Stück vom Rind, das sich vor allem ausgezeichnet für die Herstellung von Rindsrouladen eignet.

Osterfleck, *m.*: tellerförmiger Osterfladen aus Weißmehl.

Otto III., der Fröhliche: * 1301, † 17. 2. 1339: Der als besonders lebenslustig bekannte Wiener Herzog ließ sich gerne mit einem Rosenkranz abbilden und hielt sich unter anderem zwei eigene »Tischräte« – Wiegand von Theben, auch »der Pfaff vom Kahlenberg« genannt, und Otto Neidhart Fuchs von Breitenbach –, die ihn in kulinarischen Fragen zu beraten hatten.

P

Paar, *s.* (Paarl): ein Paar Würstchen, insbesondere heiße → Frankfurter oder Debrecziner.

Palatschinke, *w.* (Palatschinken; lat. placenta, rumän. placinta, ung. pálácsintá): Die Pfann- oder Eierkuchen dieses Namens gehen auf einen Fladenteig zurück, der früher (z. B. in Siebenbürgen) auf heißen Steinen ausgebacken wurde. Sie sind daher auch mit dem heute noch auf niederösterreichischen Jahrmärkten zu findenden Feuerfleck verwandt. In die Wiener Kochbuchliteratur fand die Palatschinke erst im 19. Jahrhundert Eingang, davor war stets von Pfannzelten, Pfannkuchen oder Eierkuchen die Rede. Mittlerweile hat sich auch eine sehr genaue Unterscheidung zwischen Palatschinke/Pfannkuchen einerseits und → Omeletten andererseits herausgebildet. Das wichtigste Unterscheidungsmerkmal ist die Konsistenz des Teiges, der bei Palatschinke dünn- und bei Omeletten dickflüssig zubereitet wird. Außerdem werden Palatschinken meist in kleineren Pfannen ausgebacken und haben daher einen kleineren Durchmesser. Ganz allgemein gilt jedoch die Regel: Während die Omelette (bzw. das Omelett) durch den Teig wirkt – der daher auch gerne mit mehr Eigelb zubereitet wird –, steht im Mittelpunkt des Palatschinkengenusses in erster Linie die Fülle.

Palffy-Gulyás, *s.*: Das nach Albert Graf Palffy (1820-1897) benannte Rindsgulasch mit würfelig geschnittenem und in Butter gedünstetem Wurzelwerk wird häufig auch nach demselben Rezept wie das → Esterházy-Gulyás, nur mit anderer Schneidweise, zubereitet.

Palffyknödel, *m.*: Die im Geschmack dem klassischen → Tiroler Knödel ähnliche Variante des → Serviettenknödels wird aus kleinwürfelig geschnittenem Speck, Butter, Milch, Mehl sowie → Schneidsemmeln zubereitet.

Palisade, *w.* (Palisadenfleisch) → Zwerchried.

Paluderer, *m.*: schlechter, wässeriger Kaffee.

Panade, *w.*: Brandteig, nicht zu verwechseln mit Panier (→ panieren).

Panadelsuppe, *w.* (Panadlsuppe): Die klassische österreichische Brotsuppe wird im ›Wienerischen bewährten Koch-Buch‹ von 1772 als »Panatl«

Palatschinken mit Topfenfülle

Zu 20 dkg Mehl und etwas Salz strudle man 2 ganze Eier mit 4 dl Milch, bis ein schöner, glatter Teig daraus wird. Hierauf backe man von diesem Teige ca. 10-12 Frittaten mit Rindschmalz. Die Fülle wird folgendermaßen bereitet: 3 dkg Butter werden mit 3 Dottern gut abgetrieben, dann mischt man 30-40 dkg durchpassierten, recht trockenen Topfens, Rosinen, Weinbeerln, etwas feinen Zucker dazu, zuletzt von 3 Klar festen Schnee. Diese Fülle streicht man auf die Frittaten, rollt jede gleichmäßig zusammen und legt sie in eine mit Schmalz bestrichene Bratpfanne der Reihe nach ein. Man gießt etwas Milch daran und bäckt sie im Rohre.

Panade-Suppe

Von 3-4 Semmeln reibt man die Rinde ab, schneidet die Krume (Schmolle) in feine Scheiben oder Würfel, erweicht sie in Rindssuppe, zerquirlt sie gut und passiert sie. In eine Kasserolle gibt man ein Stück Butter, läßt die Panade damit etwas verdünsten und vergießt sie nach Bedarf mit Rindssuppe. Beim Anrichten legiert man sie mit Dottern und gibt etwas Schnittlauch daran. Sehr gut eignet sich auch Schinkensuppe zum Vergießen.

Panamatorte

7 Dotter werden mit 7 dkg Zucker und 9 dkg erweichter Chocolade abgetrieben, dann gibt man 14 dkg mit den Schalen geriebene Mandeln dazu und zuletzt den festen Schnee von 7 Klar. Man füllt die Masse in einen großen, mit Butter bestrichenen Tortenmodel ein und bäckt sie eine Stunde bei mäßiger Hitze. Ausgekühlt teilt man die Torte der Quere nach in zwei Hälften und füllt sie mit folgender Crème: Um Feuer rührt man 2 ganze Eier mit 6 dkg erweichter Chocolade und 14 dkg Zucker, bis die Masse etwas aufgekocht hat. Dann nimmt man sie vom Feuer weg und rührt sofort 14 dkg feiner Butter hinein. Etwas ausgekühlt füllt man die Torte und bestreicht auch mit der Crème die zusammengesetzte Torte oben und seitlich. Obenauf streut man dann, abgezogene, grob geschnittene und mit Zucker geröstete Mandeln darauf. Die Torte soll einen Tag vor dem Gebrauche gemacht werden.

erwähnt. Beim Grundrezept handelt es sich um Weiß- oder Schwarzbrot, das in Wasser verkocht und anschließend mit Ei und Butter legiert wird. Statt Wasser wird heute vielfach auch Rindssuppe verwendet.

Panamatorte, *w.*: angeblich anläßlich der Eröffnung des gleichnamigen Kanals (1914) erstmals gebackene Schokolade-Mandeltorte. Ein Rezept dafür findet sich jedoch bei Marie von Rokitansky schon vorher.

Panier, *w.* → panieren und Anserpanier.

panieren (lat. panis): Fleisch, Fisch, Gemüse etc. vor dem Ausbacken in Fett mit einer Semmelbrösel (= Paniermehl)-hülle umgeben, indem man es zunächst in Mehl, dann in Eiern und schließlich in geriebenem Brot wälzt. Marie von Rokitansky spricht statt vom Panieren vom »Einbröseln« und schreibt zu diesem Thema: »Einbröseln heißt, Fische, Fleisch, Geflügel oder manche aus dem Schmalz zu backende → Mehlspeisen in Mehl, Ei und → Brösel drehen. Die Brösel werden hiezu von nicht zu alten Semmeln oder → Kipfeln auf einem Reibeisen oder auf einer hiezu eigens bestimmten Maschine gerieben, hierauf durch den Durchschlag (= Sieb) in eine Schüssel geschüttet, damit alle gleichmäßig fein werden. Die Zurückgebliebenen zerstößt man mit dem Mörser. Man taucht die Fische etc. zuerst in Mehl und abgeschlagene Eier, dann in Brösel, wobei man achten muß, daß sich diese recht gleichmäßig anlegen.«

pantschen (panschen): Wein verwässern oder zur Geschmacksverbesserung mit unerlaubten Flüssigkeiten vermischen.

Paperl, *s.* (Papperl): Kinderbrei, von dem sich auch das Wort »papperln« (= schmausen) ableitet.

Papierkapfeln, Mz.: Papierförmchen.

Paprika, *m.* Ez. und Mz.: Was mit Fug und Recht als eine der beliebtesten Zutaten der Wiener Küche gelten kann, war früher als indi(ani)scher, später auch als spanischer, Neger- oder türkischer Pfeffer bekannt, stammt aber in Wahrheit aus dem tropischen Amerika, von wo er 1494 nach Europa kam. Nach Wien gelangte das früher auch »Beißbeere« genannte Nachtschattengewächs über Ungarn. Sein Genuß war mehrere Jahrhunderte lang offensichtlich nur den niedersten Ständen vorbehalten, weshalb es sich wohl als Zutat erst sehr spät in den Kochbüchern findet. Eine der ältesten Erwähnungen des Paprika verdanken wir den häufigen Ungarn-Reisen eines Grafen Hofmannsegg, der das aus reifen, getrockneten und zuletzt fein zerstoßenen Paprikaschoten hergestellte Gewürz erstmals bei einer Einladung zu einem Essen im südungarischen Baranyavár 1793 kennengelernt hatte und später in einem Brief darüber schrieb: »Vor mir stand eine köstliche ungarische Nationalspeise: Fleisch mit Paprika, der herrlich schmeckte und sehr gesund sein muß, denn obwohl ich am Abend viel gegessen habe, habe ich nicht den geringsten Schaden genommen.« Heute wird Paprikapulver in unterschiedlichen Schärfegraden als besonders milder Delikateßpaprika, milder Edelsüßpaprika oder scharfer Rosenpaprika angeboten. Lit.: A. Naj: Scharfe Sachen, Reinbek 1995.

Paprika, gefüllte, Mz.: aus den ehemaligen südöstlichen Kronländern stammendes Gericht aus Paprikaschoten, die mit Schweine- und Rinderhack, Gewürzen, Ei und Reis gefüllt und nach dem Anbraten mit einer leicht gesüßten Tomatensauce im Rohr fertiggedünstet werden.

Paprikahuhn, *s.* (Paprikahendl): Die in Rahm-Paprikasauce gedünsteten Hühnerteile werden klassisch mit → Nockerln serviert und sind eigentlich ein typisches → Gulasch-Gericht. Paprikahühner zählen in der Wiener Küche wohl nicht zuletzt deshalb zu den populärsten Gerichten, weil es sich dabei um eine der tatsächlichen – und nicht nur vermeintlichen – Lieblingsspeisen von Kaiser Franz Joseph I. handelte. Immerhin galt das Paprikahuhn als eines der Glanzstücke der für ihre Kochkunst berühmten Schauspielerin Katharina Schratt, die ihrem kaiserlichen Freund dieses Gericht gerne zum Lunch in ihrer Wohnung in der Wiener Gloriettegasse kredenzte.

Paprikaspeck, *m.*: luftgetrockneter, in scharfem Rosenpaprika gewälzter Speck.

Paradeiser, *m.* Ez. und Mz.: Die früher auch Paradiesapfel oder Liebesapfel genannte Tomate (Bot. Solanum lycopersicum) wuchs schon in prähistorischer Zeit in den fruchtbaren Küstenebenen Ecuadors, Perus, Boliviens und der Galapagosinseln. Ähnlich wie die botanisch durchaus verwandten → Erdäpfel wurden auch die Paradeiser von spanischen Kolonisatoren nach Europa gebracht, wo man lange glaubte, sie seien giftig und nur als Zierpflanzen zu gebrauchen. Die höheren Weihen der Wiener (und auch deutschen) Kochkunst empfing der Paradiesapfel erst gegen

Gefüllte grüne Paprika anderer Art

Von den großen, grünen Paprikaschoten schneidet man beim Stengel einen Deckel ab und füllt statt der Kerne folgendes ein: 25 dkg Kalbfleisch und 25 dkg Schweinfleisch werden sehr fein zerhackt und mit 1 Löffel Schmalz, 2 kleinen, fein zerschnittenen Zwiebeln und etwas grüner Petersilie geröstet. Hierauf gibt man 1 Hand voll Reis, das Innere eines Paradiesapfels, fein zerschnitten, Salz und Pfeffer dazu und dünstet alles zusammen etwa 1/4 Stunde. Wenn die Masse ausgekühlt ist, rührt man 1 Ei und 2 Löffel sauren Rahmes darunter. Sind die Paprikaschoten mit dieser Masse gefüllt, so gibt man sie in eine Kasserolle, übergießt sie mit saurem Rahme, bestreut sie noch mit Semmelbröseln und läßt sie 1/2 Stunde dünsten. Nachdem man die Paprikaschoten angerichtet hat, gießt man das Fett aus der Kasserolle und läßt den übrigen Saft mit etwas Suppe rasch aufkochen. Diese Fülle genügt für 14 Paprikaschoten.

Paprika-Hühner

2 Hühner putzt man wie gewöhnlich und schneidet sie je nach ihrer Größe in 4 oder 6 Teile. In 8 dkg Butter läßt man viel fein geschnittene Zwiebel anlaufen, gibt die gesalzenen Hühnerstücke darauf und läßt sie zugedeckt dünsten. Wenn der eigene Saft verdünstet ist, staubt man die Hühner mit etwas Mehl, vergießt sie mit ⅛ l Suppe und läßt sie weiter dünsten. Hierauf übergießt man sie mit ½ l saurem Rahme, würzt sie mit viel pulverisiertem Paprika und läßt sie aufkochen. Beim Anrichten wird die Sauce passiert.

Ende des 19. Jahrhunderts durch die Aufnahme in das ›Appetitlexikon‹ von Habs und Rosner, die unter dem Stichwort »Tomate« vermerkten: »Gold- oder Liebesapfel, in Österreich Paradiesapfel, im Volksmund Paradeis, heißt die apfelförmige, stark gerippte, im reifen Zustand glänzend rot oder gelb gefärbte Beere der Tomatenstaude. (...) In Süddeutschland wurde sie zu Ende des 16. Jahrhunderts vereinzelt als Zierpflanze gepflegt, in Österreich aber war sie noch 1682 unbekannt; hier fand ihr Anbau erst seit 1820 allgemeinen Eingang. (...) Der Liebesapfel liefert eine anerkannt feine Suppenwürze, namentlich aber unübertroffene Saucen.« Habs und Rosner nennen auch für die Verwendung der Tomate als »Gemüse« ein Anwendungsbeispiel und empfehlen, die Frucht mit Fleischgehäcksel zu füllen, mit Parmesan käse zu bestreuen und mit Buttersauce zu servieren. Die aus den Tomaten ebenfalls herzustellende »Marmelade« bezeichnen Habs und Rosner bereits mit ihrem heute noch in Österreich gebräuchlichen Namen »Paradeismark«.

Die Österreicher, zumal die Wiener haben zur Tomate, pardon: zum Paradeiser, ein ganz besonderes Verhältnis entwickelt. Im Gegensatz zu den meisten anderen Küchen kann sich die Wiener Küche die Tomate nur vorstellen, wenn ihre etwas rezente Säure durch die Beigabe von Zucker abgeschwächt wird. Das gilt nicht nur für die klassische, mit besonderer Vorliebe zu den gefüllten Paprika gereichte Tomatensauce, sondern etwa auch für ein mittlerweile etwas in Vergessenheit geratenes Gericht, das um die Jahrhundertwende so populär war, daß es auch in internationalen Küchenlexika mitunter als »Liebesapfel-Gelée auf Wiener Art« aufscheint. Dafür wurden ein Kilogramm roter und reifer »Liebesäpfel« zunächst gewaschen und dann, mit etwas kaltem Wasser versetzt, weichgekocht, ausgepreßt und über Nacht zum Rasten (= Ausruhen) aufgestellt. Am folgenden Tag wurde der ausgepreßte Saft mit einem halben Kilo Zucker dann eine Stunde lang auf kleiner Flamme eingekocht. War die Flüssigkeit schließlich so sämig, daß ein Tropfen davon, wenn man ihn auf einen Teller fallen ließ, nicht mehr zerfloß, sondern gallertartig erstarrte, konnte man sie abschäumen und zur weiteren Aufbewahrung in Gläser füllen. Noch bis spät ins vorige Jahrhundert scheint man die rohe Tomate in-

Paradiesäpfel-Sauce

8-10 schöne, reife, rote Paradiesäpfel kocht man mit Wasser weich und passiert sie durch ein Sieb. In 4-5 dkg Butter oder Rindschmalz gibt man 1 Löffel grobgestoßenen Zuckers hinein, läßt diesen gelblich werden, stäubt 2 Löffel Mehl daran und wenn dieses nicht mehr roh ist, gibt man die passierten Paradiesäpfel samt ihrem Safte hinein, läßt alles gut verdünsten und vergießt mit Suppe, worauf man noch etwas salzt. Wenn man die Sauce aus eingekochter Paradiesäpfel-Marmelade machen will, bereitet man zuerst ein wenig weiße Butter-Sauce, gibt 4-5 Eßlöffel voll Marmelade und 1 Löffel Zucker dazu und läßt diese, gut verrührt, mit etwas Suppe vergossen, verkochen. Die Sauce muß von der Marmelade oder den passierten Äpfeln dicklich sein und nicht vom Mehle, sonst schmeckt sie zu wenig nach Paradiesäpfeln.

Pester-Gulyás

In Fett läßt man viel Zwiebel anlaufen, gibt das gut geklopfte, würfelig geschnittene Rindfleisch dazu, pfeffert, vergießt mit etwas Wasser und läßt das Fleisch 1 Stunde dünsten; dann gibt man auf 1 kg Fleisch 2/10 l Reis und Salz dazu und läßt ihn mitdünsten. Wenn der Reis weich ist, ist das Fleisch auch gut. Zu diesem Gulyás kommt kein Paprika.

dessen auch in Wien mit einiger Vorsicht genossen zu haben. Franz → Maier-Bruck fand nach Durchsicht aller bedeutenden österreichischen Kochbücher des 18. und 19. Jahrhunderts heraus, daß Paradeiser bis um die Mitte des vorigen Jahrhunderts fast ausschließlich auf Saucenbasis verarbeitet wurden und erst ab der Jahrhundertmitte – etwa bei → Prato, Rokitansky oder Bauer – auch in Salat- und Gemüserezepturen als Zutat aufscheinen.
Lit.: F.P. Erben/H. Nicolaisen: Das Tomate-Kultbuch, Reinbek bei Hamburg 1990; A. Bachl: Tomate muß sein; Ch. Wagner: Liebesäpfel, beide in: Wagner/Sedlaczek (Hg.): Österreich für Feinschmecker. Das kulinarische Jahrbuch 1996, Wien 1995.
Paradeisgartl, *s.*, Eig.: im 18./19. Jahrhundert bekannter Kaffeehausgarten auf der Bastei, einem Teil der heutigen Ringstraße.
Paradeissauce, *w.*: Die klassische Sauce zu gefüllten Paprika oder Krautwicklern wurde früher auch gerne als selbständiges Gericht (z.B. in Begleitung von Salzerdäpfeln) gegessen.
Parasol, *m.* (Bot. Lepiota procera): Der in der Wiener Küche besonders beliebte Schirmpilz wird meist in Schmalz herausgebacken.
Pariser, *w.*: Wurstsorte.
Pariser Crème, *w.*: Schokoladen-Obers-Crème.
Pariser Schnitzel, *s.*: In Mehl und versprudelten Eiern gewendetes und dann in Butterschmalz ausgebackenes Kalbsschnitzel. Als Beilage reicht man Brunnenkresse oder → Vogerlsalat.
Pariserspitz, *m.*: Schokoladespitz, mit → Pariser Crème gefüllt.
passieren: etwas durch ein Sieb pressen.
Passierholz, *s.*: Küchengerät, mit dem weiche Nahrungsmittel (z.B. Spinat) zu Brei verarbeitet werden.
Pastinake, *w.*: Hammel-, Hirschmöhre.
Patentwecken, *m.* Ez. und Mz.: ein besonders mürber Weißbrotwecken.
Patzerlgugelhupf, *m.* (Batzerlgugelhupf): mit Mohn, Nuß oder Topfen gefüllter → Gugelhupf.
Patzen, *m.*: 1. starker Rausch; 2. weicher Klumpen, Kleks; 3. Fehler.
Paulaner Würste, Mz.: Hierbei handelt es sich nicht um eine Bierspezialität, sondern um ein altes Wiener Fastengericht, das von den Wiener Paulanermönchen hergestellt wurde, die sich auch das Jahr über nur von Fischen ernähren durften. Es

Ausgebackene Petersilie zum Garnieren

Man pflückt eine recht krause Petersilie von den großen Stengeln, wäscht sie und trocknet sie auf einem Tuche ab. Kurz vor dem Gebrauche wirft man die Petersilie in kleinen Teilen in das heiße Backschmalz, in welchem sie schwimmen müssen, kehrt sie einige Male mit dem Schaumlöffel um und läßt sie nur kurze Zeit backen, damit sie die schöne, grüne Farbe nicht verliert. Dann nimmt man sie rasch heraus, legt sie auf Fließpapier und bestreut sie mit Salz. Für Unkundige noch die Bemerkung, daß in dem Augenblicke, in welchem man die Petersilie in das heiße Schmalz tut, dieses heftig aufkreischt und sprudelt, hervorgerufen durch die in der Petersilie anhaftende Feuchtigkeit, doch beruhigt sich das Schmalz nach wenigen Augenblicken. Man darf also nicht die Aufmerksamkeit verlieren und darüber die Petersilie braun werden lassen.

handelt sich dabei um eine einstmals weithin beliebte Spezialität aus einer »in Öl gekochten« Fischfarce, die aus Hecht- und Karpfenfleisch, in Milch geweichten → Semmeln, Butter, Majoran, → Knoblauch und → Limonischalen hergestellt und in Semmelbröseln ausgebacken wurde.

Paunzen, *m.* → Baunzerl.

Pepihacker, *m.*: Pferdefleischer.

Peregrinikipferl, *s.*: Eines der berühmtesten Wiener Brauchtumsgebäcke – neben Osterwekken, → Faschingskrapfen und Allerheiligenstriezel – ist schon seit der Barockzeit in der Roßauer Servitenkirche heimisch, die dem hl. Peregrinus geweiht ist. Dieser lebte um 1300 in Italien und gilt als Schutzpatron gegen Krebs und Fußleiden (Namenstag 27. April). Rund um den Peregrinitag werden in der Zeit von Ende April bis Anfang Mai die Pergrinikipferln verkauft, die sich Kaiser Ferdinand I. (1503-1564) vom Hofbäckermeister Ludwig Plank sogar für den Eigenbedarf in die Hofburg liefern ließ. Auch heute noch werden in den Bäckereien des 9. Wiener Gemeindebezirks pro »Saison« rund 60000 Pergrinikipferl aus leicht gesüßtem Weißmehl gebacken.

Pester Gulyás, *s.*: Gulasch mit Tarhonya (eine ung. Spezialität aus angeröstetem Graupenteig; → Zweckerl) und grünem → Paprika. Marie von Rokitansky gibt unter diesem Titel jedoch ein eigenes Spezialrezept mit Pfeffer und Reis an.

Petersil, *w.* (Petersöl; entlehnt aus ml. petrosilium, aus griech. petros = Stein, griech. petroselinon = Steineppich, tschech. petrzel): Die Petersilie wird in der Wiener Küche sehr häufig (u. a. für Suppen, Petersilerdäpfel etc.) verwendet und ist vor allem in fritiertem Zustand eine beliebte Garnitur für alles Gebackene.

Petravic, Eugenie Edle von, Inhaberin des ›Ersten Wiener Privat-Lehrinstituts mit Pensionat‹ für Koch- und Haushaltungskurse. Bei erfolgreichem Abschluß erhielten die Absolventinnen das »kleinste Kochbuch der Welt« überreicht, dessen Maße 2,5×2,3 cm betrugen und das auf 136 Seiten über 100 kleinstgedruckte Rezepte enthielt.

Pfaffenkäppchen, *s.*: nach ihrer Form so genannte Weihnachtsbäckerei mit Nußfülle.

Pfaffenschnitzel, *s.*: Gänsebrust.

Pfandl, *s.*: 1. kleine Bratpfanne; 2. Pfandleihanstalt.

Pfannkuchen, *m.*: Der Pfannkuchen hieß in Wien früher auch Pfannzelt, dann setzte sich aber doch die Bezeichnung

→ Omelett durch, auch wenn der Pfannkuchenteig gewöhnlich etwas dicker gemacht wird und sich an den Rändern daher ein wenig aufwölbt. Einer der heute noch berühmtesten Wiener Pfannkuchen-Spezialitäten ist der im Restaurant »Eckel« kreierte Rothschild-Pfannkuchen.

Pfannreben, *w.*: Vorrichtung zum Aufhängen von Pfannen und Töpfen.

Pfefferl, *s.*: vor allem mit dem Grünen Veltliner in Verbindung gebrachter, würziger Weingeschmack.

Pfefferoni, *m.*: besonders scharfe → Paprika- bzw. Chilipfeffersorte, die – in Öl eingelegt – auch eine beliebte »Beilage« zu praktisch sämtlichen an einem Wiener Würstelstand erhältlichen Spezialitäten ist.

Pferscher, *m.*: Pfirsich.

Pfiff, *m.*: vor allem für Bier gebräuchliches Kleinmaß (1 Pfiff = 0,125 Liter bzw. ½ → Seidel).

Pflanzl, *s.*: Nudeln aus → Omelettenteig.

Pfluder, *w.* (Pfludern): Haferschlehe.

Phäake, *m.*: Genußmensch. Das durch Josef → Weinhebers gleichnamiges Gedicht berühmt gewordene Naturell des Wiener Phäaken hat vor ihm schon Friedrich Schiller in den ›Xenien‹ beschrieben, der sein Wien-Bild wiederum den Beschreibungen Friedrich Nicolais (1733-1811) in der ›Reise durch Deutschland‹ verdankte.

picksüaßes Hölzl, *s.*: ursprünglich Piccoloflöte, später Bezeichnung für die Sopranklarinette im → Schrammelquartett.

Pignolie, *w.*: Pinienkern.

Pignolikipferl, *s.*: mit Pinienkernen bestreute → Kipferlspezialität.

Pikkolo, *m.*: 1. Kellnerlehrling; 2. klassisches Kaffeehausmaß für anderthalb Mokkaschalen.

Pilsling, *m.*: Pilz, insbesondere Herren- oder Steinpilz.

Pinguin, *m.*: Spitzname für Kellner, die im Frack servieren.

Pinze, *w.* (Pinza): aus Ungarn in die Wiener Küche übernommenes Ostergebäck aus glaciertem Hefeteig mit dreifachem Einschnitt, in dessen Mitte meist ein Osterei plaziert wird.

Pipler, *m.*: Trinker, Säufer.

Pippn, *w.*: 1. Faßpipe; 2. Nase; vgl. auch das Schimpfwort »Rotzpippn«.

Pischinger Torte, *w.*: vorgefertigte, mit Schokoladeguß, Nüssen oder Mandeln überzogene Karlsbader → Oblaten zählen bis heute zu den beliebtesten Wiener Heurigen-Desserts. Sie wurde von Kurt Pischinger – von seinem Bruder Oskar stammen die Pischinger Eckerl –

Falsche Pischinger-Torte

3 dkg frischer, süßer Butter treibt man mit 8 dkg feinem Vanillezucker sehr flaumig ab, rührt nach und nach 3 Löffel Obers und 3 dkg geriebener Chocolade dazu und mengt schließlich 7 dkg gerösteter, fein gestoßener Haselnüsse hinein. Diese Fülle streicht man auf 5-6 Karlsbader-Oblaten und drückt diese leicht aufeinander. Auf die Fülle der obersten wird heiße, aufgelöste Marillensalse gegossen und diese gleichmäßig verteilt, doch muß die Chocoladenmasse vorher gut getrocknet sein, ehe man die heiße Salse darauf gießt. Sobald diese ausgekühlt ist, schüttet man sehr rasch ein warmes Chocoladen-Eis wie zur echten Sacher-Torte darüber, so daß es über die Seitenwände herabfließt und die ganze Torte einhüllt.

Oder: Schnell bereitet man diese Torte, wenn man die Oblaten mit Marillen- oder Himbeersalse sehr dünn bestreicht, auf die Salse etwas geriebene Chocolade und Haselnüsse streut und obenauf die letzte Oblate mit beliebiger Wasser-Glasur (Vanille-Eis) übergießt. Sobald die Torte trocken ist, schneidet man sie zu dünnen Schnitten, welche man auch zum Tee serviert.

erfunden und schon um die Jahrhundertwende auch von Hausfrauen hergestellt. Rund um die Pischingertorte wurde übrigens ein ähnlicher Urheberrechtsprozeß wie um die → Sachertorte geführt.

Plätschen, *w.*: 1. großes Blatt von Salat, Kohl etc.; 2. Kartenspiel: »Er hat die Hand voller Plätschen«: Er hat gute Karten.

Platte, *w.*: Rindfleischteil, der aus der → Zwerchried und der Palisade gebildet wird.

plempern: saufen.

Plempl, *m.*: schlechtes Getränk, schales Bier.

Plenten, *w.*: vor allem in der ländlichen Küche übliches Sterzgericht aus Maisgrieß.

Plunderteig, *m.*: mehrfach ausgerollter und zusammengeschlagener Hefeteig.

Plunzn, *w.*, Ez. und Mz.: Blutwurst.

Pluzer, *m.*: 1. (großer) Kürbis; 2. bauchige Steingutflasche.

Pockerl, *s.* (Pokerl; ung. pulyka): Truthahn, → Indian.

Pofesen, *m.* (Pavesen, Baweusen): Das ursprünglich nach einem »Schild aus Pavia« Pavese genannte und später zur »Pofese« gewordene Gericht besteht aus zwei Semmelschnitten, die man – je nach Rezept – mit Kalbshirn bzw. Pflaumenmus füllt und im Eimantel ausbäckt. Die Hirnpofesen sind wohl auch der Grund, warum das menschliche Gehirn im Wiener Dialekt auch »Pofesenkammerl« genannt wird.

Pogatscherl, *s.* → Grammelpogatscherl.

Pogauner, *m.* Ez. und Mz.: Truthahn, → Indian.

pökeln → Sur.

Polakl, *m.* → Kapaun.

Poldi, *m.*: Kaffee mit Rum.

Polnischer Karpfen, *m.*: in Wurzelwerk, Zwiebeln, Fischsud und Rotwein gedünsteter Karpfen, der mit Mandeln, Lebkuchen, → Sardellenfilets, Zucker, Zitronensaft und aromatischen Gewürzen vollendet wird.

Polsterzipf, *m.*: schmalzgebackene Wiener Mehlspeise aus gezuckertem Butterteig, der zu Quadraten oder Dreiecken geformt und auch mit Ribisel(= Johannisbeer)marmelade gefüllt werden kann.

Pomeranze, *w.* (Pomeransche; Pomerantsche): Orange.

Pörkölt, *s.* → Gulasch.

Porree, *m.*: Lauch.

Port, *m.*: Portwein.

Portion, *w.* → Séparée.

Portulak, *m.*: Burzelkraut, Kreusel.

Potize, *m.*: mit Nuß oder Mohn gefüllter und von zwei Seiten her eingerollter Striezel aus Hefestrudelteig.

Poularde, *w.* → Kapaun.

Poularde Maria Theresia, *w.*:

Polsterzipfel

Man macht einen mürben Teig für schmalzgebackene Speisen, rollt ihn fein aus und belegt ihn wie die Schlickkrapfen in Reihen mit Weichselfleisch oder Salse. Rund um die Salse bestreicht man den Teig mit Ei, schlägt ihn über und radelt verschobene Vierecke ab. Man bäckt diese aus heißem Rindschmalze und bestreut sie stark mit feinem Zucker. Der Teig darf nirgends verletzt sein und die Ränder müssen fest aufeinander kleben, so daß die Salse nicht ausfließen kann. Das Schmalz wird dadurch sonst schwarz und bitter.

Powidl

(Zwetschkenmus)

Die sehr reifen Zwetschken werden entkernt und ganz ohne Zucker oder einer anderen Beigabe in einem großen, flachen Geschirre, anfangs auf starker, dann auf gelinder Hitze, dick und dunkel eingekocht; dabei muß man sie fleißig aufrühren und sich die Hand mit einem Tuche oder Handschuhe schützen, da sie sehr stark spritzen. Bei großen Massen kocht man das Mus aus diesem Grunde im Freien in einem Kessel. Wenn es fest geworden ist, füllt man es in glasierte, irdene oder in Steintöpfe, streicht es sehr glatt und gleich und gibt, wenn es erkaltet ist, ein in Rum getränktes Blatt Papier darauf und verbindet luftdicht den Topf.

gekochte Poulardenfilets werden mit Trüffel- und Rindszungenscheiben garniert und mit Reissockel und Hühnercrèmesauce serviert.

Powidl, *m.* (tschech. povidla): 1. Pflaumenmus, auch Lequar genannt; daraus wurde von keinem Geringeren als dem österreichischen Schauspieler und Klavierhumoristen Hermann Leopoldi (Pseudonym für Ferdinand Kohn, 1888-1959) auch das »hochdeutsche« Wort »powidalen« für »böhmakeln« abgeleitet. Im Gegensatz zu Zwetschkenmarmelade wird Powidl ohne jede Zuckerbeigabe und jegliches Geliermittel eingedickt; 2. schwerer Rausch; 3. außerdem gibt es die Redewendung »Des is mir Powidl« (Das ist mir gleichgültig).

Powidltatschkerl, *s.* (Powidltascherl): Durch das gleichnamige Wienerlied des oben erwähnten Hermann Leopoldi zu internationalem Ruhm gelangte böhmische Mehlspeise aus mit → Powidl, Rum, Zukker und Zimt gefüllten Taschen aus → Erdäpfelteig, die in leicht gesalzenem Wasser gegart werden und mit Butterbröseln sowie Staubzucker serviert werden (→ Tatschkerl).

Prack, *w.*: Schlachtbrücke (→ Bruckfleisch).

Prager Schinken, *m.*: galt früher als die feinste aller gekochten Schinkensorten und ist heute vor allem als Dosenware erhältlich.

Prato, Katharina (Edle von Scheiger, geb. Polt), 1818-1897; Autorin des von der Wiener Küche maßgeblich geprägten Standardwerks ›Die süddeutsche Küche auf ihrem gegenwärtigen Standpunkte‹ (Graz 1858), das als ›Die große Prato‹ sehr populär und bis 1957 in achtzig Auflagen sowie mehreren Übersetzungen erschienen ist und 1931 unter dem Titel ›Die kleine Prato‹ als gekürzte Ausgabe publiziert wurde. Katharina Prato verfaßte außerdem eine »Haushaltungskunde« (Graz 1877) sowie ein Kochbuch für »Officiers-Menagen« (Graz 1866).

Pratzel, *s.* → Wadschinken.

Preßburger Gulyás, *s.*: Rindsgulasch mit abgeschmalzenen Bandnudeln.

Preßburger Teig, *m.*: besonders fetthaltiger Germteig.

pressen: keltern.

Preßwurst, *w.*: Die früher auch Schwartenmagen genannte Schlachtspezialität besteht aus einem Schweinsmagen, der mit Schwarten, Speck, Schweinszunge und -kopf – daher auch der Name Preßkopf – gefüllt und gesulzt (= geliert) wird. Die Preßwurst ist eine beliebte Zwischenmahlzeit und wird vor

dem Verzehr in dicke Scheiben geschnitten sowie mit Zwiebel, Essig und Öl garniert.
Primsen, *m.* → Brimsen.
Prominze, *w.*: Plätzchen (→ Zuckerl) mit Pfefferminzgeschmack.
Prügelkrapfen, *m.*, Ez. und Mz.: Die bei Conrad → Hagger schon 1719 beschriebene Festtagsbäckerei ist tatsächlich noch viel älter. Der Teig wird dabei ringförmig über eine Walze – den Prügel – geschlagen und über offenem Feuer unter stetigem Auftragen neuer Teigschichten gebacken. Wegen dieser »Jahresringe« wird der Prügelkrapfen auch häufig als Baumkuchen bezeichnet.
Pudding, *m.* (Buding; lat. botulus, altfrz. boudin = Wurst, Blutwurst): um 1700 aus dem Englischen übernommenes Wort für eine im Wasserbad gegarte → Mehlspeise auf süßer oder saurer Basis. Das Gericht war – nach Habs und Rosners ›Appetitlexikon‹ – ursprünglich nichts anderes als eine mit Mehl, Ei, Gewürz, Nüssen, Mandeln usw. versetzte Fett- oder Blutwurst. Der größte – süße – Pudding wurde in Wien am 18. August 1854 aus Anlaß des Geburtstags Kaiser Franz Josephs I. mit einem Gewicht von nahezu 650 Kilogramm gebacken, wovon allein 300 Kilogramm die → Rosinen und → Korinthen wogen (→ Dunstkoch).
Pülß, *m.* (Bot. Boletus edulis): Steinpilz.
Pumpernickl, *m.*: mit Mandeln belegter Lebkuchen.
Punschkrapferl, *s.*: mit einer Punschglasur aus rosa gefärbter Fondantmasse überzogenes Törtchen aus mit Rum getränktem Schokoladenbiskuit.
Püree, *s.*: Mus aus → Erdäpfeln, Früchten, Gemüsen o. ä.
Puri, *m.*: Suppengemüse, insbesondere Porree. Mit dessen aphrodisischer Bedeutung in Zusammenhang steht auch die Redewendung: »Jetzt ist ihm der Puri abg'falln«: Jetzt hat der die Courage verloren.
Pute, *w.* → Indian.

Q

Quappe, *w.* → Trüsche.

Quargel, *s.* (Quargl): 1. ursprünglich aus Böhmen stammendes, aber auch in Wien äußerst erfolgreiches Sauermilchkäselaibchen, auch Handkäse genannt, das mit Recht für sein intensives Aroma ist (→ Catalanizüngerl) berüchtigt ist. Die Geschichte des Quargels läßt sich bereits auf das 16. Jahrhundert zurückführen, als der sogenannte »Olomoucké tvarůžek«, der Olmützer Quargel, in den Briefen Karls des Älteren aus Zerotín erstmals erwähnt wurde. Die Quargeltradition setzte in Österreich um die Jahrhundertwende ein, als sich einige mährische Hersteller von Olmützer Quargel in den ehemaligen österreichischen Kronländern niederließen. Nach den althergebrachten Rezepturen wird Quargel bis heute in der Molkerei Tulln hergestellt; 2. Dummkopf; 3. verfahrene Sache.

Quargelritter, *m.*: 1. armer Aufschneider; 2. Verkäufer im Käseladen (veraltet).

Quargelsturz, *m.*: Käseglocke.

Quargeltandler, *m.*: → Greißler.

Quentl, *s.* (lat. quantus = wieviel, quintinus = der fünfte): kleine Menge. Ein Quentel (Quentchen) war ursprünglich der vierte Teil eines Lots (4,4 Gramm). Die Vertauschung von ein Viertel und ein Fünftel ist bisher nicht geklärt.

Quirl, *m.*: Schneebesen, Rührgerät.

Quittenkas, *m.*: besonders fest gelierte Quittenmarmelade.

Quitten-Käse

Die Quitten werden mit einem Tuche sauber abgewischt und samt der Schale und dem Kernhause in feine Blätter zerschnitten, mit viel Wasser zugesetzt und weich gekocht. Wenn dieses geschehen ist, schütte man die Quitten auf ein aufgespanntes Tuch und lasse den Saft durchfließen. Diesen verwendet man zur Bereitung von Quitten-Gelée. Die Quitten passiere man durch ein Haarsieb und wiege sie dann genau ab. Auf 4 kg nehme man 3 kg grob gestoßenen Zuckers, von 2 Citronen den Saft und lasse alles zusammen in einem großen Einsiedebecken 2-3 Stunden, unter beständigem Rühren mit einem großen langen Kochlöffel, kochen, bis die Masse eine schöne rötliche Farbe bekommt und sulzig zu werden beginnt. Dann überschüttet man die Masse in eine Rein oder in lange Modeln und Formen, oder in Papierkapfeln, und läßt sie darin erkalten. Um den Käse von den Papierkapfeln zu befreien, befeuchte man dieselben von außen. Beim Umrühren ist es ratsam, die Hand mit einem Handschuhe zu schützen, weil der Käse beim Kochen sehr stark spritzt.

R

Rabiatperle, *w.*: extrem saurer, häufig auch schlecht vinifizierter Wein, der seinen Konsumenten früher oder später aggressiv (ma. rabiat) macht.
Radetzkyreis, *m.*: karamelisierter Reis mit Marmelade, Kompottfrüchten, Rum und Orangensaft.
Radi, *m.* (ahd. ratih): Rettich.
Radibua, *m.*: 1. Wiener Volkstype, Rettichverkäufer;
2. Strolch.
Radieschen, *s.*, Ez. und Mz.: Monatsrettich.
Radiweib, *s.*: Radieschenverkäuferin.
Rahm, *m.* (mhd. roum):
In Wien bedeutet Rahm stets »saure Sahne«, auch »Schmetten« genannt (→ Obers).
Rahmdalken, Mz. → Dalken.
Rahmfisole, *w.* → Dillfisole.
Rahmg'machtel, *s.*: Gemenge aus saurer Sahne und Mehl.
Rahmschnitzel, *s.*: → Naturschnitzel mit einer Sauce aus mit Rindsuppe aufgegossenem Bratenfond, Sauerrahm, → Kapern und Zitrone.
Raml, *s.*: Speisekruste, die am Kochgeschirr kleben bleibt.
Ramsteck, *s.*: Rumpsteak, Lendenbraten.
Raneder, *m.*: Reinette, Renette (Apfelsorte).
Rasnici, *m.* (aus serb.-kroat. ražnjići: Spieß.
Rastelbinder, *m.* (Rastlbinder): Dieser aus der Slowakei stammende fahrende Handwerker verstand sich besonders darauf, kaputtes Blechgeschirr zu reparieren. Von Haus zu Haus ziehend vermeldete er sein Erscheinen durch heftiges Schlagen auf ein Blechgefäß, wozu er ein lautes »Rastlbinde, Fanneflicke ho, Flicke-hooo!« ertönen ließ. Franz Lehár schrieb eine um die Jahrhundertwende im Carltheater oft aufgeführte Operette »Der Rastlbinder«.
Rauchfangkehrer, *m.*: Weihnachtsbäckerei aus gekochten und gefüllten Zwetschken im Eischneemantel.
Rauner, *m.*: Rote Bete, Rohne.
Rebhendl, *s.*: Rebhuhn.
Rebhuhn Andrássy, *s.*: Nach dem ungarischen Rebellenführer des Jahres 1848/49, Julius Graf Andrássy d. Ä. (1823-1890), benannte Spezialität, die zum Symbol für die österreichisch-ungarische Koexistenz wurde. Gebratene Rebhühner werden in einer – aus mit Mehl gestaubtem Bratensaft, Rotwein, Sauerrahm, Senf und Preiselbeerkompott hergestellten – Sauce serviert und mit in Butter ge-

Ungarisches Repphuhn

Einige Schweinsfüße, 1 Ochsenfuß und 1 Stück Ochsenkopf kocht man mit Wasser, Essig, Salz, Zwiebel, etwas Knoblauch, ganzem Pfeffer und Thymian. Wenn es weich ist, nimmt man die Stücke heraus, löst die Knochen aus und schneidet das Fleisch zu Nudeln oder Würfeln. Der Sud wird wie Aspik geklärt. In einen Model gießt man etwas von dem Aspik ein, legt, wenn es gestockt ist, harte Eierschnitten, gerollte Sardellen, marinierte Aalstücke ein, gießt darauf Aspik und legt, wenn dieses fest geworden, das nudelig oder würfelige Fleisch ein, füllt die Lücken mit Aspik an und die Form damit voll und läßt es stocken. Gestürzt serviert man es mit Essig und Öl.

rösteten Paprikastreifen garniert.

Rebhuhn, österreichisches, *s.*: Ein Rezept für dieses uralte Gericht findet sich schon 1785 im ›Neuen Lexikon der französischen, österreichischen, böhmischen und sächsischen Kochkunst‹. Die Rebhühner werden mit Austern, Krebsschwänzen sowie der Leber gefüllt und in einer → Sardellensauce serviert.

Rehhuhn, ungarisches, *s.*: alter Name für Haussulz, laut Habs-Rosners ›Appetitlexikon‹ »eine gepfefferte Schweinskopfsulze, die mit Essig und Öl verspeist wird.«

Regenwurm, *m.*: Wurst (Gaunersprache).

Rehgulyás, *s.*: Wildgulasch auf Zwiebel- und → Paprikabasis, das darüber hinaus mit Majoran, Kümmel, → Knoblauch, Sauerrahm und Zitronensaft abgeschmeckt wird.

Rehrücken, *m.*: Darunter versteht man in der Wiener Küche nicht nur das Rückenstück vom Reh, sondern auch eine beliebte, in einer sogenannten »Rehrückenform« (Kastenform) gebackene → Mehlspeise, die dem »echten Rehrücken« auch dadurch ähnlich ist, daß sie anstatt mit Speck mit Mandeln gespickt wird. Dazu serviert man → Schlagobers.

Reibeisen, *s.*: Raffel.

Reibekuchen, *m.*: Pfannkuchen aus Eiern und geriebenen Erdäpfeln.

reiben: raspeln.

Reibgerstel, *s.*: Die durch eine Raffel passierten Teigklümpchen aus Nudelteig sind eine beliebte Suppeneinlage.

Reifenbeißer, *m.*: Wein, der angeblich so sauer ist, daß er die Faßreifen angreift.

Rein, *w.* (Reinl, Reindel, Rei) Pfanne, (kleine) Kasserolle.

Reinanke, *w.* (Rheinanke, Blaufelchen): Der in österreichischen Gebirgsseen lebende Fisch gilt vor allem in geräuchertem Zustand als besondere Spezialität.

Reindlrostbraten, *m.*: gedünsteter Rostbraten mit scharfem Rosenpaprika (→ Paprika), Kümmel, geviertelten → Paradeisern und in Scheiben geschnittenen → Erdäpfeln, der früher in einer speziellen, verschließbaren »Rostbratenrein« zubereitet und serviert wurde.

Reis Trautmannsdorff, *m.*: Nach dem gleichnamigen Adelsgeschlecht benannter Altwiener Dessert-Klassiker, bei dem Rundkornreis mit Vanille und Milch weichgedünstet und dann unter Beigabe von Gelatineblättern, Maraschino, Kompottfrüchten und → Schlagobers in Puddingförmchen zum Stocken gebracht und in erkaltetem Zu-

Reis-Auflauf

12 dkg Reis kocht man mit ½ l Milch, 10 dkg Zucker und etwas Vanillegeruch weich und rührt gegen Ende 7 dkg Butter darunter, läßt die Masse gut verkühlen, rührt dann 4 Dotter dazu und gibt noch Citronengeruch hinein. Nachdem die Dotter gut abgetrieben sind, mischt man noch leicht den festen Schnee von 4 Klar darunter. Hierauf bestreicht man eine tiefe Porzellanschüssel mit Butter, füllt die Masse in dieselbe ein und bäckt sie ¾ Stunden im Rohre.
Oder: Man belegt den Boden der Schüssel mit beliebigem Eingesottenem, gibt die Masse darüber und bäckt sie.

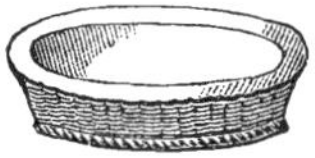

stand mit Himbeersauce, Schlagobers und Früchten serviert wird.

Reisauflauf, *m.*: klassisches Auflaufgericht (→ Auflauf).

Reiseachterl, *s.* → Achtel.

Reisel, *s.*: Kalbskaldaunen (= Kalbsmägen).

Reisfleisch, *s.*: Die Wiener Variante des Risotto unterscheidet sich von der italienischen dadurch, daß der mit Hühner-, Kalb- oder Schweinefleisch sowie Erbsen oder Champignons vermengte Reis völlig durchgegart und nicht suppig serviert wird.

Reisfleisch, serbisch, *s.*: scharf zubereitete Reisfleischvariante mit Schweinefleisch, Selchspeck, Zwiebeln, scharfem Rosenpaprika (→ Paprika), → Paradeismark und → Knoblauch, die am Schluß mit Parmesan garniert wird.

reißen: hobeln.

Reizker, *m.* (Bot. Lactarius deliciosus): Milchling, hervorragender Speisepilz.

Renken, *m.* (Reanken): großes Brotstück.

resch: knusprig, würzig, noch nicht gar.

Resche(s), *s.*: noch nicht weichgekochtes Fleisch.

Restlessen, *s.*: Eintopfgericht aus übriggebliebenen Speiseresten.

Rettig, *m.*: Rettich.

Ribisel, *w.* (Riwisel; lat. ribes, tschech. ryviz): Johannisbeere.

Richard Löwenherz: Der König von England ist mit der österreichischen Geschichte nicht nur durch seine Haft auf der Feste Dürnstein eng verbunden, sondern auch durch eine kulinarische Anekdote. Seine Verhaftung in Wien erfolgte, nachdem er sich als → »Bratlbrater« in einem Jagdschloß verdingt hatte und beim Hendlbraten von einem Bediensteten an seinem Ring erkannt und daraufhin verhaftet wurde.

Ried, *w.* (Riad): Allgemein bezeichnete man früher so die Hälfte eines Schlachttieres, genau genommen versteht man unter der Ried jedoch das Rippenstück, das durch die Spaltung des Rückgrats gewonnen wird.

Riede, *w.*: Feld- oder Gartenstück, z. B. Weinriede, meist von gleicher Bodenbeschaffenheit und gleichem Mikroklima. Viele Riedennamen sind uralt und wurden lange Zeit nur mündlich überliefert.

Rieddeckel, *m.*: Zwischenrippendecke des Rinds.

Riedhüfel, *s.*: Oberbegriff für das auch → Zwerchried oder Palisade genannte Rippenfleisch sowie die anschließende Schlemmried.

Rindfleisch, *s.* (Wiener Rindfleischteilung): Wie populär Rindfleisch in Wien, wo heute überwiegend Schweinefleisch gegessen wird, einst war, beschreibt der Feuilletonist Eduard Pötzl (1851-1914) in ›Rund um den Stephansturm‹: »In den Fleischtöpfen Wiens wird das Wiener Rindfleisch zubereitet, das einzige delikate, mürbe, saftige, unübertreffliche, herrliche, geliebte, ersehnte Wiener Rindfleisch.« Obwohl die Wiener Küche eindeutig eine Rindfleischküche ist, kann man sie keineswegs als klassische dieser Art bezeichnen. Steakhäuser wird man an der Donau nämlich auch heute nur wenige finden, und daß Rindfleisch in Wien praktisch mit Siedefleisch identisch ist, erregte schon den Unmut des deutschen Chronisten Willibald Alexis, der 1833 schrieb: »Die Wiener Küche versteht nicht mit dem Rindfleisch umzugehen. Stark ausgekocht zur Bouillon, kommt es in jeder echt bürgerlichen Haushaltung auch bei Mittagessen, die wir Gelage nennen würden, nach der Sauce auf den Tisch. (...) Beefsteak gibt es nicht (...) Schmorbraten, Rinderbraten, das würzige Rostbeef hie und da in den Küchen der Reichen. (...) Unschmackhaft in Fett geröstete, zuvor gehackte Scheiben sollen das alles ersetzen.« Ganz grob läßt sich das Wiener Rind in ein Hinterviertel, bestehend aus → Englischem, → Knöpfel und → Riedhüfel sowie ein auch Bug genanntes Vorderviertel aus → Spitz und Schulter einteilen. Der berühmte → Tafelspitz allerdings liegt keineswegs im Bereich des Spitzes, sondern in jenem des → Knöpfels. Die Wiener Rindfleischteilung ist dementsprechend auch eine eigene Wissenschaft, die eines intensiven (auch philologischen) Studiums bedarf. Ein Rind kann unter anderem in folgende Teile aufbereitet werden: → Fotzmaul, Bibergoschn, Ohrwangel, Kamm, Halsdrüssel, Stich, fettes und mageres Meisel, Brustkern, Wadschunken, Bratzel, Zapfen, G'schnattes, Schwanzel, dünnes und dickes Kügerl, Hüferschwanzel, Beiried, Rostbraten, Ortsschwanzel, Riedhüfel, Lungenbraten, Bauchfleisch, Zwerchried, dicker Spitz, schwarzes und weißes Scherzl, Kruspelspitz, Schlepp, Rieddekkel, Zwerchspitz, Schulter usw. Lit.: J. Wechsberg: Tafelspitz für den Hofrat, in: Ders.: Forelle blau und schwarze Trüffeln, München 1994.

Rindfleisch garniert, *s.*: Eines der wahren Geheimnisse des großen Erfolges der Wiener Rindfleischküche liegt in seiner Garnitur. Einige Beilagen – bei-

Gewöhnliche Rindssuppe

Für einen kleineren Haushalt, wo es sich darum handelt, Suppe und Fleisch von gleicher Güte zu erhalten, empfiehlt es sich, um bei den teuren Fleischpreisen alles gehörig auszunützen, die vorher rein gewaschenen frischen Knochen schon 3-4 Stunden vor dem Mittagsmahle mit kaltem Wasser zuzusetzen und auch Knochen, welche schon Tags zuvor einmal zur Suppenbereitung dienten, nochmals mitzusieden. Wenn das Wasser, in welchem die Knochen sind, zu sieden beginnt, gebe man Salz und die Suppenwurzeln (1 gelbe Rübe, 1 Petersilie, etwas Porri, ½ Zwiebel und etwas Selleriewurzel) dazu, doch müssen sie vorher gewaschen, abgeschabt und in Scheiben geschnitten werden. Man kann auch etwas Karfiolstengeln oder Erbsenhülsen, Spargelschalen (frisch oder getrocknet), auch etwas Pilze oder einen kleinen Paradiesapfel mitkochen, damit die Suppe an Wohlgeschmack gewinne. Um die Farbe derselben zu verbessern, gebe man in eine kleine Kasserolle einen kleinen Löffel voll Abschöpf- oder Rindsfett, feinblättrig geschnittene Rindsleber, geringelte Zwiebel, zu Scheiben geschnittene gelbe Rübe und lasse es rösten, bis es eine schöne Farbe bekommt, gieße etwas Wasser zu und lasse alles noch eine Weile dünsten, wobei darauf zu achten ist, daß die Leber etc. nicht zu braun werde und keinen bitteren Geschmack bekomme. Dann gieße man dies alles der Suppe zu. Ein Stückchen Milz mitzukochen, trägt sehr zur Verbesserung der Suppe bei. Das Fleisch, zirka 70 dkg bis zu 1 kg, klopfe man tüchtig mit Fleischschlägel und wasche es schnell ab (ja nicht im Wasser liegen lassen, wodurch es an Saft verliert) und gebe es zu der stark siedenden Knochenbrühe, und wenn es einige Minuten stark gesotten hat, lasse man es langsam bei minderer Hitze, mehr seitlich am Herde, ruhig weiter kochen. Damit die Suppe schneller klar werde, pflegt man den Schaum abzuschöpfen, doch bei kleinen Haushaltungen, wo man nicht allzuviel Fleisch zur Verfügung hat, empfiehlt es sich, um eine kräftigere Suppe zu gewinnen, den Schaum ruhig versieden zu lassen, da das Trübe sich ohnedies zu Boden setzt. Auch ist es gut, öfter etwas kaltes Wasser zuzugießen, d. h. die Suppe abzuschrecken oder das Sieden zu unterbrechen, wodurch die Suppe klarer wird. Auf 1 kg Fleisch rechnet man gut 3 l Wasser. Das Fleisch darf nur 1 ½-1 ¾ Stunden kochen (bei kleineren Stücken noch etwas kürzere Zeit), da sonst die besten Säfte verloren gehen und nur die ausgekochten Fasern übrig bleiben, die dann nur geringen Nährwert und Wohlgeschmack haben. Wenn das Fleisch gekocht ist, seihe man die Suppe langsam durch ein Sieb und schöpfe das Fett ab; dann lasse man sie an einem kühlen Orte stehen. Sehr zu raten ist, die Suppe erst nächsten Tages zum Genusse zu verwenden. Es hat dies den Vorteil, daß die Suppe längere Zeit mit dem Fleische siedet und dadurch kräftiger wird, denn um eine Mehlspeise in die Suppe einzukochen, muß man mindestens ½ Stunde vor Tisch einen Teil der Suppe abgießen. Auch kann man das erkaltete, erstarrte Abschöpfungsfett besser entfernen. Vor dem Gebrauche seihe man die Suppe durch ein hiezu bestimmtes Leinentuch, um alles Trübe zu entfernen. Sollte dies nicht genügen, so kann man auch zur noch kalten Suppe 1 Eiklar sprudeln, die Suppe langsam

aufkochen lassen und dann nochmals durchs Tuch seihen. Dies ist namentlich dann nötig, wenn Kalbs- oder Hühnerknochen mitgekocht haben.
Die zum Kochen geeignetsten Stücke sind von den Schenkeln, dem Schlußstücke des Ochsen und dem Brustteile und werden unter dem Namen kalter und warmer Spitz, Scherzl, Schweifórtel, Hieferschwanzl, ausgestochenes Örtel, Deckel, Federspitz, Brustkern, verkauft. Von letzterem wird die Suppe auch sehr gut, man gewinnt namentlich viel Abschöpffett davon, doch vertragen viele Menschen das fette Fleisch nicht. Beiried (Rostbeef), in Tirol Schoffen genannt, kann man auch zum Kochen verwenden, doch ist es weniger ausgiebig und daher teuer, aber sehr schmackhaft und muß noch kürzere Zeit gekocht werden. 1 kg nur 1 Stunde lang.

spielsweise Apfelkren, Schnittlauchsauce und Rösterdäpfel oder Rahmfisolen – sind auch heute noch durchaus üblich. Früher kannte man in Wien sogar eigene Garniturteller, auf denen rund um das gekochte Rindfleisch ein Dutzend Beilagen angerichtet werden konnten.

Rindfleischparadies, *s.*: So bezeichnete man das legendäre Hotel »Meissl & Schadn« auf dem Neuen Markt in Wien, dessen Rindfleischkarte mit 24 verschiedenen Sorten Siedefleisch bestückt war. Das Hotel gelangte durch das hier am 21. 10. 1916 durch den Sozialdemokraten Friedrich Adler (1879-1960) verübte Attentat auf den Ministerpräsidenten Karl Graf Stürgkh (1859-1916) zu traurigem Ruhm und wurde während des Zweiten Weltkriegs zerstört. Als »Neues Wiener Rindfleischparadies« wird heute Ewald Plachuttas »Hietzinger Bräu« mit seinen Filialen am Lueger Platz und in Döbling bezeichnet, das sich um die Wiederweckung der Altwiener Rindfleischkultur besonders verdient gemacht hat.

Rindsbratl, *s.* (Rindsbraten): Rinderbraten.

Rindsbrust, *w.*: zum Vorderviertel des Rinds zählender Teil aus dem Spitz, der wiederum aus dem Bruststpitz und dem geschmacklich noch besseren Brustkern besteht.

Rindsschmalz, *s.*: zerlassene und anschließend in einem Tiegel aufbewahrte Butter (→ Butterschmalz).

Rindsgulyás, *s.* → Gulasch.

Rindskamm, *m.*: durchwachsenes Rindfleisch aus dem Vorderviertel, das, wenn überhaupt, nur gepökelt oder geräuchert in den Handel kommt.

Rindsroulade, *w.*: gedünstete und in Rahmsauce servierte Rostbratenroulade, die mit Räucherspeck und → Kapern gefüllt ist.

Rindssuppe, *w.*: Bouillon, Fleischbrühe.

Ringlotte, *w.* (Ringlo; frz. reineclaude): Reneklode.

Rippenspitz, *m.*: sehr saftiger Teil des Vorderviertels vom Rind (→ dicker Spitz).

Rippenfleisch, *s.* → Zwerchried.

Ripperl, *s.* (Ripplerts): Rippenfleisch, heute auch in Wien fast schon besser als Spareribs bekannt.

Risipisi, *s.*: Von der italienischen Küche inspiriertes Reisgericht aus »Risi e pisi« (Reis und Erbsen), das besonders gerne als Beilage zu Ragouts, Naturschnitzel, Kalbsnierenbraten u. ä. serviert wird.

Risotto, *s.* → Reisfleisch.

Ritschert, *m.* (Ritscher; mhd. rütschen): ländlicher Eintopf

Risotto

12 dkg Butter läßt man in einer gut glacierten, flachen Kasserolle zerschleichen und dann darin 1 große, fein gewiegte Zwiebel nur wenig anlaufen, hierauf gibt man ½ l gut geklaubten Reis dazu, welchen man so lange rührt, bis er durchsichtig und glänzend wird. Dann gießt man schöpflöffelweise siedende, gute Rindssuppe dazu und rührt immer auf offenem Feuer mit einem Schmarrenschäufelchen, damit sich der Reis nirgends anlegen kann. Suppe dürfte zu dieser Menge fast 1 l benötigt werden. Der Reis muß in 25-30 Minuten fertig sein, er darf nicht zu weich werden, nicht seine Form verlieren, aber auch in der Mitte nicht hart bleiben. Erst unmittelbar vor dem Anrichten und Auftragen rührt man sehr viel geriebenen Parmesankäse dazu. Mitkochen darf man ihn aber nicht. Statt Butter kann auch Beinmark genommen werden; hievon genügen 10 dkg auf ½ l Reis. Man drückt den Risotto in eine mit Butter bestrichene Reif- oder Gugelhupfform, stürzt ihn sofort auf eine runde Schüssel und gibt braune Suppe und noch geriebenen Parmesankäse dazu.

Risi-pisi

Man macht Risotto und mischt zum Schlusse zu ½ l Reis ½ l in Salzwasser gekochte, feine, grüne Erbsen dazu. Zum Risotto müssen einige Dekagramm Butter mehr genommen werden, damit die Erbsen genügend Fett haben. Es wird ebenfalls Parmesankäse und Suppe dazugegeben.

aus Erbsen, Gerstel, Bohnen sowie Fleisch- bzw. Speckresten.
Röhrlsalat, *m.*: Zichoriensalat, Löwenzahnsalat, Sauerampfersalat, Lauch.
Rohr, *s.*: Bratrohr.
Rohscheiben, Mz.: Kartoffelschips.
Rokitansky, Marie von: Autorin des 1897 in Innsbruck erschienenen Standardwerks ›Die österreichische Küche‹, dem auch die Rezepte des vorliegenden Werks entnommen sind.
Rollgerstel, *s.* (Rollgerstl): Perlgraupen.
Roratewürstel, *s.*, Ez. und Mz. (Oradiwürstel): Im alten Wien war ein großes Würstelessen am ersten Adventsonntag Tradition. Der Ausdruck geht auf den Beginn des Eingangsgesangs der während der Adventszeit abgehaltenen Frühmessen zurück.
Rose, *w.* → Hieferschwanzel.
Rosine, *w.*: getrocknete Weinbeere, Sultanine.
Rosner, Ludwig: zusammen mit Robert Habs Verfasser des 1894 erstmals erschienenen ›Appetitlexikons‹.
Rosoglio, *m.*: süßer Kräuterlikör.
Roßfleischhacker, *m.*: Pferdefleischhauer, auch Pferdefleisch-Ausschrotter.
Rostbraten, *m.* (Roßbratl): Kulturhistorisch betrachtet versteht man unter einem Rostbraten jedes Stück Fleisch, das nicht auf einem Spieß gedreht, sondern auf einem Bratrost gegart wurde. Mit dem Wiener Rostbraten hat das allerdings so gut wie nichts zu tun, da dieser – ob gebraten oder gedünstet – immer in einer Pfanne zubereitet wird. Der Rostbraten ist, schlachttechnisch betrachtet, identisch mit der hohen Beiried oder Rostbratenried im Hinterviertel des Rindes. Das zwar etwas faserige, aber gut durchzogene und daher sehr saftige Fleisch ist die Grundlage zahlreicher Wiener Rostbratenspezialitäten wie → Esterházy-Rostbraten, Girardi-Rostbraten, Hunyadi-Rostbraten, Maschinrostbraten, Tegetthof-Rostbraten, Vanillerostbraten, Znaimer Rostbraten, oder Zwiebelrostbraten.
Röster, *m.*: Dunstobst aus Zwetschken, Marillen oder Holunder (→ Hollerröster und Zwetschkenröster).
Rösterdapfel, *w.*: Bratkartoffel.
Rote Burlis, Mz.: Die eingelegten roten → Paprikastreifen dienten – gemeinsam mit einem Salatblatt – in der Nachkriegszeit als Garnitur für alles und jedes, vom → Schweinsbraten bis zum → Wiener Schnitzel, und wurden daher zum vielkritisierten Symbol einer Massen- und Allerweltsküche.

Rehschnitzel

Von einem enthäuteten Rehschlegel schneidet man Schnitzchen herab und klopft diese gut mit einem Messerrücken. In einem Töpfchen läßt man etwas Essig, 1 Lorbeerblatt, Thymian und Zwiebel mit etwas Wasser sieden und schüttet dies heiß über die Schnitzel, deckt sie zu und läßt sie so lange stehen, bis alles ausgekühlt ist. Dann werden die Schnitzel aus der Beize genommen und zum Abtropfen auf ein Sieb gelegt. Man tauche sie nun in warme Butter, drehe sie in feine Brösel und backe sie wie Kalbsschnitzel in heißer Butter oder Schmalz.

Aus Hirsch- und Gemsenfleisch kann man diese Schnitzel auch bereiten, doch koche man zum Hirschfleisch mit dem Essige einige Wacholderbeeren mit.

Rote Rübe, *w.*: Rote Bete, Rohne, Rahne.
Rotkraut, *s.*: Rotkohl.
Ruhm, Franz: * 31. 7. 1896 Brunn am Gebirge (NÖ.), † 20. 3. 1966 Purkersdorf (NÖ.); ursprünglich Zuckerbäkker; sprach ab 1928 in Radio Wien über Wiener und österreichische Küche und verfaßte mehrere Kochbücher u. a. ›Kochbuch für alle. Rezepte der Wiener Küche‹ (1933), ›Wiener Küche‹ (1948-50) sowie Kriegs- und Diätkochbücher. Unter dem Pseudonym »Frank Raymon« schrieb er sogar Theaterstücke.
Rumplsuppe, *w.*: Bei dieser Suppe handelt es sich nicht um etwas Eßbares, sondern um eine Rüge oder einen Verweis.
rupfen: Federn von Geflügel auszupfen.
Russen, Mz. (Russerln): früher russische Faßsardine, heute marinierte Heringe.

S

Sachertorte, *w.*: Die wohl berühmteste aller Wiener Torten wurde von einem Lehrling im zweiten Lehrjahr »erfunden«. Es handelt sich um den 1816 geborenen Franz Sacher, der 1832 als Kocheleve im Hause des Staatskanzlers Clemens Wenzel Lothar Fürst Metternich (1773-1859) erstmals jene Schokoladentorte buk, die später einerseits zu Weltruhm gelangen, andererseits aber auch Gegenstand zahlreicher Prozesse zwischen dem »Hotel Sacher« und »Demel's Söhne« um die wahren Urheberrechte am Titel »Original Sacher-Torte« werden sollte. Hauptstreitpunkt war: Muß die obligatorische Marillenmarmelade in der Mitte der Torte (wie bei »Demel«) oder unter der Glasur (wie im »Hotel Sacher« und auch bei Marie von Rokitansky) aufgetragen werden? Vorläufer der Sachertorte finden sich freilich schon viel früher, etwa im 1718 erschienenen »Saltzburger Kochbuch« Conrad → Haggers oder in → Gartler-Hickmanns ›Wienerischem bewährten Kochbuch‹ aus dem Jahr 1749. Seit Katharina → Prato in ihrer »Süddeutschen Küche« jedoch eine »Chocolade-Torte À la Sacher« vorstellte, sind Schokoguß, Marillenmarmelade und der Name Sacher untrennbar miteinander verbunden. Während der Sohn des Erfinders, Eduard Sacher, 1888 »nur« 400 Torten täglich verkaufte, bringt es das »Hotel Sacher« heute weltweit auf etwa 270 000 Original Sachertorten jährlich. Dafür werden ungefähr eine Million Eier, 55 Tonnen Tunkmasse und sechzig Tonnen Zucker benötigt. Lit.: F. Maier-Bruck, Sacher-Kochbuch, Wien 1975; M. und F. Morton, Schokolade, Wien 1995.

Safalade, *w.* (Safaladi, Saverladi): Cervelatwurst, Schlackwurst.

Safran, *m.*: Der Safrananbau war früher auch in Österreich, speziell auf dem Manhartsberg/NÖ. und in der Wachau, weit verbreitet. Nach Wien soll der Safran im Gefolge des fahrenden Ritters Walther von Merkenstein, eines Zeitgenossen des Ulrich von Liechtenstein, gekommen sein. Jener soll, bevor er Ende des 12. Jahrhunderts zum Kreuzzug aufbrach, der von ihm verehrten Hulda von Rauhenstein – der Heldin der Sage von der »Spinnerin am Kreuz«, die tagaus, tagein am Spinnrad saß und auf ihren

Sacher-Torte

14 dkg Butter werden fein abgetrieben, 5 Dotter nach und nach hinein gerührt, dann 14 dkg Zucker mit Vanille- oder Citronengeruch, 14 dkg aufgelöster Chocolade, 14 dkg Mehl und schließlich der feste Schnee von 5 Klar dazu gerührt. Man gibt die Masse in einen mit Butter bestrichenen Tortenmodel und bäckt sie 3/4 Stunden im Rohre. Nachdem sie ganz erkaltet ist, bestreicht man sie mit Marillensalse und gibt auf diese Chocolade-Eis.

Oder: Man nimmt 14 dkg Butter, 14 dkg Zucker, 8 Dotter, 14 dkg Chocolade, 14 dkg Stärkemehl und von 8 Klar den festen Schnee.

Oder: 14 dkg Butter, 14 dkg Zucker, 5 Dotter, 1 Ei, 14 dkg Chocolade, 7 dkg Brösel, Nelken, Zimmet und Citronenschalen und von 5 Klar den festen Schnee. Zu dieser Art kann man auch statt 14 dkg 28 dkg Butter nehmen.

Mann wartete – versprochen haben, ihr »das angenehmste und nützlichste Geschenk, die herrliche Pflanze Safran« mitzubringen. Da er sein Versprechen hielt, wurde der Safran, zumindest der Sage nach, auch in Österreich heimisch.

Saft, *m.*: Jus, Tunke, Sauce.

Saftgulasch, *s.* → Gulasch.

Sago, *s.*: gekörnte Stärke aus dem Mark der Sago-(= Brot-)palme, die für Suppen und Mehlspeisen verwendet wurde.

Saibling, *m.* (Salbling, Salmling): Der auch Rötel oder Schwarzreiter genannte kleine Salm wird in der klassischen Wiener Küche, je nach Größe, wie Forelle oder Lachsforelle zubereitet. Er war wegen seines vorzüglichen Fleisches früher ausschließlich der Verarbeitung bei Hofe und dem Export vorbehalten. Im Zuge der Renaissance der Süßwasserfische in den achtziger und neunziger Jahren unseres Jahrhunderts ist der Saibling schließlich zu einem echten Modefisch geworden.

Salamini, *m.* → Salamudschimann.

Salamudschimann, *m.* (Salamudschimann, Salamuccimann): meist italienischstämmiger Verkäufer von Salami (und Käse), zunächst in den Wiener Pratergärten, später auch in den Vorstädten beim Wiener Heurigen, wo er mit klassischen Rufen wie »Salamini, da bin i« oder »Salami, duri duri« um Kundschaft warb. Mit den großen Heurigenbüffets ist der Salamudschi, dessen Kunst vor allem darin bestand, die Salami so dünn zu säbeln, daß er mit nur zehn → Deka Wurst einen großen Teller belegen konnte, allmählich ausgestorben (→ Durri-Durri). In seinem 1894 veröffentlichten Gedicht über den Wiener → Volksprater schreibt der Lyriker Albrecht Graf Wickenburg (1839-1911): »Banden spielen Strauß und Ziehrer, / Verdi stimmt ein Werkel an, / Lauter als der Brothausirer, / Brüllt der Salamucci-Mann.«

Salaterin, *w.*: Küchenkraft, die vornehmlicich Salat zubereitet und – wie in der klassischen französischen Küchenbrigade der Gardemanger – auch für Speisen zuständig war.

Salm, *m.*: Lachs.

Salonbeuschel, *s.*: → Beuschel, das mit → Obers verfeinert und mit etwas → Gulaschsaft sowie einem Klacks Sauerrahm und → Servietten- oder Semmelknödel serviert wird.

Salongulasch, *s.*: Lungenbratengulasch mit → Erdäpfeln.

Salse, *w.*: veralteter Ausdruck für (säuerliche) Marmelade, eingedickten Fruchtsaft oder Sauce ganz allgemein.

Salzburger Nockerln, Mz.: Die »Königin der Aufläufe« wurde der Legende nach von Salome Alt (1568-1633), der Mesalliance von Fürsterzbischof Wolf Dietrich von Raitenau (1559-1617) erfunden. Da es damals noch keine Herde mit Oberhitze gegeben hat, muß es sich dabei allerdings – so die Legende stimmen sollte – um das heute kaum noch übliche Rezept »aus dem Pfandl« gehandelt haben. Salzburger Nockerln-Rezepte sind allerdings erst seit Conrad → Haggers ›Saltzburger Kochbuch‹ (1719) überliefert. Auch Marie von Rokitansky kann sich zwischen den vielen Möglichkeiten nicht so recht entscheiden und gibt gleich fünf Arten der Nockerlnzubereitung an. Laut Franz → Maier-Bruck entspricht die Variante 4 (mit Brandteig) am ehesten dem Originalrezept.

Salzstangerl, *s.* (Salzstangl): typisches Wiener Stangengebäck aus weißem Mehl, mit oder ohne Kümmel erhältlich.

Salzfleck, *m.*: tellerförmiges, mit Salz bestreutes Weißgebäck.

Salzgurken, Mz.: Die in Salzlake eingelegten Gurken mit hohem Milchsäureanteil werden heute noch in hoher Qualität u.a. vom »Gurken-Leo« am Wiener Naschmarkt verkauft, der mit bürgerlichem Namen Leo Strmiska heißt und ein Enkel des zweitgrößten Salzgurkenherstellers der Monarchie ist.

Sandmasse, *w.*: Backmasse, die aus Eiern, Mehl und Aromaten mit Hilfe eines Butterabtriebs hergestellt wird.

Sangel, *m.*: Gründling.

Sardellen, Mz.: Anchovis sind im landumschlossenen Wien so etwas wie der »Stockfisch der Wiener Küche«, da sie sich leicht transportieren und lagern lassen. Sie sind – häufig gemeinsam mit → Kapern – nicht nur Geschmacksverstärker zahlreicher Saucen, sondern werden auch als kleine Appetithappen vor dem Essen genommen oder ganz einfach auf einem Butterbrot verspeist. Wie populär die Sardellen bereits im Wiener Barock waren, beweist die Tatsache, daß es damals eine aus bürgerlichen Verhältnissen emporgekommene Hofdame namens Anna Maria Spöttl (1766-1822) gab, die den Spitznamen »Sardellenkönigin« trug. Sie kam in Ferdinand Eberls (1762-1805) Lokalposse ›Kasperl der Mandolettikrämer oder: Jedes bleib bey seiner Portion‹ auch zu Bühnenehren und wurde auf der Wiener Gerüchtebörse wegen ihrer außerordentlichen Schönheit als Geliebte aller-

Salzburger Nockerln

(Variante 1)

4 dkg Butter werden flaumig mit 3 Dottern abgetrieben, sodann 1 ½ dkg Vanillestaubzucker und fester Schnee von 3 Klar beigemengt. Zuletzt staubt man ½ dkg Mehl leicht hinein. In eine Omelettenpfanne oder Kasserolle gibt man 3 dkg Butter und 2 Eßlöffel voll Milch, gießt den Teig ein und läßt ihn bei guter Hitze auf dem Herde zugedeckt schnell backen. Wenn es die dritte Speise ist, so gießt man den Teig ein, während die Suppe schon auf dem Tische steht. Man sticht beim Anrichten mit einem Löffel Nockerln heraus. Obiges Maß ist für 1 Person berechnet. Will man mehr bereiten, so muß man eine weite, flache Kasserolle nehmen und alles verdoppeln oder verdreifachen. Diese Nockerln zeichnen sich durch besondere Zartheit aus.

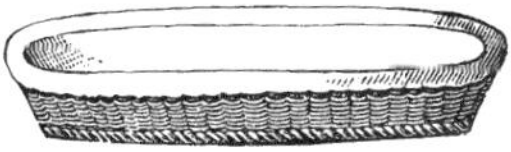

Salzburger Nockerln

(Variante 2)

10 ½ dkg Butter werden mit 4 Dottern abgetrieben. Mit jedem Dotter wird noch 1 Eßlöffel voll Mehl verrührt, schließlich mischt man noch den festen Schnee von 4 Klar darunter. In eine Rein gibt man 7/10 l Milch, ein Stück Butter und Zucker, sowie Vanillegeruch. Sobald die Milch gut siedet, schlägt man die Nockerln, von einem nassen Brett mit dem Messer, ein und dünstet sie ½ Stunde.

Salzburger Nockerln

(Variante 3; ohne Milch, sehr fein)

10 dkg Butter werden sehr flaumig mit 5 dkg gestoßenem Zuckers abgetrieben, nach und nach 3 Dotter dazugerührt, dann der feste Schnee von 3 Klar und zuletzt wird 1 schwacher Eßlöffel voll Mehles hineingestaubt. Ein kleines Stückchen Butter wird in einer Frittatenpfanne nur zerschleichen gelassen, der Teig hineingeschüttet und mit einem Messer gleichgestrichen. Die Pfanne läßt man nun 3-4 Minuten auf der heißen Herdplatte stehen (nicht auf offenem Feuer), bis der Teig gelblich bäckt, dann werden mit dem Eßlöffel Nockerln gestochen, umgedreht, daß sie auch auf der anderen Seite gelblich werden, jedoch noch saftig bleiben. Wenn sie als 3. Speise kommen, darf man sie erst backen, währenddem das Fleisch verspeist wird.

Salzburger Nockerln

(Variante 4; aus Brandteig)

Ein eigroßes Stück Butter läßt man zerschleichen und darin ¼ l Mehl etwas anlaufen, salzt und vergießt mit ¼ l Milch. Unter fleißigem Rühren läßt man die Masse dick einkochen zu einem Brandteige, bis er sich von der Kasserolle löst. Ausgekühlt stößt man 4 ganze Eier darunter. In einer weiten Kasserolle gibt man ½ l Milch, ein nußgroßes Stückchen Butter, Vanillegeruch und Zucker nach Geschmack, legt in die siedende Milch ganz kleine Nockerln ein und läßt sie zugedeckt am Herde dünsten. Oder auch im Rohre.

Salzburger Nockerln

(Variante 5)

Man nimmt 6 Dotter, 6 eigroße Stücke Butter, den Schnee von 6 Klar, 6 kleine Kaffeelöffel voll Mehl, Zukker und Vanillegeruch nach Geschmack. Die Butter wird gut abgetrieben und immer abwechselnd 1 Dotter und 1 Kaffeelöffel voll Mehl und Zucker dazugegeben. Zuletzt gibt man den festen Schnee hinein. In eine Kasserolle gibt man fingerhoch Milch und sobald diese lauwarm ist, den Teig hinein, deckt die Kasserolle zu und läßt die Masse kurze Zeit dünsten. Dann sticht man kleine Nokkerln aus, bestreut sie mit Zucker und richtet sie an.

höchster Herrschaften vom damals noch jungen Grafen Metternich bis zu Graf Dominik Kaunitz gehandelt, über den Graf Zinzendorf immerhin in sein Tagebuch eintrug, daß dieser »l'amoureux de la Sardellenkönigin, de la femme du grünen Fassel« sei. Mit der Thematik des angeblichen Liebesverhältnisses von Metternich Vater und Sohn zur Sardellenkönigin beschäftigt sich in kaum verschlüsselter Weise übrigens auch das immerhin schon am Burgtheater aufgeführte Theaterstück ›Die beiden Klingsberg‹ von August v. Kotzebue (1761-1819).

Satling, *m.* (Saitling): dünner Darm (häufig vom Schaf) für die Wursterzeugung.

Saubär, *m.*: Was heute als Schimpfwort gilt, war ursprünglich eine Bezeichnung für das männliche Schwein, den Sauber.

Saubohnen, Mz.:. Puff-, Pferde-, Ackerbohnen.

Sauerkraut, *s.*: Der in ganz Europa, vor allem aber im Elsaß und in Niedersachsen populäre Sauerkohl hat auch eine spezifische Wiener Tradition, die tief in ländlichen Verhältnissen verankert ist, wo Spezialitäten wie »Gruakraut« und »Stöckelkraut« eine geradezu archaische Wurzel haben. Daß die Österreicher von deutschen Autoren (zuletzt von Wolfram Siebeck) zuweilen beschuldigt werden, in ihrer Sauerkraut- und Bauernschmauskultur bloß das elsässische Choucroute zu imitieren, entbehrt folglich jeder Berechtigung. Sauerkraut wird in Wien seit jeher hauptsächlich zu → Geselchtem und → Schweinsbraten serviert. Die zu Unrecht bestehende mangelnde internationale Anerkennung der alten österreichischen Sauerkrautkultur haben schon Habs und Rosner in ihrem ›Appetitlexikon‹ um die Jahrhundertwende erwähnt: »Die Wiener Sauerkräutler begnügen sich mit dem vaterländischen Renommee ihrer Erzeugnisse. Zum Export haben sie sich noch nicht aufgeschwungen.«

Sauerkräutler, *m.*, Ez. und Mz.: Verkäufer von Sauerkraut, gesäuerten Rüben sowie Senf- und Essiggurken fanden sich schon sehr früh auf Wiener Märkten. Der sogenannte »Gurken-Leo« (→ Salzgurken) am Wiener Naschmarkt ist einer der letzten prominenten Vertreter dieser Spezies.

Saufuader, *s.*: schlechtes Essen.

Saukräutler, *m.* → Sauerkräutler.

Saumaise, *w.* (Saumaasl): 1. aus der Wachau, in die Wiener Küche gelangte Spezialität aus geräuchertem und kleingehacktem

Schweinefleisch im Netz; 2. im übertragenen Sinn bedeutet ein »Saumaasl« auch ein unverschämtes Glück.
Sautod, *m.*: Schlachter.
Saverladi, *w.* → Safalade.
Schabenkräutl, *s.*: Stein- oder Honigklee (Bot. Meliotus officinalis).
Schächerl, *s.*: Das spätere → Tschecherl hatte ursprünglich nichts mit Tschechen zu tun, sondern leitete sich aus der Gaunersprache ab, wo der Wirt Schächer hieß. Ein Schächerl war also nichts anderes als eine billige Kneipe oder Kaffeeschenke.
Schaden, *m.* → Waller.
Schado, *s.* → Weinchaudeau.
Schafbraten, *m.*: Schweineschopfbraten (veraltet).
schaffen: alter Ausdruck für das Bestellen von Speisen und Getränken: »Was schaffen'S, gnä Herr?«
Schaiden, Schaidl, *m.* → Waller.
Schalblattel, *s.*: wegen seiner Form auch → Fledermaus genanntes kleines Stück am Rinderhüftknochen; gilt als besonders saftig.
Schale Gold, *w.*: goldbrauner Kaffee mit Sahne, der etwas heller als ein → »Brauner« ist.
Schale, *w.* (Schalörtel) → Ortsschwanzl.
Schampaninger, *m.* → Schampus.
Schampus, *m.* (Schampaninger): 1. Champagner bzw. Sekt und Schaumwein; 2. Sekthändler.
Schani, *m.* (ugs. für Johann): Den auch »Bummerl« genannten Gehilfen findet man zumeist, aber nicht ausschließlich in der Gastronomie. Ein Kellnerschani ist ein Aushilfs- oder Lehrkellner (→ Schanigarten).
Schanigarten, *m.*: In den ersten Frühlingstagen Tische und Sessel vor einem Gast- oder Kaffeehaus aufzustellen, ist traditionell die Aufgabe des → Schanis, den sein Chef, wie es in einem alten Wienerlied heißt, anweist: »Schani, trag den Garten aussi!« Tatsächlich geht der Schanigarten jedoch auf den Cafetier Gianni Tarroni zurück, der in Wien um 1750 die erste Lizenz zum Betreiben eines Straßengartens erhielt. Der klassische Wiener Schanigarten wird bis heute von einigen Kübeln, in die man Efeu, Oleander und andere Grünpflanzen setzt, vom »Anrainerverkehr« abgegrenzt.
Schank, *w.*: sprich Schaunk. Im ursprünglichen Sinn bezeichnete die Schank nur den Tresen, wurde jedoch später auch zum Synonym für den gesamten Schankraum, also jenem Teil einer Gastwirtschaft, in dem man – zu billigeren Preisen und ohne Tischtücher – zechen und

Scheiterhaufen

I. Drei abgeriebene feine Semmeln oder mürbes Kaffeebrot oder Reste von Gugelhupf schneidet man in dünne Schnitten und erweicht sie in $3/10$ Liter gezuckerter Milch, welche man mit einigen Eiern vorher versprudelte. Man belegt mit den Schnitten einen mit Butter bestrichenen Model, streut Sultaninen, gestiftelte Mandeln und etwas Zitronenschalen zwischen jede Lage, bis der Model voll ist und schüttet noch den Rest der Milch darüber. Man streut obenauf Zucker und bäckt die Masse schön gelb.

II. Man kann auch die Schnitten auf eine flache Porzellanschüssel bergartig auflegen, backen und dann mit gezuckertem Schnee überziehen und nochmals ins Rohr geben bis der Schneeüberzug gelblich wird.

III. Zwischen jede Lage Schnitten kann man auch gedünstete Äpfel- oder Quittenspalten einlegen und Rosinen und Mandeln oder Haselnüsse einstreuen oder die Schnitten in süßen, roten Wein tauchen und Zitronat und Mandeln oder Pignolien darunter streuen und mit in gezuckerter Milch zersprudelten Eiern überschütten und entweder im Model oder mit Schnee überzogen auf der Schüssel backen. Diese Speise kann aus verschiedenen Resten von Germspeisen, Faschingskrapfen etc. gemacht werden.

speisen kann, während das oder die Hinterzimmer mit Tischtüchern ausgestattet und den »besseren« Gästen vorbehalten sind. Peter Wehle zitiert in seinem Buch ›Sprechen Sie Wienerisch‹ einen alten Wiener Wirtshauswitz: »Kennen Sie einen Satz mit Jongleur? – Nein? – Wenn der Wirt aufs Häusl geht, ist die Schaunk leer...«

Schankbursch, *m.*: Bierzapfer.

Scharn, *m.* → Waller.

Schato, *s.* → Weinchaudeau.

Schaumrolle, *w.*: Wiener Konditorspezialität aus einer Butter- (= Blätter-) teigrolle, die mit geschlagenem und gezuckertem Eischnee gefüllt ist. Wird statt dessen → Schlagobers verwendet, spricht man von einer Schlagrolle.

Scheiterhaufen, *m.*: Mindestens genauso gut, aber nicht ganz so bekannt wie die → Salzburger Nockerln ist diese urwienerische Auflaufspezialität, die ihren nicht gerade kulinarischen Namen dem Umstand verdankt, daß → Äpfel, → Schneidsemmeln und andere Zutaten vor dem Backen wie die Holzstücke eines Scheiterhaufen übereinandergeschichtet werden.

schekeln: essen (jiddisch).

Scherzerl, *s.*: Anfang bzw. Ende eines Brotlaibs oder -weckens.

Schienbanl, *s.*: Gebäck.

Schiessl, *s.*: langstieliges Arbeitsgerät zum Einschießen des Brotes.

Schill, *m.*: → Zander.

Schinken, *m.* (Schunken; tschech. sunka): Fleisch vom Schenkel (= Schinken-) knochen (→ Prager Schinken).

Schinken-Begräbnis, *s.*: gebakkene Schinkenfleckerl, bei denen statt der → Fleckerl auch → Makkaroni, lange Fadennudeln oder sogar Reiskörner verwendet werden können.

Schinkenfleckerln, Mz.: (Schunkenfleckerln): mit Schinken, Eiern und Semmelbröseln überbackene oder in einer Kasserolle abgeschmalzene Nudelteigfleckchen.

Schinkenkipferl, *s.*: mit einer Fülle aus kleingehacktem Schinken, Parmesan, Petersilie, Rahm und Ei gefülltes → Kipfel aus Blätterteig.

Schinkenrollen, Mz.: klassische Wiener Vorspeise aus mit Gervais, → Kren und Sauerrahm, Gemüsemayonnaise oder gekochten weißen Spargeln gefüllten Preßschinkenblättern. Häufig werden die Rollen glasiert und mit Salat, Scheiben hartgekochter Eier und Kräuselpetersilie garniert.

Schinkenschöberln, Mz.: mit kleingehackten Schinkenstückchen zubereitete → Schöberln.

Schirligum, *s.* → Vanillekipferl.

Schlagbruckn, *w.*: auf das Jahr

Schinken-Begräbnis

Hiezu kann man die Reste eines gekochten Schinkens mit Vorteil verwenden. Diese werden, nachdem man das Trockene und Harte davon abgeschnitten hat, sehr fein gehackt. Vorher hat man schon von 2-3 Eiern feine, lange Nudeln bereitet, diese in siedendem Salzwasser gar gekocht und zum Abtropfen auf einen Durchschlag gegeben. Man läßt nun in etwas Butter 1-2 kleine, fein gewiegte Zwiebeln weich, aber nicht gelb werden, gibt etwas Mehl hinzu, gießt etwas Suppe und Milch darauf und läßt die Sauce dicklich verkochen, worauf man sie passiert. Die Nudeln gibt man zu heißer Butter in eine Kasserolle, läßt, unter wiederholtem Schütteln, die Feuchtigkeit verdampfen, gibt viel geriebenen Parmesankäse, Salz, weißen Pfeffer und die passierte Sauce hinzu und mischt alles gut durcheinander. In eine tiefe Porzellanschüssel gibt man nun eine Schichte Nudeln, auf diese eine Schichte fein gehackten Schinkens, dann wieder Nudeln, u. s. f., bis die Schüssel voll ist. Die oberste Schichte muß aus Nudeln bestehen, welche man mit feinen Semmelbröseln und geriebenem Parmesankäse bestreut und mit zerlassener Butter betropft. Man bäckt nun das Ganze ½ Stunde im nicht zu heißen Rohre. Zu dieser Speise kann man auch Maccaroni oder Reis verwenden, oder aus dem Nudelteig Fleckerln schneiden.

Schinkenfleckerln

Aus 3 Eiern macht man einen gewöhnlichen Nudelteig und schneidet daraus Fleckerln, welche man 3 Minuten in Salzwasser kocht und dann abseiht. Man gibt sie in eine Kasserolle zu 14 dkg Butter und läßt sie darin 5 Minuten lang rösten. Während dieser Zeit werden 56 dkg gekochten, kalten Schinkens von allen Fett- und Hautteilen entblößt und fein geschnitten. Die Fleckerln werden vom Feuer genommen, mit 3 ½ dl saurem Rahme, 6 zersprudelten Eiern, dem Schinken, etwas Salz und weißem Pfeffer vermengt und bei Seite gestellt. Nach dem Auskühlen wird eine Kasserolle mit Butter bestrichen, mit Semmelbröseln bestreut, mit den Schinkenfleckerln gefüllt und im kühlen Ofen gebacken. Man tischt sie gestürzt auf. Oder man röstet sie nach dem Mischen mit allen Zutaten auf einer Schwungkasserolle (plât à sauté) mit einem eigroßen Stück Schmalz.

Schinken-Kipferln

Auf einem Brette bröselt man 22 dkg Butter mit 22 dkg Mehl gut ab, gibt 2 Dotter, 2 dkg in etwas Milch aufgelöster Germ und eine Prise Salz dazu und verarbeitet tüchtig den Teig. Man läßt ihn an einem kühlen Orte (Speisekammer) 1 Stunde rasten. Indessen wiegt man 20 dkg Schinken sehr fein und vermischt ihn mit 2 Löffeln voll dicken, sauren Rahmes und einen Löffel voll geriebenen Parmesankäses. Wenn der Teig gerastet hat, walkt man ihn messerrückendick aus, schneidet viereckige Stücke daraus und füllt dieselben mit der Schinkenfülle. Man formt zierliche Kipferln und bestreicht dieselben, wenn sie nochmals gegangen sind, mit Eierklar. Sie werden in mäßig heißen Rohre auf einem Bleche gebakken.

1439 zurückgehende, mittlerweile jedoch aufgelassene Rinderschlachtstätte an der heutigen Schwedenbrücke. Der Name stammt allerdings nicht daher, daß hier die Rinder »geschlagen« bzw. geschlachtet wurden, sondern bezieht sich auf die hölzerne Bauart der Ursprungsbrücke.

Schlagobers, *s.*: Schlagsahne; außerdem ein berühmtes Ballett von Richard Strauss, in dem »Don Zucchero« die bekanntesten Wiener → Mehlspeisen um sich herum tanzen läßt.

Schlagrolle, *w.* → Schaumrolle.

schlampampen (mhd. slamp = Gelage): schlemmen.

Schlecker, *m.*: 1. Zuckerlutscher für Kinder; 2. Zunge oder Lekkermaul.

Schleckerl, *s.*: leckere Speise.

Schlegel, *m.* (Schlegl, Schlögel): Keule vom Kalb, Schaf oder Schwein.

Schlegelstutzerl, *s.*: der untere Teil des Kalbsschlegels.

Schleie, *w.*: Der auch als Schleihe, Schlei, Schlüpfling oder Schuster bekannte Süßwasserfisch aus der Karpfenfamilie heißt in Ungarn auch Zigeunerfisch und wird in der Wiener Küche meist ähnlich wie Karpfen zubereitet.

Schlemmried, *w.*: → Rindfleischstück aus dem → Riedhüfel, dessen Name entweder auf seine Beliebtheit bei Schlemmern zurückgeht oder, auf die Form bezogen, daß »schlemm« schräg bzw. schief bedeutet.

Schlepp, *s.* → Ochsenschlepp.

Schlibowitz, *m.* (Schligowitz, Slibowitz; serb.-kroat. šljivovica): Der aus Kroatien stammende Zwetschkenschnaps wird in Wien auch mit dem Wort »schlicken« (= schlucken) in Zusammenhang gebracht.

Schlickkrapferl, *s.*: Die Wiener Antwort auf die italienischen Ravioli wird in manchen Kochbüchern auch als »Raviolis à la Viennoise« bezeichnet. Es handelt sich dabei um kleingehackte, in viereckige Nudelflekken eingeschlagene Bratenreste, die mit Petersilie und Ei vermengt werden. Die Vorsilbe »Schlick« geht entweder auf »schlucken« oder auf die Wurzel »slikan« zurück, was soviel bedeutet wie »glatte, schlüpfrige, schleimige Masse«. Die Bratenreste können einem alten Rezept zufolge auch durch kleingehackte Flußkrebsschwänze ersetzt werden.

Schlieferl, *s.*: Teighörnchen.

Schlüpfling, *m.* → Schleie.

Schlußbraten, *m.*, Ez. und Mz.: Teil des Schweinsschlegels.

Schlögel, *m.* → Schlegel.

Schlosserbuben, Mz.: mit Marzipan vermengte Dörrpflaumen werden in Backteig

Schlick-Krapfeln

In Butter, Bratenfett oder Beinmark läßt man feingeschnittene Zwiebel, grüne Petersilie und Brösel anlaufen und gibt fein gewiegte Braten- und Rindfleischreste, oder Lunge oder Herz und Geflügelmagen dazu. Man läßt es eine Weile dünsten und wenn es ausgekühlt ist, mischt man 1 Ei darunter. Indessen macht man einen weichen Nudelteig aus 1 Ei, etwas Wasser und dem nötigen Mehle, treibt ihn nicht zu fein aus und belegt ihn mit nußgroßen Kugeln aus obiger Masse. Die Kugeln müssen in einer Reihe, zwei Finger breit von einander entfernt, auf den Teig gelegt werden. Man bestreicht den Teig rund um die Kugeln mit Ei, schlägt den Teig über, daß das Fleisch gut bedeckt ist, drückt den Teig gut aufeinander und radelt mit dem Mehlspeisradel Halbmonde herab, welche in Salzwasser eingekocht und in braune Suppe gegeben werden.

getaucht, in → Schmalz ausgebacken und mit Zimtzucker bestreut.

Schmalz, *s.*: geschmolzenes, ausgelassenes Schweinefett.

Schmalzgebäck, *s.* → Krapfen.

Schmalzhäfen, *m.*, Ez. und Mz.: der Fettopf in der Speisekammer.

Schmalzkoch, *s.*: Grießkoch, welches mit Milch und Schmalz zubereitet wurde.

Schmankerl, *s.*: ursprünglich ein süßes Gebäck aus sahnigem Eierteig, heute Bezeichnung für kleine Leckerbissen.

Schmankerlkoch, *s.*: üppige Speise aus Mehl, Milch und Butter; in Wahrheit nichts anderes als der wienerische Ausdruck für Béchamel-Sauce.

Schmarren, *m.*, Ez. und Mz.: 1. wird von manchen Dialektforschern (z. B. Friedrich Nicolai) mit dem Wörtchen »Schmarotzer« in Zusammenhang gebracht. Es handelt sich dabei (angeblich) um ein Kompositum aus »Schmarren« (guter Bissen) und »Hotzer« (Parasit). Wer sich hauptsächlich wegen eines Schmarrens auf eine Gesellschaft begibt, ist demnach ein Schmarotzer. Rein küchentechnisch betrachtet, handelt es sich bei einem Schmarren um eine warme → Mehlspeise aus → Grieß, → Kipfeln, Semmeln, → Erdäpfeln oder Mehl und Eiern; 2. Unsinn (»Red' keinen Schmarrn!«).

Schmattes, *s.*: aus dem Jiddischen stammendes Wort für Trinkgeld.

Schmauswaberl, *s.*: Diesen Namen (Waberl = Barbara) trugen mehrere historische Wiener Frauengestalten, welche die Überbleibsel der Wiener Hoftafel billig verkauften und bald jede Menge Nachahmerinnen hatten. Eine von ihnen traf man im seinerzeit berühmten »Surrogaten-Café« in der Wiener Bäkkerstraße, eine andere in der alten Kapuzinergasse, wo sie in der gleichnamigen »Volkskuchl« die von der kaiserlichen Tafel übriggebliebenen Speisereste offerierte. Als Inbegriff der Schmauswaberl gilt freilich die von Maria Theresia persönlich in den Stand einer Resteverwerterin erhobene Gastwirtin Barbara Roman († 1813), die in ihrem »Goldenen Schiff« am Spittelberg so gut mit den Resten aus der Hofküche umzugehen wußte, daß – wie der alte Eipeldauer, alias Josef Richter (1786-1859) zu berichten weiß – »aus den Hofkucheln Kapäuner und Fasaner sogar g'rupfter und g'bradener davon flieg'n«. Die Schmauswaberl war auch die Heldin einer – allerdings verlorengegangenen – Lokalposse von den Volksdichtern Adolf Bäuerle (1786-1859) und Wenzel Müller (1767-1835).

Schmecker, *m.*: auf Altwienerisch – und in medizinischer Hinsicht völlig korrekt – ein anderer Ausdruck für Nase.

Schmeckerter, *m.* (Schmeckader): bukettreicher Wein.

Schmetten, *w.*: Sauerrahm.

Schmierkas, *m.*: Streichkäse.

schnabulieren: aus der Studentensprache stammender Ausdruck für gustieren, kosten.

Schnattl, *s.* → Geschnattel.

Schnecke, *w.*: wird in Wien auch als Name für ein schnekkenhausartig geformtes und mit geriebenen Nüssen oder Mohn gefülltes Hefeteiggebäck verwendet.

Schnecken auf österreichische Art → Weinbergschnecken.

Schneckensalat, *m.* → Weinbergschnecken.

Schnee, *m.* → Eischnee.

Schneeballen, *m.*, Ez. und Mz.: auch Maulkörbe genannte, in Schmalz ausgebackene → Mehlspeise.

Schneebesen, *m.*: Schneerute.

Schneenockerln, Mz.: der französischen »Ile flottante« verwandtes Gericht aus mit Zucker geschlagenem Eischnee, das meist mit Frucht-, Schokolade- oder Vanillesauce serviert wird.

Schneidsemmel, *w.*: altbackene Semmel, dient u.a. als Grundlage zum → Pofesenbacken ebenso wie für die Herstellung von → Semmelbröseln.

Schnepfendreck, *m.* (Schnepfenkot): Die Eingeweide der Schnepfe werden auch in der Wiener Küche, dem französischen Vorbild zufolge, mit Zwiebeln geröstet, passiert, auf Weißbrotcroûtons gestrichen und überbacken.

Schnitten, Mz.: Oberbegriff für tortenartige Süßspeisen in rechteckiger Form.

Schnittl, *s.* → Schnittlauch.

Schnittlauch, *m.*: Diese Zutat findet man in der Wiener Küche so häufig, daß daraus das Sprichwort »A Schnittlauch auf alle Suppen« entstand, was soviel bedeutet wie jedermann dienlich sein zu wollen.

Schnittlauchsauce, *w.*: Die beliebte Beilage zu Wiener Siedefleisch (→ Rindfleisch) kann sowohl kalt als auch warm gereicht werden. Während sie kalt meist auf Mayonnaisebasis zubereitet wird, verwendet man für die warme Variante entrindetes Weißbrot, Milch, Eier, Öl und Estragonsenf.

Schnittling, *m.* → Schnittlauch.

Schnitzel, *s.*: laut Julius Jakobs ›Wörterbuch des Wiener Dialekts‹ jede Schnitte vom Kalbs- oder Schweinsschlegel, gebraten oder paniert (→ Wiener Schnitzel und Naturschnitzel).

Schlosserbuben

(Gebackene Zwetschken)

Schöne, große, gedörrte Zwetschken kocht man sehr weich, löst die Kerne aus und gibt dafür in jede eine abgezogene Mandel. Man macht entweder Wein- oder Bierteig, taucht jede Zwetschke, an einer Spicknadel aufgespießt, einzeln in denselben und legt sie zum Backen in siedend heißes Rindschmalz ein. Nach dem Backen und gutem Absinken des Fettes dreht man sie sehr stark in ein Gemisch von geriebener Chocolade und gestoßenem Zucker.

Schnürkrapfen, *m.*, Ez. und Mz.: kleinere, auch Ochsengurgeln oder Spagatkrapfen genannte, mit Hilfe einer speziellen Backform sowie einer Schnur zum Festbinden des Teiges hergestellte Variante der → Prügelkrapfen. Schnürkrapfen werden aber nicht über offenem Feuer, sondern in Schmalz ausgebacken.

Schöberln, Mz.: Über die etymologische Herkunft dieser gebackenen Suppeneinlage aus Biskuitteig wurden allerlei Mutmaßungen unterschiedlicher Seriosität angestellt. Einerseits soll sie auf einen Hofkoch namens »Schöberl« zurückgehen, der sie angeblich erfunden hat. Andererseits führt Peter Wehle in seinem Buch ›Sprechen Sie Wienerisch?‹ ihren Ursprung auf eine alte Kalendereintragung zurück, in welcher es heißt: »Das für diese Suppe componierte Backwerk wird mit einem kurzen Schub in den Ofen befördert und ist deshalb Schöberl benannt.«

Schokolade, *w.* (Schokoladi): Über Spanien, die Niederlande und Frankreich gelangte die Kakaobohne im 18. Jahrhundert auch nach Wien, wo sie allerdings – wie überall in Europa – zunächst als »sündiges Genußmittel« verschrien war. Erst im 19. Jahrhundert wurde die Schokolade auch in bürgerlichen Haushalten salonfähig und dort in erster Linie zur Grundlage der damals »Chocoladeneis« genannten Schokoladeglasur verwendet. Ihren endgültigen Siegeszug in der Wiener Küche feierte die Schokolade schließlich als wichtigste Zutat – neben der Marillenmarmelade – der → Sachertorte. Im Jahre 1846 gründete Victor A. Schmidt (1826-1884) die erste österreichische Schokoladefabrik in Wien. Ende des Jahrhunderts begannen Gustav (1857-1937) und Wilhelm Heller im Souterrain des Wiener Beatrixbades mit der Produktion der legendären »Wiener Zuckerln«, Josef → Manner und Carl Hofbauer (1855-1916) nahmen einige Jahre später die Schokoladeproduktion auf. Um die Jahrhundertwende gab es allein in Wien elf Schokoladefabriken, 1920 bereits 23. Infolge der Weltwirtschaftskrise und des Zweiten Weltkriegs gingen die Produktionszahlen rapide zurück. Viele Wiener Schokoladefirmen gibt es heute nicht mehr bzw. gehören zu Großkonzernen wie Nestlé oder Lindt & Sprüngli.
Lit.: M. und F. Morton: Schokolade, Wien 1995; Das Buch der Schokolade, München 1996.

Schokopalatschinke, *w.* → Gundelpalatschinke.

Scholet, *s.*: Ausdruck der Wiener Juden für das Schalet, das klassische Sabbathgericht aus Graupen, Erbsen, etwas → Knoblauch und geräuchertem → Rindfleisch.

Schopfbraten, *m.*, Ez. und Mz.: Schweinekamm, Schweinehals; beliebtes, weil besonders saftiges und gut durchzogenes Rohprodukt des → Schweinsbratens.

Schöpfer, *m.*, Ez. und Mz.: Schöpfkelle.

Schopftintling, *m.* (Bot. Coprinus comatus): beliebter Speisepilz.

Schoppen, *m.*: Gänsemast.

Schöpserne(s), *s.*: Das Hammelfleisch wurde in der Altwiener Küche vor allem gesotten und gerne mit Stachelbeersauce serviert. Andere Gerichte vom Schöpsernen sind z.B. Hammelrücken à la Metternich (mit Trüffeln, Béchamel und Parmesan), Majoranschöpsernes, Schöpsernes mit Bohnen, geschmorter Schöpsernschlegel »auf österreichische Art« (mit Speck, Thymian, → Sardellen, → Knoblauch und Limonenreste), gekochte Hammelzungen und am Spieß gebratene Hammelnieren.

Schotten, *m.*: Magermilchkäse, Magerquark.

Schottsuppe, *w.*: die aus Buttermilch gewonnenen → Schotten werden mit Wasser verquirlt und mit heißem Salzwasser übergossen und gegebenenfalls mit Sauerrahm verfeinert.

Schrammeln, Mz. (Schrammelquartett): von den aus der Ortschaft Litschau im Waldviertel/NÖ. stammenden Gebrüdern Johann (1850-1893) und Josef (1852-1895) Schrammel sowie deren Freund Anton Obermayer 1878 gegründete Formation – später stieß Georg Dänzer (Klarinette) dazu –, die zum Inbegriff der Wiener Heurigen- und Unterhaltungsmusik wurde. Die klassische Besetzung war: zwei Geigen, eine Kontragitarre und die in diesem Zusammenhang »picksüaßes Hölzl« genannte Sopranklarinette, die nach dem Tod Dänzers 1893 durch ein Akkordeon ersetzt wurde. Als Denkmal verewigt sind die vier Musiker im 17. Wiener Gemeindebezirk (Alszauberbrunnen). In der Originalbesetzung spielt heute nur noch das »Wiener Schrammelquartett«, meist bei einer Matineeveranstaltung in einem Wiener Heurigen. Eine moderne Version dieser Musikgattung pflegen Roland Neuwirths »Extremschrammeln«. Lit.: A. Moissi: Die Schrammel-Dynastie, Wien 1943.

Schreder, Katharina: Autorin

Schnee-Nockerln mit Vanille-Crème

Man schlägt von 4 Klar festen Schnee, mischt schwache 4 Eßlöffel voll fein gestoßenen Zuckers mit Vanillegeruch dazu und legt mit einem Eßlöffel davon große Nockerln in 1 l gezuckerter, siedender Milch in einer großen, weiten Kasserolle ein. Während man die letzten Nockerln einkocht, dreht man die ersten mit einem Backlöffel um, und nachdem sie auf der zweiten Seite auch nur kurz gekocht haben, faßt man die Nockerln heraus und legt sie zum Abtropfen auf ein Haarsieb. Sind alle auf diese Weise gekocht, so seiht man den Rest der Milch, ergänzt ihn mit kalter Milch auf ¾ l, sprudelt 4 Dotter, 3 dkg Stärkemehl und noch Zucker nach Geschmack hinzu und läßt alles am Feuer zu dicker Crème kochen. Ausgekühlt gießt man die fertige Crême in eine tiefe Porzellan- oder Glasschüssel und richtet obenauf die Nockerln zierlich an. Will man sie besonders schön anrichten, so spickt man jedes Nockerl mit stiftlich geschnittenen Mandeln oder Pignolien oder gibt auf jedes Nockerl 1 Kaffeelöffel von Marillensalse darauf.

des 1851 in Wien erschienenen ›Praktischen Kochbuchs mit 962 Rezepten‹.
Schrenz, *m.* (mhd. schranz = Zerschnittenes): Fleisch- und Wurstabfälle, auch Abschnitzel genannt.
Schrotbrot, *s.*: Mehrkornbrot.
Schuasterbleaml, *s.*: Küchenschelle (lat. pulsatilla).
Schüh, *m.*: Jus; Saft, Brühe.
Schulterscherzl, *s.*: kurzfaseriges und besonders saftiges Stück aus der Rinderschulter mit charakteristischem, quer verlaufendem und gallertigem Kern.
Schunken, *m.* → Schinken.
Schürnbrand, *m.*: Bier (Gaunersprache).
Schurimuri, *m.*: 1. Mischung aus Wein und Limonade; 2. Wirrkopf, dummer Scherz.
Schuß, *m.*: erstes und letztes Bier im Faß.
Schuster, *m.* → Schleie.
Schusterlaberl, *s.* : Schwarzmehllaibchen, galt früher als minder und war vor allem den Schusterbuben vorbehalten (auch Schuasterkrapfen).
Schustervogel, *m.* (Schuastervogel): Truthahn (→ Indian) für den Lichtbratlsonntag (→ Lichtbraten).
Schwaf, *m.*: aus der Weinsprache stammendes Wort für Nachgeschmack.
Schwalbennest, *s.*: mit gekochten Eiern und Schinken gefüllte Kalbsrouladen in einer Rahm-Kapernsauce.
Schwamm, *m.*: Rausch; von schwammeln = taumeln.
Schwammatmerl, *m.*: berauschter Zecher.
Schwammerl, *s.* (Schwammerling): Pilz.
Schwammerlgulasch, *s.*: Pfifferlingragout mit Rahm-Paprikasauce.
Schwammerlsauce, *w.*: das veritable Hauptgericht aus verschiedenen Speisepilzen wird mit Rindsuppe und Sauerrahm montiert und mit → Semmelknödel serviert.
Schwammerlsuppe, *w.*: mit → Obers verfeinerte Kalbsknochensuppe auf der Basis von Pfifferlingen, Herren- und anderen gemischten Pilzen.
schwammerzen: im Rausch (Schwamm) reden.
Schwanzl, *s.*: Rindfleischart (→ Hieferschwanzl).
Schwartl, *s.*: Bratenschwarte, Speckrinde.
Schwarzbeer, *w.* (Schwarzbir): Heidelbeere.
Schwarzer, *m.*: Mokka, Espresso.
schwarzes Scherzl, *s.*: Rindfleischteil im Anschluß an das → Tafelstück, der von dunkler Faserstruktur und eher linearer Struktur ist; muß unbedingt schräg gegen die Faser geschnitten werden.

Schweinsbraten

Ein Rückenstück oder einen Schlegel klopft man gut und reibt ihn mit etwas Kümmel, Pfeffer, und fein zerdrücktem Knoblauch gut ein und läßt ihn so 1 Stunde liegen. Erst dann salzt man das Fleisch etwas, legt es mit der Speckseite nach unten in eine Bratpfanne, gießt in diese etwas Wasser und brät das Fleisch 1 ½-2 Stunden bei gelinder Hitze. In der halben Zeit des Bratens wendet man den Braten um und läßt den Speck recht resch und knusperig werden. Man begießt während des Bratens fleißig das Fleisch mit seinem eigenen Safte.
Mit der Schwarte: Einen Rücken von einem jungen, wenig fetten Schweine brät man mit der Schwarte. Man legt den Rücken mit der Hautseite nach unten in eine Pfanne und gibt siedendes Wasser in dieselbe, damit die Haut weich gekocht wird. Ist dies der Fall, so dreht man die Hautseite nach oben und schneidet sie mit einem scharfen Messer in kleine viereckige Stückchen ein. Diese so hergerichtete Haut bleibt nach oben gedreht und wird unter fleißigem Begießen mit dem eigenen Safte des Fleisches recht spröde und lichtbraun gebraten. Man gibt gedünstetes Sauerkraut, Erdäpfel- oder Erbsenpürée, Krautsalat, Triett oder Preiselbeeren dazu.

schwarzes Weckerl, *s.*: Kleingebäck aus dunklem Mehl.
Schwarzfisch, *m.* → Böhmischer Karpfen.
Schwarzreiter, *m.* → Saibling.
Schwedenbombe, *w.*: eine mit Schokoladeguß oder Kokosraspeln überzogene Eischnee-Spezialität aus der in Wien und Linz ansässigen »Konditorei Niemetz«.
Schweifförtel, *s.* → Ortsschwanzel.
Schweigl, *m.*: Rausch.
Schweinderl, *s.*: Ferkel.
Schweinerne(s): Schweinefleisch.
Schweinsbraten, *m.*, Ez. und Mz.: (Schweinsbradl): Während der Schweinsbraten in den ländlichen Gebieten Österreichs vorwiegend in gesurter (gepökelter) oder geselchter (geräucherter) Form genossen wurde, wird der klassische Wiener Schweinsbraten unbehandelt und lediglich gut mit Salz, Pfeffer, → Knoblauch und Kümmel gewürzt ins Bratrohr geschoben, wobei die besondere Kunst darin besteht, die Schwarte schön knusprig zu bekommen. Die klassische Beilage dazu bilden → Semmelknödel, gedünstetes Weißkraut, → Sauerkraut oder → Triett.
Schweinsgulasch, *s.*: Rahmgulasch aus der Schweinsschulter mit Salzkartoffeln.
Schweinshaxel, *s.*: Schweinsfuß.
Schweinskotelett, *s.*: Schweinsrippchen, auch Schweinskarbonade oder -karbonadel.
Schweinsschnitzel gebacken, *s.* → Wiener Schnitzel.
Schweizerhaus, *s.*: Wirtshaus mit Tradition im Wiener Prater, wo es wohl die besten Stelzen (Hachsen) und ein ausgezeichnetes Budweiser Bier gibt.
Schwemme, *w.*: Schankraum einer Gastwirtschaft – im Gegensatz zum schöner ausgestatteten Gastzimmer. In der Schwemme waren die Preise früher auch billiger, dafür gab es keine oder allenfalls bunte Tischtücher – im Gegensatz zu den weißen im »Extrastüberl« (→ Schank).
Schwips, *m.*: kleiner Rausch.
Schwö, *w.*: Wasserdampf; ein beliebter April-Scherz bei Bäckern war, ihre Lehrbuben loszuschicken, um beim → Greißler Schwö zu kaufen.
Schwül, *m.*: großer Rausch.
Scorzonera, *w.*: Schwarzwurzel.
Seezunge Wiener Art, *w.*: Unter den mehr als 400 bekannten Seezungengarnituren der internationalen Küche finden sich auch zwei Wiener Variationen. Auf »Wiener Art« wird die filetierte Seezunge zunächst in Öl, Zitronensaft, Petersilie und Schalotten mariniert und anschließend wie ein → Wiener Schnitzel weiter verarbeitet.

»A la Metternich« werden die Filets zu Röllchen gedreht, in Fischfond pochiert und in einer paprizierten Fischsauce mit Trüffelscheiben serviert.

Seidel, *s.*: Wiener Biermaß: 1 Seidel entspricht 0,354 Liter (= 2 → Pfiff).

seihen: Speisen durch ein Tuch oder ein Sieb passieren.

Selch, *w.* (ahd. arselchen = dörren): Räucherkammer, in der vom Schweinefleisch (→ Geselchtes) bis zum Fisch (g'selchter Haring) vielerlei für die Vorratswirtschaft aufbereitet wurde.

selchen: räuchern.

Selcher, *m.*: Im alten Wien verstand man darunter alleinig den Schweinemetzger.

Selchfleisch, *s.*: Räucherfleisch (→ »Geselchtes«).

Selchkarree, *s.*: Kasseler Rippchen.

Selchspeck, *m.*: Räucherspeck.

Selchsuppe, *w.*: Fond vom gekochten Selchfleisch.

Seleskowitz, Louise: Autorin des 1880 in Wien erschienenen ›Wiener Kochbuchs‹.

Semmel, *w.* (lat. simila = feinstes Weizenmehl, mhd. semele): Weißgebäck, Brötchen, unvermeidlicher Bestandteil jedes echten → Wiener Frühstücks.

Semmelbrösel, *m.*: Paniermehl aus geriebenen altbackenen Semmeln.

Semmelfülle, *w.*: aus altbackenen Semmelwürfeln, Eiern, → Obers, Sauerrahm, Petersilie – gegebenenfalls auch diversen Innereien – zubereitete Fülle für gefüllte Hühner, Enten, Kalbsbrüste u. ä.

Semmelknödel, *m.*, Ez. und Mz.: Wenn der Knödel laut Franz → Maier-Bruck »das gemeinsame Element aller österreichischen Speisenfolgen« ist, so kann der Semmelknödel unter den Sättigungsbeilagen getrost als das Leitmotiv der Wiener Küche gelten. Die klassischen Zutaten bestehen aus → Schneidsemmelwürfeln, Butter, Eiern, Milch, Mehl, Zwiebeln und gehackter Petersilie, die jede Hausfrau in unterschiedlicher Menge verwendet. Auch was die Zubereitung betrifft, unterscheidet man zwei »Semmelknödel-Schulen«: jene, bei der die Semmelwürfel zuerst in Milch und Eiern geweicht und erst dann unter Beimengung von Mehl geformt werden; und die andere, in welcher die Semmelwürfel zunächst in Butter und Zwiebeln geröstet und erst dann mit Mehl, Eiern und Milch geformt werden. Wie immer man sich entscheidet: Man serviert Semmelknödel zu → Schweinsbraten und → Geselchtem ebenso wie zu → Beuschel, Wild, → Schwammerlsauce und allen Ragoutgerichten. Eine besondere Variante des Semmelknödel ist der → Serviettenknödel.

Semmelkren, *m.*: Das aus → Schneidsemmeln, Rindsuppe, Butter, Aromaten und gerissenem → Kren im Wasserbad gegarte → Dunstkoch ist eine der klassischen Beilagen zum Wiener Siedefleisch (→ Rindfleisch).

Semmelmehl, *s.*: feinstes Weizenmehl.

Semmelschmarren, *m.*, Ez. und Mz.: beliebte Süßspeise aus Semmeln vom Vortag, Milch, Zucker, Rosinen, Vanille, Zimt und Butter, die zu einer Masse vermengt, im Rohr ausgebacken und mit → Zwetschkenröster serviert werden. Statt Semmeln können auch Kipferl verwendet werden (→ Kipfelschmarren).

Senfgurke, *w.*: Die in Essig mit Senfkörnern, → Paprikaschoten, → Kren, Schalotten, → Knoblauch und anderen Aromaten eingelegte, vom Kerngehäuse befreite Samengurke verdankt ihre Entstehung der Wintervorratshaltung.

Séparée, *s.*: hier werden Milch und Kaffee getrennt serviert; wird auch »Portion« genannt.

Serbische Bohnensuppe, *w.*: aus der Balkanküche stammendes Eintopfgericht aus Bohnen, Rindsuppe, Rosenpaprika (→ Paprika) und scharfen, kleingeschnittenen Würsten; wird heute vor allem als kleiner Imbiß oder bei Parties serviert.

Serbischer Karpfen, *m.*: mit → Paprika und → Knoblauch marinierter, in Öl gebratener und in schaumiger Knoblauchbutter servierter Karpfen.

Serbisches Gulyás, *s.*: Rindsgulasch mit grünen Paprikastreifen.

Serviettenknödel, *m.*, Ez. und Mz.: Semmelknödelvariation, bei der die Knödelmasse wie ein länglicher Wecken geformt und in eine Leinenserviette oder ein ähnliches Tuch geschlagen wird. Beim Kochen über Dunst erhöht sich dann die Garzeit entsprechend des größeren Umfangs. Die fertigen Serviettenknödel werden dann, in Scheiben geschnitten, vorzugsweise zu Wildgerichten serviert (→ Klosterneuburger Knödel und Paltty-Knödel).

Sezessionnockerln, Mz.: Die Grießnockerln, die zur Hälfte mit Hilfe von Spinat grün und zur anderen mit Paradeis- (= Tomaten-)mark rot gefärbt werden, entstanden anläßlich der 1897 erfolgten Abspaltung junger Künstler vom Künstlerhaus, die mit diesem Gericht die »Sezession« feierten.

Siada, *w.*: Vollrausch.

Siedefleisch, *s.* → Rindfleisch.

Spargel mit Butter und Bröseln abgeschmalzen

Man schabt mit einem kleinen, scharfen Messer die schuppenartigen Blätter ab, zieht von den dicken Stämmen auch die Haut ab und schneidet den Anschnitt, welcher meist holzig ist, weg. Die geputzten Spargel läßt man dann so lange im Wasser, bis man sie kochen will. Man bindet sie locker zusammen und kocht sie in einer Spargelwanne mit Einsatz in Salzwasser weich, wozu sie mehr als ½ Stunde brauchen. Der Spargel ist gut, wenn er sich leicht durchstechen läßt. Dann nimmt man ihn heraus, wobei man jedoch acht geben muß, die Köpfe nicht abzustoßen, bindet den Faden auf und schmalzt auf der Schüssel geröstete Semmelbrösel mit Butter darüber. Die Köpfe müssen alle nach innen gelegt werden.

sieden: kochen.
Simperl, *s.*: Brotkorb.
Siphon, *m.*: Sodaflasche mit Spritzhebel.
Skubanki, Mz.: warme Mehlspeise böhmischen Ursprungs: mit Mohn und zerlassener Butter zubereitete → Erdäpfelnockerln.
Slibowitz, *m.* → Schlibowitz.
Sodaliske, *w.*: Verkäuferin von Sodawasser.
Soldatenkräutl, *s.*: auch Gundelrebe oder »Suppenkräutl« genanntes Wildgemüse (Bot. Glechoma hederacea), das eine pikante Suppen- und Salatwürze abgibt.
Somloer Nockerln, Mz.: aus der pannonischen Küche stammende, besonders üppige → Mehlspeise aus weißem und dunklem Biskuitteig, Rosinen, Rum, → Pudding, → Schlagobers und Schokoladensauce.
Soß, *w.* (Sosz; frz. sauce): Das scharfe »ß« ist trotz Rechtschreibreform weiter notwendig, um den Unterschied zwischen Sauce und Soß zu verstehen. Die wienerische Soß ist wesentlich weniger elaboriert und der Beigabe von Mehl zugeneigter als die auf Reduktionen, Brühe und Fonds beruhende französische Sauce. Während die Sauce jedoch stets der gehobenen Küche vorbehalten bleibt, ist die Soß in allen gesellschaftlichen Schichten stets gegenwärtig. Was sich allein schon darin ausdrückt, daß der Kellner, wenn er sich im Gedränge einer überfüllten Gaststube Platz machen will, warnend »Soß!« ruft. Ins Hochdeutsche kann Soß am ehesten mit Tunke übersetzt werden.
Sopherl vom Naschmarkt, *s.* → Fratschlerin bzw. Naschmarktweiber.
Spagat, *m.* (Spagatschnur): Bindfaden.
Spagatkrapfen, *m.* → Schnürkrapfen.
Spaltl, *s.*: Scheibe von Apfel, Wurst u. ä.
Spanferkel, *s.* (Spanfadl): Das Milchschwein, das noch von einer »Spansau« – dem Mutterschwein – gesäugt wird, hat idealerweise nicht mehr als 7-9 Kilogramm, auch wenn gesetzlich mehr als das Doppelte erlaubt ist.
Spargel, *m.*: 1. angeblich schon von römischen Legionären nach Österreich gebracht, ist der Spargel aus dem Umland Wiens von bester Qualität, die mit jener der berühmten Spargelanbaugebiete bei Schwetzingen in der Nähe von Heidelberg oder im Schweizer Wallis durchaus vergleichbar ist. Vor allem der Marchfelder Spargel aus dem nördlichen NÖ. entspricht höchsten Ansprüchen. Habs

und Rosner weisen aber in ihrem ›Appetitlexikon‹ darauf hin, daß das »Kaisergemüse« im 18. Jahrhundert auch in Frauenhofen bei Horn, Aggsbach bei Melk, Korneuburg, Wolkersdorf und Laa (alle NÖ.) angebaut wurde. In der Wiener Küche wird Spargel traditionell etwas weicher – d. h. rund 15 Minuten – gekocht als in der französischen, was sich allerdings durch den Einfluß der »Nouvelle Cuisine« in den achtziger und neunziger Jahren dieses Jahrhunderts etwas geändert hat (→ Laxenburger Spargel); 2. im Wienerischen bedeutet Spargel außerdem auch Zahnstocher. Einen Menschen mit besonders dünnen Beinen nennt man Spargeltarzan.

Spaßvögel, *m.*, Mz. → Mäuse, gebackene.

Speck, *m.*: Der luftgeräucherte oder trocken gesalzene Schweinerücken ist eine österreichische Bauernspezialität, die in die Wiener Küche vor allem als Spickspeck (z. B. für Rehrücken oder Lammkeule), zum Abschmalzen von Nudeln, Salaten u. ä. sowie als → Paprikaspeck Eingang fand. Einen mageren, durchzogenen Selch-(= Räucher-)speck bezeichnet man als Frühstücksspeck. Viel Speck in der Vorratskammer zu haben, galt früher als Zeichen des Wohlstands. Vor jemandem »an Speck« haben, bedeutet daher auch: ihm mit Respekt begegnen.

Speckgulasch, *s.*: ein Rindsgulasch mit Speckwürfeln.

Specklinsen, Mz.: Die eingebrannten Linsen mit gerösteten Speckwürfeln geben durchaus ein selbständiges, kräftigendes Gericht ab, werden aber beispielsweise auch gerne zu Wildgeflügel wie Fasan serviert.

Speigerl, *s.*: Schnitze einer Frucht (z. B. Apfel- oder Orangenspeigerl).

Speis, *w.*: Speisekammer, Vorratskammer mit natürlicher Belüftung.

Speisesoda, *s.* → Natron.

sper (mhd. spoer): ausgetrocknet, saftlos.

Sperrstundenengel, *m.*: Polizist.

Spezi, *m.*: 1. älterer, kräftigerer »Spezialwein« – im Gegensatz zum → Heurigen; 2. Zechkumpan.

spicken: Fleisch, um es saftiger zu machen, mit Speckstreifen durchziehen.

Spickspeck, *m.* → Speck.

Spiegel, *m.*: Fettaugen auf Suppe oder Gulasch.

Spiegelei, *s.*: Setzei, → Ochsenauge.

Spinat, *m.* (Spenat): Der Spinat ist eine jener Zutaten, deren Kenntnis die Wiener Küche den engen Beziehungen zum spa-

Eingebrannter Spinat

Der Spinat muß sehr sauber geklaubt (verlesen), gewaschen und alle dicken Stiele und etwaigen gelben Blätter davon entfernt werden, worauf man ihn mit sehr viel und stark gesalzenem, kochendem Wasser zusetzt und, damit er grün bleibe, eine Messerspitze voll doppelkohlensauren Natrons beifügt und unzugedeckt nur einige Minuten kochen läßt. Man gibt ihn hierauf auf den Durchschlag, übergießt ihn mit kaltem Wasser und passiert ihn. Indessen macht man zu einem Suppenteller voll passierten Spinates aus 2 Löffel voll Schweinschmalz eine Einbrenn, gibt ¼ Knoblauchzehe, mit Salz zerdrückt, und den passierten Spinat dazu, vergießt mit Suppe oder Milch, würzt mit Pfeffer und läßt ihn nur ¼ Stunde verkochen, da er bei langem Stehen am Herde die Farbe verändert. An Fasttagen vergießt man ihn mit Milch, statt mit Suppe.

nischen Hof verdankt, wohin der Spinat über Persien gelangte. Mit Spiegelei serviert, ist pochierter Blattspinat oder – mit → Obers zubereitet – Crèmespinat ein klassisches Gründonnerstagsgericht. In der Wiener Küche wird der Spinat auch gerne mit Muskatnuß und → Knoblauch abgeschmeckt. Einen Polizisten bezeichnet man in Wien auch als »Spenatwachter«.

Spinatsuppe, *w.*: Kalbsknochensuppe mit passiertem Blattspinat, → Obers und Muskatnuß.

Spitz, *m.*: 1. Spitz zulaufende Rindfleischteile werden in der Wiener Rindfleischteilung (→ Rindfleisch) gerne als Spitz bezeichnet, z. B. → Kavalierspitz, Kruspelspitz, Zwerchspitz, Brustspitz. Unter dem Spitz schlechthin versteht man jedoch einen Teil des Vorderviertels (Bug), der wiederum in das Tristel (→ vorderes Ausgelöstes), den Rindskamm, das → hintere Ausgelöste und den Gnack-Spitz (auch → dicker Spitz oder Rippenspitz genannt) sowie die Rindsbrust unterteilt wird; 2. Ausdruck für die Beschaffenheit eines Weines, dessen Säure stark hervortritt; 3. Rausch.

Spitzbuben, *m.*, Mz.: zusammengelegte runde Mürbteigplätzchen mit drei ausgestochenen Augen und Marmeladefüllung.

spritzen: Heute versteht man unter spritzen oder aufspritzen vor allem, Wein mit Soda- oder Mineralwasser zu mischen (→ G'spritzter). Früher bedeutete es, eine unalkoholische Flüssigkeit (z. B. auch Kaffee) mit Wein oder Spirituosen zu versetzen.

Sprossenkohl, *m.* → Kohlsprossen.

Sprudler, *m.*: Quirl.

Spuckerl, *s.*: Piccolo-Sekt oder winziger Gastbetrieb.

Stabüler, *m.*: Bettler, Brotsammler.

Stachelbeere, *w.*: Krausbeere.

Stagl, *s.*: Bierwärmer.

Stammbeisel, *s.*: Stammgasthaus, keineswegs nur für Beisel gebraucht.

Stammerl, *s.*: Bezeichnung für Kräuter, die wie Petersilie an einem Stamm wachsen.

Stamperl, *s.*: kleines Schnapsglas.

Standel, *s.* (Standl): Marktstand (Obst- oder Gemüsestandl), aber auch kleine Garküche (→ Würstelstand).

Stanglbrunner, *s.*: Gänsewein, Brunnenwasser.

Stanitzel, *s.* (unter Einfluß von tschech. kornout = Tüte): unten spitz zulaufende Tüte. Der Ausdruck geht auf den Polenkönig

Stanislaus I. (1677-1766) zurück, der an die Wiener Kinder → Zuckerln in Papiertüten verteilen ließ.

stapeln: zu einem → Heurigen Lebensmittel mitbringen, war bis vor einigen Jahrzehnten üblich (→ Stoppelgeld).

Staubbeutel, *m.*: Sack mit Roggenmehl zum Stauben der Simperln (Brotkörbe).

stauben: 1. Flüssigkeit oder Sauce mit Mehl eindicken; 2. etwas Pulvriges, wie etwa Mehl oder Staubzucker, fein verteilen.

Staubiger, *m.*: unfiltrierter und deshalb noch trüber Wein, der traditionell zur → Martinigans getrunken wird.

Staubzucker, *m.*: Puderzucker.

Steckerlfischbrater, *m.*: über Holzkohlenfeuer auf Holzspießen gebratene Donaufische waren eine frühe Form des »Fast Food«. Die »Steckerlfischbrater« sind in Wien heute allerdings so gut wie ausgestorben und finden sich nur noch vereinzelt an den österreichischen Seen, und auch dort braten sie meistens keine Süßwasserfische mehr, sondern Makrelen.

Stegerl, *s.*: fünf aneinandergebackene, längliche Brötchen.

Stehachtel, *s.*: Achtel Wein, das in der → Schwemme im Stehen eingenommen wird.

Stehbier, *s.*: Bier – → Pfiff oder Seidel – das in der → Schank im Stehen konsumiert wird.

Stehseidel, *s.*: → Seidel Bier oder Wein, das im Stehen getrunken wird.

Stehkas, *m.*: 1. Käse, den man in einer Stehbier- oder Stehweinhalle verzehrt; 2. Bezeichnung für einen obeliskförmigen Käse, der von alleine »steht«.

Steigen, *w.* (Steign): früher nur ein Ausdruck für Geflügelkäfig; heute jede Transportkiste für Gemüse, Obst etc.

Steinkogler Gugelhupf, *m.*: Katharina Schratt, die mondäne Burgschauspielerin und kaiserliche Geliebte, ließ in der herrschaftlichen Sommerresidenz Bad Ischl fürs Déjeuner mit Seiner Majestät stets dessen Lieblingsspeise, einen → Gugelhupf, frisch aus der »Konditorei Zauner« anliefern. Da der Kaiser nach dem frühmorgendlichen Tête-à-tête mit seiner kulturbeflissenen Freundin gerne auf die Jagd ging und dabei über den Steinkogel nach Offensee mußte, hatten die diskret-indiskreten Bad Ischler bald eine griffige Wendung parat, wenn sie sahen, wie der Monarch klammheimlich das Haus der Burgschauspielerin verließ: »Jetzt hat der Kaiser grad wieder sein Steinkogler Guglhupf verspeist!«

Stelze, *w.* (Stelzn): sprich Stözn;

Unterschenkel von Kalb, Schwein oder Lamm; Hachse. Der bekannteste Wiener Stelzenwirt ist heute noch das → »Schweizerhaus« im Wiener Prater.

Stephani-Braten, *m.*: faschierter Braten mit hartgekochten Eiern und Essiggurken gefüllt.

Stephani-Rostbraten, *m.*: mit Champignons, Wurzelwerk, → Erdäpfeln, Erbsen, → Kapern, Trüffeln und Malagawein gedünstete Wiener → Rostbratenspezialität.

Ster, *m.*: Der Ster oder Stör war früher auch in der Donau heimisch und ist daher Gegenstand einiger Rezepte alter Kochbücher.

Sternröhrl, *s.*: Sterntülle; Einsatz für den Dressiersack oder die Haushaltsspritze.

Sterntülle, *w.* → Sternröhrl.

Sterz, *m.* (von stürzen) → Schmarren.

Stichfleisch, *s.* → Bruckfleisch.

Stiegenscheißer, *m.*: Der Spottausdruck für → Most oder → Sturm geht auf dessen verdauungsfördernde Wirkung zurück.

Stierhoden, *m.*: heute zum Verkauf verbotener und daher nur noch unter der Hand gehandelter Schlachtabfall, der früher als – aphrodisische – Delikatesse galt.

Stiftl, *s.* (Stifterl): kleine → Bouteille (meist 0,25 oder 0,35, heute auch 0,357 Liter).

Stinkadores, Mz.: schlechte, stinkende Zigarren.

Stinkerl, *s.*: unreine Duftnote (Bukett) beim Wein.

Stosuppe, *w.* → Stoßsuppe.

Stöckel, Elisabeth: Autorin des 1833 in Wien erschienenen Kochbuchs ›Die bürgerliche Küche, oder neuestes österreichisches Kochbuch für Bürgerfamilien aus der gebildeten Mittelklasse‹; verfaßte außerdem das ›Neueste und bewährte Kochbuch für bürgerliche Haushaltungen‹ (Wien 1881).

Stoffad, *s.* (Stoffat; ital. stufato): gedünstetes → Rindfleisch.

Stoppel, *m.*: Weinkorken.

Stoppelgeld, *s.*: Der Ausdruck hat ursächlich nichts mit dem Stoppel zu tun, obwohl man im Gasthaus für jede mitgebrachte Flasche, die der Kellner für einen entkorkt, Stoppelgeld zu bezahlen hatte. Der Ursprung liegt vielmehr im »Stapelgeld« und bezeichnet jenen Betrag, den man dafür entrichtete, daß man eigene Waren im Gasthaus stapelte (= lagerte). Stapelgeld wurde früher keineswegs nur für Weine, sondern für alle Lebensmittel verlangt, die vom Gast selbst in die Gastwirtschaft mitgebracht wurden. Julius Jakob weist allerdings in seinem Dialektlexikon darauf hin, daß

Streußelkuchen

Einen Germteig aus 30 dkg Mehl, 6 dkg Zucker, 7 dkg Butter und der mit Zucker abgeriebenen Schale von ½ Citrone, einer Prise Salz, 2 ganzen Eiern, 3 dkg Germ und der nötigen Milch, schlägt man tüchtig ab, rollt ihn dünn auf einem mit Mehl bestaubten Bleche aus, läßt ihn gut gehen, bestreicht ihn dann mit zerlassener Butter, belegt ihn dicht mit Streußeln und bäckt ihn im heißen Ofen zu schöner Farbe. Die Streußeln werden folgendermaßen gemacht: Man rührt $^{2}/_{10}$ l zerlassener Butter mit $^{3}/_{10}$ l Mehl, $^{3}/_{10}$ l fein gestoßenem Zucker und 1 Eßlöffel voll Zimmet zusammen, hackt die Masse mit dem Messer in erbsengroße Brösel, streut sie dick auf den Kuchen und bäckt diesen im heißen Ofen; den Teig kann man beliebig mit Dottern und mehr Butter verfeinern.

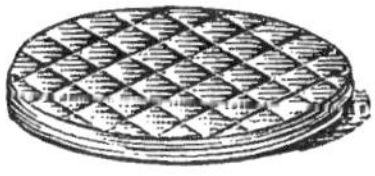

sich das Wort auch stapeln vom italienischen »stappare« ableiten könnte, was wiederum soviel wie Entkorken bedeutet.
stoppeln: hat Wein einen Korkgeschmack, »stoppelt« er.
Stoppelzieher, *m.*: Korkenzieher.
Stör, *m.*; *w.*: 1. → Ster; 2. »auf Stör gehen« bedeutete früher aber auch die Ausübung eines Handwerks bei einem Kunden gegen Kost und Logis.
Stoßsuppe, *w.* (Stosuppe; von stoßen = gerinnen): Rahmsuppe.
Strauben, *m.* (mhd. strube, striubelin): Der Name für diesen schmalzgebackenen Krapfenteig stammt wohl von der schraubenförmigen Form, in welcher die Strauben – im Zuge der Brautwerbung in ländlichen Gegenden – »gespritzt« werden.
Streicher, *m.*: Wetzstahl für Fleischermesser.
Streichkas, *m.*: weicher, billiger Käse, den man aufs Brot streicht.
Streuselkuchen, *m.*, Ez. und Mz.: Hefekuchen (meist mit Obst oder → Topfen), über den vor dem Überbacken im Ofen Krümeln aus Butter, Zucker und Mehl gestreut werden.
Striezel, *m.* (ahd. struzzil, mhd. strutzel, strützel): geflochtenes Weißgebäck; wie ein geflochtener Mädchenzopf »gestroßtes« Gebäck.
Strosack, *m.*: Rausch (Gaunersprache).
Strudel, *m.* (ahd. stredan = wallen, brausen). Der Strudel ist als → Mehlspeise etwa seit dem 18. Jahrhundert überliefert und heißt so nach seiner schneckenförmigen Facon. Obwohl er als Inbegriff der Wiener Mehlspeisküche gilt, gelangte er über Ungarn und die Türkei nach Wien. Die Wiener Strudelküche ist dennoch wie keine andere von unverwechselbarem Facettenreichtum, der Süßes und Saures gleichermaßen einschließt und zahlreiche Klassiker wie → Apfelstrudel, Fleischstrudel, Lungenstrudel, Milchrahmstrudel oder Topfenstrudel hervorgebracht hat.
Strudler, *m.*: spezielle Apfelsorte für die Zubereitung des Wiener → Apfelstrudels.
Stubenmadlfüß, Mz.: Kalbsfüße, die am liebsten »bakken« – paniert und in Fett ausgebacken – serviert wurden.
Sturm, *m.*: gärender, unfiltrierter Traubenmost; Säusler, Federweißer. Sturm darf nur ein Volumenprozent Alkohol besitzen und lediglich zwischen 1. August und 31. Dezember ausgeschenkt werden.
Stutzen, *m.*: kurzes Trinkglas bzw. henkelloses Weinglas.
Styria-Beef, *s.*: Gütesiegel für tierärztlich kontrolliertes und in

artgerechter Haltung von Limousin-Rindern produziertes Qualitätsrindfleisch aus der Steiermark.

Suchenwirth, Peter (1320-1395). Dem 1372 am Wiener Hof als »Reimsprecher« tätigen Volksdichter verdanken wir eine Vielzahl farbiger Schilderungen des – nicht zuletzt auch kulinarischen – Wiener Alltags im Mittelalter. Der Gastronomie hat Suchenwirth, dessen wahrer Name nicht bekannt ist, auch sein Pseudonym entnommen. Es lautet: »Such den Wirt«.

Sud, *m.*: Kaffeesud, Kochflüssigkeit.

Suff, *m.*: das Saufen schlechthin, aber auch der Säufer selbst.

Sultanine, *w.*: kleine, kernlose und getrocknete Weinbeere; Rosine.

Sulz, *w.* (von as. sulta = Salzwasser): gallertartige Sülze.

Suppeneinlagen, Mz.: Die wahre Würze der wienerischen Suppen ist weder Liebstöckel noch Petersilie, sondern es sind die Suppeneinlagen, von denen alleine Marie von Rokitansky weit über hundert zu nennen weiß. Darunter befinden sich nicht nur so bekannte Klassiker wie → Schöberl, Leberknödel, Lungenstrudel oder Grießnockerln, sondern auch zahlreiche Raritäten wie Semmel-Pflanzel, Grammelnockerln, Kohl-Schöberl, Milzwurst, Grüne Milzwurst, Ragout-Knödel, Schmarrnteig-Würfel, Grüne Milzwurst, Erdäpfel-Knödel, Omelette-Einbund und Reis-Wanneln.

Suppengrün, *s.*: Das klassische Gemüsesträußchen aus Petersilie (mit Wurzelstock, Stengel und Blattgrün), Lauch, Karotte und Sellerie wird auch als Wurzelwerk bezeichnet.

Suppenhuhn, *s.*: meist älteres Huhn, das durch langes Auskochen doch noch mürbe wird und überdies eine hervorragende Hühnersuppe abgibt.

Suppenschwab, *m.*: 1. leidenschaftlicher Suppenesser; Bauern wurde oft als solche angesehen, wobei »Schwab« ein Synonym für Nichtstädter war; 2. heute Spitzname für die Burgenländer, die zu einem großen Teil von den als besonders suppenverliebt geltenden Schwaben, den sogenannten → »Heanzen« abstammen.

Suppentopf, Altwiener, *m.*: ein dem französischen »Pot-au-feu« und dem italienischen »Bollito misto« ähnliches Tellergericht mit verschiedenen gekochten Fleischsorten wie Huhn, Ochsenzunge, → Rindfleisch u.ä., das in Wien meist mit Gemüsen, Markscheiben und Fadennudeln serviert wird.

Sur, *w.*: saure Fleischbeize zum

Székely-Gulyás

In einer Kasserolle läßt man in ziemlich viel würfelig geschnittenem Speck 1 fein gewiegte große Zwiebel anlaufen. 1 kg Schweinfleisch, halb fettes, halb mageres, schneidet man in große Würfel und gibt es zum angelaufenen Zwiebelspeck, läßt es 10 Minuten dünsten, worauf man einen Dessertteller voll rohen Sauerkrauts dazu gibt, viel Paprika darauf streut und mit viel saurem Rahme vergießt. Man läßt alles zusammen zugedeckt unter öfterem Aufrühren dünsten, bis das Fleisch weich ist, und staubt etwas Mehl daran. Sollte noch Salz nötig sein, Kraut und Speck sind ohnedies gesalzen, so gebe man es erst vor dem Anrichten dazu. Man serviert dieses Gulyás in Ungarn zum Rindfleische.

Pökeln von Fleisch; suren = pökeln.
Surfleisch, *s.*: Pökelfleisch.
Szegediner-Gulyás, *s.*: → Székely-Gulasch, bei dem je zur Hälfte Rindfleisch und Schweinefleisch verwendet wird.
Székely-Gulyás, *s.*: Rahmgulasch mit Schweinefleisch und Sauerkraut. Dieses Gericht wird fälschlich oft als → Szegediner Gulyás bezeichnet. Es stammt aber nicht aus dem Szeklerland, sondern war die Lieblingsspeise eines Rechtsanwalts namens Székely, dem man die Speise gegen Ende des vorigen Jahrhunderts in einem kleinen Restaurant in Budapest zubereitete.

T

Tachaff, *m.*: Spottname für Bäcker (= Teigaff).

Tafelspitz, *m.*: Der »König des Wiener → Rindfleischs« entstammt dem → Knöpfl, das von manchen Fleischhauern sowie Wirten aus Kalkulationsgründen oft großzügiger interpretiert wird als es der Anatomie des Rindes entspricht. Kundige erkennen einen Tafelspitz jedoch sofort an der satten Fetteindekkung, die hinter der durch einen Knorpel angezeigten Grenze allmählich abnimmt.

Tafelstück, *s.*: etwas saftloserer Anschluß des → Tafelspitzes, der nur noch einen marginalen Fettansatz aufweist.

Taffernrecht, *s.* → Tavernrecht.

Tanzende Eierspeis, *w.* → Eierspeis.

Tarhonya, *w.*: Graupen aus Eierteig, wird meist als Beilage zu Gerichten, die aus der ungarischen Küche stammen, serviert.

Tascherl, *s.* → Tatschkerl.

Tatschkerl, *s.* (altfrz. targe = Turnierschild, slaw. tarcka, társsa = Schildchen, tschech. taska = Tasche): mit → Powidl, → Topfen u. ä. gefüllte Taschen aus → Erdäpfelteig, die mit Butter und Bröseln serviert werden (→ Powidltatschkerl).

Tatz, *m.* (von mlat. dacio = Abgabe): Getränkesteuer, erstmals von Rudolf IV., dem Stifter (1339-1365), eingehoben; erst zehn, später dreißig Prozent.

Tauben, Mz.: Daß Österreich einmal ein Eldorado der Taubenzucht war, vermutet niemand, der die neueren und immer noch recht spärlichen Versuche kennt, in Österreich Tauben von vergleichbarer Qualität wie in der französischen Bresse zu züchten. Habs und Rosner berichten in ihrem ›Appetitlexikon‹ indessen um die Jahrhundertwende von einer regelrechten »Produktionslust« der Österreicher, die »insbesondere für Wien die gute Folge (hatte), daß es jährlich mindestens 750 000 Tauben verspeisen kann, ohne sich finanziell zu ruinieren«. Der Taubenpreis, heißt es weiter, habe in Wien damals exakt die Hälfte von jenem in Paris betragen. Zubereitet wurden die Tauben u. a. gebacken, gebraten, mit Semmelfülle gefüllt, in Blutsauce, mit Morcheln und Pilzen oder als Pasteten.

Tauernlamm, *s.*: markenrechtlich geschütztes österreichisches Lammfleisch aus artgerechter Haltung. Das Lamm wird unter strenger tierärztlicher Kontrolle in der Tauernregion gezüchtet.

Tavernrecht, *s.* (Taffernrecht): Das älteste Dokument über das Wiener Gastgewerbe wurde im Jahre 1339 von Herzog Albrecht II. (1298-1358) erlassen und erlaubte dem Rat der Stadt Wien – nicht jedoch deren einzelnen Bürgern – den Handel und die Gassenausschank von Eigenbauweinen sowie italienischen und ungarischen Kreszenzen. In den beiden Trinkstuben der daraufhin in der Wollzeile 17 – im 1. Wiener Bezirk – gegründeten ersten Wiener »Stadttaverne«, die 1346 auch erstmals als Gasthaus aufscheint und sich noch 1798 als »alte Tafferne« im Wiener Grundbuch findet, wurde u. a. Kräuterwein, Malvasier und Muskateller ausgeschenkt. Das städtische Monopol für den Weinausschank war offenbar nicht von allzulanger Dauer. Aeneas Silvius Piccolomini, der nachmalige Pius II., schrieb jedenfalls 1491 in seinen Aufzeichnungen: »Fast alle Bürger haben Tavernen.«

Taxler, *m.*: anderer Ausdruck für → Biertippler, der auf das Gefäß – den Taxameter – Bezug nimmt, mit dem die Bierreste gesammelt wurden.

Tee, *m.*: Rüge, Zurechtweisung, Strafe; früher gab es auch die Redensart »Er hat sein Tee abkriagt« = er hat seine Strafe erhalten.

Teebutter, *w.*: österreichische Markenbezeichnung für Qualitätsbutter.

Teigmutter, *w.*: längliches Holzgefäß.

Teilsame(s), *s.*: Der Ausdruck wurde früher auch für → Rindfleisch verwendet, bezeichnet aber heute ausschließlich geselchtes Schweinefleisch von Schulter und Schlegel in geteilten Stücken.

Tellerfleisch, *s.*: Das gekochte → Rind- und Schweinefleisch wird in einem Suppenteller, meist mit Gemüse und Fadennudeln, serviert und ist ein beliebter Bestandteil des Wiener → Gabelfrühstücks.

Tellerschlecker, *m.*, Ez. und Mz.: Schmarotzer.

Tellersulz, *w.*: Haussulz (→ Rebhuhn, ungarisches) mit Eiern, Essiggurken, Zwiebeln, Essig und Öl.

Terrine, *w.*: Darunter versteht man in der Wiener Küche nicht in erster Linie die gleichnamige Pastetenvariante, sondern vielmehr eine tiefe Suppenschüssel bzw. einen Suppentopf.

Tiger, *m.*: Vollrausch.

Tippler, *m.*, Mz.: Vagabund (→ Biertippler).

Tiroler Knödel, *m.*, Ez. und Mz.: In der Wiener Küche ist

Topfen-Knödel

10 dkg Butter treibt man sehr flaumig ab, rührt nach und nach 3 Dotter und 1 ganzes Ei hinzu, dann mengt man 60 dkg guten, trockenen passierten Topfens und zuletzt 15 dkg Mehl damit, salzt ein wenig und läßt den Teig einige Zeit stehen. Sollte der Topfen feucht sein, so kann man ein wenig feine Semmelbrösel hinein streuen. Sollen die Knödel als dritte Speise auf den Tisch kommen, so kocht man sie (die nicht zu groß sein dürfen), während die Suppe aufgetragen wird, in kochendes Salzwasser ein. Die Knödel werden sodann gut abgeseiht und mit brauner Butter abgeschmalzen. Auch kann man nach Geschmack gestoßenen Mohn, feine Semmelbrösel, geriebenen Lebkuchen oder geriebenen Parmesankäse darauf streuen.

der kleine → Semmelknödel mit Räucherfleischeinlage kein eigenständiges Gericht, sondern eine Suppeneinlage: kein → Knödel also genaugenommen, sondern ein Knöderl.

Tiroler Leber, *w.*: Die Leber »à la tyrolienne« hat nicht nur in die Wiener, sondern auch in die internationale Küche Eingang gefunden. Nach dem Originalrezept handelt sich dabei um mit Zwiebeln geröstete Kalbsleberscheiben, die in einer mit → Kapern und Zitronenschale abgeschmeckten Rahmsauce serviert werden. In anderen Rezepten werden die Leberschnitzel zuvor mit Speck oder → Sardellenstreifen gespickt. Die klassische Beilage dazu sind Salzkartoffeln.

Tommerl, *s.* → Ofenkater.

Topfen-Haluschka, *s.* → Haluska.

Topfen, *m.*: frischer Quark. Der in Österreich gebräuchliche Ausdruck geht auf das Wort »Topfkäse« zurück.

Topfencrèmetorte, *w.* → Topfentorte.

Topfenknödel, *m.*: Die mit Butter und Bröseln servierte warme → Mehlspeise aus Topfenteig gilt in der Wiener Küche als wichtige »Hausfrauenprobe«.

Topfenkolatsche, *w.* (tschech. koláč = Kuchen, aus kolo = Rad): Die mit → Topfen gefüllte Plunderteigspezialität ist ein nahezu unvermeidlicher Bestandteil der nachmittäglichen Wiener Kaffeejause und eindeutig böhmischen Ursprungs. Habs und Rosner schrieben schon 1894: »Eine Spezialität des Böhmerlandes (...) sind kleine, runde Kuchen aus Hefeteig mit Butter und Eiern, die, wenn sie mit Pflaumenmus (Powidl) gefüllt sind, als böhmische, mit jedem anderen Füllsel aber als Karlsbader Kolatschen bezeichnet werden.«

Topfenpalatschinke, *w.* (Topfenpalatschinken): gezuckerte → Palatschinke mit butteriger Topfen-Rosinen-Fülle.

Topfenstrudel, *m.* (Topfenstrudl): Dem → Milchrahmstrudel verwandte Süßspeise mit Rosinen. Werden statt der Rosinen entkernte Weintrauben und/oder → Marillenstücke verwendet, so spricht man von einem Wachauer Topfenstrudel.

Topfentascherl, *s.* → Tatschkerl.

Topfentorte, *w.* (Topfenoberscrèmetorte): Sahne-Quark-Torte.

Topinambur, *m.*: Die von zeitgenössischen Köchen wegen ihres guten Geschmacks wiederentdeckte Erdbirne – aus der Familie der Sonnenblumengewächse – war in Österreich laut Wolf Helmhard von → Hohberg

Gebackener Topfen-Strudel

Auf fein ausgezogenen Strudelteig streicht man einen Abtrieb von 3 dkg Butter, 2 Eiern, $\frac{2}{10}$ l sauren Rahmes und 25 dkg geriebenen Topfens, auf welchem man Zucker, Weinbeeren und Zibeben streut. Man gibt wie beim vorigen Strudel etwas Milch in die bestrichene Rein und bestreicht auch noch oben den Strudel mit zerlassener Butter.

schon 1682 sehr populär und erfreute sich damals eines wesentlich höheren Ansehens als der → Erdapfel.

Torten, Mz.: (aus ital. und mlat. torta = Gebäck; frz. tourteau, *m.* = Ölkuchen, später meist rundes Backwerk): Mehr als hundert Tortenrezepte ordnet alleine Marie von Rokitansky der österreichischen Küche zu, und sie hat längst noch nicht alle aufgezählt. Die Torten sind das eigentliche Elysium dessen, was wir gerne Altwiener → Mehlspeishimmel nennen, und sie haben ihren Ursprung, wie nicht anders zu erwarten, in Renaissance und Barock. »Unter ihrer Glasur ist Österreich«, schrieb der Essayist Ludwig Plakolb einmal über diesen mit Zuckerguß überzogenen Teil des alten Habsburgerreiches. Eine »Österreichische Blätter-Torten« findet sich, gemeinsam mit zahlreichen anderen Tortenrezepten, bereits im 1699 erschienenen → ›Granatapfel-Kochbuch‹. In weiterer Folge hielt jedes neu erschienene Kochbuch etwas darauf, seine Vorgänger in der Anzahl der Tortenrezepte möglichst zu übertrumpfen. Zahlreiche Torten wurden auch zu bestimmten Anlässen kreiert, nach Städten, Ländern und Regionen benannt (→ Linzer Torte, → Sachertorte) oder berühmten Persönlichkeiten gewidmet.

Tournedos Maria Theresia, Mz.: klassische Garnitur von gebratenen Filetsteaks, die auf einem Risotto-Sockel angerichtet, mit Trüffelscheiben belegt und mit einer tomatisierten Demi-glace (verfeinerte helle Grundsauce) nappiert werden.

traktieren: 1. reichlich bewirten; 2. ordentlich verprügeln

Traktör, *m.*: Traiteur, Speisewirt.

Triester Gulyás, *s.*: → Rindsgulasch mit Polenta.

Triett, *s.* (Trisenet). Marie von Rokitansky empfiehlt gebähte Semmelschnitten, die mit Zimt bestreut und mit Wein oder Himbeersaft getränkt wurden, ausdrücklich – neben Sauerkraut, → Erdäpfel- und Erbsenpüree, Krautsalat oder Preiselbeeren – als typische Beilage für → Braten.

Trisenet, *s.* → Triett.

Tristel, *s.* → vorderes Ausgelöstes.

Troppauer Kolatschen, Mz.: Sechs übereinander geschichtete und mit verschiedenen Marmeladen gefüllte Kolatschen (→ Topfenkolatschen). Habs und Rosner schrieben in ihrem ›Appetitlexikon‹ über diese Troppauer Kolatschenpyramide: »An ihr ist alles reizend und berückend.«

Trostlet, *m.*, auch *s.* (Trostlert): Bodensatz bei Suppen, Brei; von Trester (ahd. trestir = Überbleibsel) abgeleitet.
Trüsche, *w.*: Der auch Quappe, Aalrutte oder Lota genannte Süßwasserfisch war schon in der Antike bekannt und findet sich – neben Austern – in Conrad Haggers »Saltzburger Kochbuch« (1719) als Grundzutat einer Fischsuppe. Als ganz besonders leckere Delikatesse gilt die Trüschenleber.
Tschapperlsalat, *m.* → Bummerlsalat.
Tschapperlwasser, *s.*: Limonade.
Tschecherl, *s.*: ursprünglich aus dem Jenischen – einem Dialekt der Zigeuner in Südtirol – stammender Begriff für ein Bierhaus (Schecherl wie Schech = Bier). In weiterer Folge wurde daraus die Verkleinerungsform von Tschoch (= kleines → Beisel), womit auch der Ausdruck »das ist ein Tschoch« (Heidenarbeit) zusammenhängt. Mit den Tschechen hat das Tschecherl, das im Grunde ein durchaus ehrenwertes Lokal bezeichnet, nichts zu tun. Erst später nannte man so auch die Billardcafés und solche Etablissements, in denen ausschließlich Damenbedienung herrschte.
tschechern: essen, trinken, zechen.
Tschoch, s. → Tschecherl.
Tülle, *w.* → Sternröhrl.
Türkentommerl, *s.* → Ofenkater.
türkischer Kaffee, *m.*: frisch gemahlener und ungefiltert im Kupferkännchen gekochter und servierter Kaffee, zu dem Rahat – türkischer Honig – gereicht wird.

U, V

Ungarischer Karpfen, *m.*: in Paprikasauce gedünsteter Karpfen.
übergehen: überlaufen von Kochwasser, heißer Milch u. ä.
umibuxen: hinuntergießen (→ awibuxen).
umnurschen: lustlos essen.
Umurke, *w.* (Umurken): 1. Gurke, Salatgurke; 2. häßliche Person.
Unblachter, *m.*: besonders ordinärer, billiger Schnaps.
ungarisches Rebhuhn, *s.* → Rebhuhn, ungarisches.
Unterlag, *w.*: vor dem Trinken genossene Speisen.
Unterläufl, *m.*: Speisenträger der untersten sozialen Stufe.
unterspickt: mit Fett durchzogen.
Valedi, *m.*: Abschiedsschmaus unter guten Bekannten. Das Wort stammt aus der Studentensprache und ist wohl auf den lat. Abschiedsgruß »valete!« (= Lebt wohl!) zurückzuführen.
Vanillekipferl, *s.* (Schirligum): Altwiener Weihnachtsbäckerei; auch Titel eines Theaterstücks von Lotte Ingrisch.
Vanillepudding, *s.* → Dunstkoch.
Vanillerostbraten, *m.*: Mit »Vanilli« (= Knoblauch) zubereitete → Rostbratenspezialität.
Vanilli, *m.*: sprich Vanülli; in Wien als »Vanille des armen Mannes« oder »ungarische Vanille« ein gebräuchlicher Ausdruck für → Knoblauch (→ Vanillerostbraten).
Veilchen, *s.*, Ez. und Mz.: In der ehemaligen k. k. Hofzuckerbäkkerei »Demel« kann man noch heute kandierte Veilchen erstehen. Tatsächlich spielen Veilchen in der Kunst der Wiener Zuckerbäckerei schon seit einigen Jahrhunderten eine große Rolle. Zu den »Veilchen-Klassikern« zählen u. a. Veilchengefrorenes, Veilchenlimomade, gestürzte Veilchencrème mit → Oberschaum oder Veilchensulz.
Verhackert's, *s.*: Den ursprünglich aus der Steiermark und Kärnten stammenden Brotaufstrich aus kleingehacktem Räucherspeck findet man immer häufiger auch in Wiener Heurigen-Büffets.
Verlängerte(r), *m.*: kleiner → Mokka, der mit heißem Wasser auf die Flüssigkeitsmenge eines großen Mokka »verlängert« wird.
Verlorenes Ei, *s.*: pochiertes Ei, manchmal auch »verschleiertes Ei« genannt.
verschnabulieren: aufessen.

Vanille-Kipferln
(Schirligum)

28 dkg Mehl, 14 dkg Butter, 2 Dotter und 10 ½ dkg abgezogener, fein gewiegter Mandeln werden mit einem Stäubchen Salz auf dem Brette mit einem Messer zu einem Teig zusammengearbeitet und daraus recht kleine Kipferln geformt, diese dann auf ein bemehltes Blech gelegt und sehr licht gebacken. Wenn sie noch warm und weich sind, werden sie sehr vorsichtig mit Messer und Schäufelchen auf eine große, flache Schüssel, worin viel Vanillezucker sich befindet, gelegt und mit dem Zucker dick eingehüllt. Erst wenn sie ganz weiß und erkaltet sind, berühre man sie mit der Hand.

2. Man macht, wie bei den vorigen Kipferln, auf einem Brette mit dem Messer aus 14 dkg Mehl, 10 ½ dkg Butter, 1 Dotter, 5 dkg Mandeln, ½ Löffel Zucker und einem Stäubchen Salz einen Teig an und formt ihn zu Kipferln, welche wie die Vorigen weiter behandelt werden.

versprudeln: verquirlen.
Vetschina, *w.* → Virginier.
Virginier, *w.*, Ez. und Mz.: Die Virginier Zigarre gilt – trotz der aus den USA stammenden Tabake – als typisch österreichisches Rauchwerk und wurde u. a. zur »Trademark« von Bundeskanzler Julius Raab (1891-1964). Die Virginier der österreichischen Tabakregie wurden noch bis in die späten achtziger Jahre unseres Jahrhunderts in Stein bei Krems/NÖ. hergestellt und werden seither im steirischen Fürstenfeld produziert.
Viertel, *s.*: Heurigen-Maß für 0,25 Liter Wein; in Wien auch Flächenmaß für ein Viertel Joch (1438 Quadratmeter).
Voders, *s.* : Fleisch vom Vorderrumpf.
Vogelbeer, *w.* (Vogelbir): Ebereschenbeere.
Vögerl, *s.* → Kalbsvögerl.
Vögerlsalat, *m.* → Vogerlsalat.
Vogerlsalat, *m.* (Vögerlsalat): Der Rapunzel- oder Feldsalat war früher ein beliebtes Vogelfutter.
Volkspilsner, *s.*: scherzhafter Ausdruck für ordinäres Abzugsbier (→ Fensterschwitz).
Volksprater, *m.* → Wurstelprater.
vordere(s) Ausgelöste(s), *s.* (Tristel, Drüstel): grobfaseriges und fettarmes Halsstück vom Vorderviertel (Bug) des Rindes, das für Suppenfleisch verwendet wird.
Vorschußbrot, *s.*: Brot aus dem schönsten und reinsten weißen Mehl, dem sogenannten »Vorschuß«.

W

Wachauer Torte, *w.*: Schokoladecrèmetorte.

Wachauer Laberl, *s.*: Das typische, speziell als Begleitung zum Wachauer Wein kreierte runde Graugebäck aus Roggen- und Weizenmehl wurde in den dreißiger Jahren in der Dürnsteiner »Bäckerei Schmidl« erfunden, wo das Geheimrezept für die Beschaffenheit des verwendeten Spezialmehls bis heute hochgehalten wird.

Wachauer Topfenstrudel, *m.* → Topfenstrudel.

Wadschinken, *m.*, Ez. und Mz. (Wadschunken): der untere Teil der Rindskeule, auch »hinteres Pratzel« genannt, ist das bevorzugte → Gulaschfleisch der Wiener.

Waldviertler, *w.*: grobe Wurstsorte.

Waldviertler Knödel, *m.*, Ez. und Mz.:. Erdäpfelknödel, der zu gleichen Teilen aus rohen und gekochten → Erdäpfeln zubereitet wird und besonders in der Gegend nördlich von Wien eine beliebte Beilage zu → Schweinsbraten und Wildgerichten ist.

Waller, *m.*: Der auch Wels, Schaiden, Schadn, Schaidl oder Scharn genannte Süßwasserfisch kann laut Habs und Rosner bis zu 3 Meter lang und 250 Kilogramm schwer werden. In der Wiener Küche ist der Waller wegen seines festen, geschmacksintensiven Fleisches, wie zahlreiche Rezepte beweisen, sehr beliebt und verträgt auch pikantere Zubereitungsarten, etwa mit → Kapern oder in Pfeffersauce, wie es Marie von Rokitansky vorschlägt.

Wammerl, *s.*: Bauchfleisch, gewöhnlich vom Schwein.

Wampen, *m.*: dicker Bauch.

Wandel, *m.* (Wannel): Kastenform.

Wanertrankl, *s.*: 1. schales, schlechtes Bier; 2. Abführmittel.

Wäschermadln, Mz. → Wiener Wäschermädeln.

Wasserkind, *s.*: Säugling, der künstlich ernährt wurde.

Wassermänner, Mz.. → Wasserweiber.

Wasserweiber, *w.*, Mz.: Die Wasserträgerinnen waren in der von mangelnder Wasserversorgung gekennzeichneten ersten Hälfte des 19. Jahrhunderts aus Wiens Straßen nicht wegzudenken. Während den »Wassermännern« das Lenken der Wasserwagen oblag, war es Aufgabe der Gilde der »Wasserweiber«, das aus dem großen Faß in → Butten abgefüllte Wasser in

Wallerschnitzel

Schaiden-Schnitzel

Ein Schaiden wird geschuppt, ausgeweidet, gewaschen und in schöne, 2 Finger breite Stücke geschnitten; diese werden eingesalzen, mit Pfeffer, Zwiebelringen, Limonienschale und Saft mariniert und durch einige Stunden gut zugedeckt liegen gelassen. Hierauf entfernt man die Marinade, taucht die abgewischten Fischstücke in Mehl, aufgeklopftes Ei und Brösel und bäckt sie aus dem heißen Rindschmalze oder Öle. Man serviert Sauce tartare oder Erdäpfelsalat dazu.
Oder: Man brät die Schnitzel mit Butter, begießt sie beim Braten mit der Marinade und serviert Trüffel- oder Pfeffersauce dazu.

die oberen Stockwerke der Häuser zu befördern. Erst nach dem Bau der Ersten Wiener Hochquellwasserleitung (1870-1873) erübrigten sich die Wiener Wasserfrauen und Wassermänner.

Wecken, *m.* (ahd. weggi = Keil, mhd. wecke = Riegel): in zwei Spitzen auslaufendes Weißgebäck mit eingeschnittener Oberfläche.

Weckerl, *s.*: Verkleinerungsform zu Wecken.

Weichsel, *w.*: Sauerkirsche.

Weidling, *m.* (Weitling): breite, sich nach oben verbreiternde Schüssel.

Weidnersau, *w.*: ausgeweidetes Schwein.

Weimber, *w.*, Ez. und Mz. → Weinberl.

Wein, *m.*: Obwohl Wien eine uralte Weinstadt und heute die weltweit einzige Metropole ist, innerhalb deren Stadtgrenzen Weinbau – auf rund 700 Hektar – betrieben wird, spielt der edle Rebensaft in der Wiener Küche eine überraschend geringe Rolle. Man findet zwar Weinteige, und da oder dort wird ein Bratenfond auch einmal mit Wein abgelöscht. Wirklich mit Wein zu kochen, wie es etwa die Franzosen tun, war jedoch niemals Sache der Wienerinnen und Wiener. Das liegt wohl einerseits an der – gerade im Verhältnis zu Frankreich – wesentlich weniger elaborierten Saucenkultur (→ Soß), aber auch daran, daß die Wiener ihren Wein etwa nach dem Motto »Fisch muß schwimmen«, viel lieber in reichlichem Ausmaß zu den Gerichten trinken als denselben auf direktem Weg beizumischen. Noch bis vor relativ kurzer Zeit war der Wiener dabei ein zwar genießerischer, aber nicht besonders qualitätsbewußter Trinker, dem ein »rescher Tropfen« wichtiger war als Sorten- oder gar Jahrgangsbezeichnungen. Folglich unterschieden die Wiener auch selten zwischen Riesling, Veltliner oder Weißburgunder, sondern ordneten die Weine lieber Landschaften zu. Nach dem ›Appetitlexikon‹ von Habs-Rosner schätzten sie etwa das »Feuer des (roten) Vöslauers, die Feinheit des Pfaffstättners, die Grandezza des Klosterneuburgers, die Überlegenheit des Gumpoldskirchners, die Milde des Mailbergers, die Klarheit des Nußbergers, die Eleganz des Weidlingers, die Neckhaftigkeit des Grinzingers und die Verve des Stinkenbrunners«. Die Winzer bemühten sich daher auch eher, der allgemeinen Stilistik, die mit ihrer Ortschaft verbunden wurde, gerecht zu werden, als ihre Weine sorten-, rieden- und jahrgangsspezifisch auszubauen. Diese Entwicklung setzte in Österreich erst etwa seit den späten siebziger und frühen achtziger Jahren dieses Jahrhunderts ein. Wien zählt dabei, auch wenn die Rebfläche heute nur noch einen Bruchteil von jener des vorigen Jahrhunderts beträgt, nach wie vor zu den wichtigsten und auch qualitativ besten österreichischen Weinbaugebieten. Lit.: G. Sebestyén: Das große österreichische Weinlexikon, Wien 1978; F. Arnold, Wiener Weinwanderwege, Wien 1996; Bieber/Kutscher/Sedlaczek (Hg.), Unser Wein 1996/97, Wien 1996.

Weinbeer, *w.* → Weinberl.

Weinbeißer, *m.*: 1. genießerischer Weintrinker, der beim Kosten gewissermaßen in jeden Schluck »beißt« und den Geschmack zwischen Zunge und Gaumen prüft. Zum ersten Mal in der Literatur scheint bereits im 15. Jahrhundert ein »Thoman der Weinbeißer« auf; 2. ein mit weißem Zuckerguß glaciertes Lebkuchengebäck (Pfeffernüsse).

Weinbergschnecken, Mz.: Die Weinbergschnecken waren im von Weingärten umringten Wien früher eine besonders beliebte Delikatesse, die, da jedermann sie selbst einfangen konnte, auch in fast allen Volksschichten – nach dem Motto »Besser a Schneck als gar ka Speck« – Verbreitung fand. In alten Wiener Kochbüchern findet man daher auch ungezählte Schneckenrezepte von Schneckenknödeln über Schneckensalat bis zur Eierspeise mit Schnecken. Da Weinbergschnecken in Österreich mittlerweile unter Naturschutz stehen, ist die Altwiener Schneckenkultur weitgehend versiegt.

Weinberl, *w.*: Rosine; »A Weinberl ausm Kaiser sein Guglhupf« war jedoch ein Insasse der von Josef II. (1741-1790) gegründeten Irrenanstalt. Als »Weimberl« bezeichnet man hingegen auch einen Schmeichler sowie eine bekannte Figur aus Johann Nestroys Posse ›Einen Jux will er sich machen‹.

Weinchaudeau, *s.*: In Wien »Schado« oder »Schato« genannte lockere Crème aus über Dunst zu dickschaumiger Konsistenz geschlagenen Eiern mit Weißwein und Zucker. Das fertige »Schado« wird gerne zu Biskuitmehlspeisen und Kuchen gereicht.

Weinderl, *s.*: Wenn der zum Understatement tendierende Wiener »a nettes Weinderl« lobt, so meint er in Wahrheit viel mehr als nur das. Tatsächlich kann so ein freundlich apostrophiertes Weinderl durchaus ein großer Wein sein.

Schnecken auf österreichische Art

Man kocht die Schnecken in Salzwasser, löst sie aus den Gehäusen, schneidet Kopf und Schwanz ab, reibt sie mit Salz, wäscht sie mehrmals, vermischt sie mit fein gehackter Zwiebel, hartgekochten Eiern und macht sie mit Pfeffer, Salz, Essig und Öl an.

Weinhauer, *m.*, Ez. und Mz.: Winzer.
Weinheber, *m.*: 1. Josef, * 9. 3. 1892 Wien, † 8. 4. 1945 Kirchstätten/NÖ. Der Dichter setzte der Wiener Küche und der Eßleidenschaft der Wiener vor allem in seinen Dialektgedichten zahlreiche literarische Denkmäler. Das bekannteste davon ist zweifellos ›Der Phäake‹, der den Tageslauf eines Wiener Schlemmers vom Gabelfrühstück bis zum Nachtmahl verfolgt; 2. außerdem bezeichnet man so das Gerät, mit dem Wein aus einem Faß entnommen wird.
Weinkost, *w.*: Weinprüfung vor dem Kauf. Die heutigen Weinverkostungen sind eine sehr junge Erscheinung, die erst mit der Einführung der Flaschenabfüllung gebräuchlich wurde.
Weinkraut, *s.*: mit Weißwein gedünstetes Weißkraut, dem manchmal auch noch etwas geriebener → Kren beigegeben wird.
Weinschado, *s.* → Weinchaudeau.
Weinscharl, *w.*: 1. Berberitze oder Essigbeere; 2. früher sehr beliebte Bonbons mit Weingeschmack; 3. ganz allgemein jedes süße Weingebäck.
Weinteig, *m.*: Teig, der zu gleichen Teilen aus Mehl und trokkenem Weißwein besteht.
Weinzeiger, *m.* (Weinzacher) → Heuriger.
Weißbraten, *m.* → weißes Scherzl.
weißes Scherzl, *s.*: So bezeichnet die Wiener Rindfleischteilung (→ Rindfleisch) den seitlichen Strang von Tafelstück und schwarzem Scherzl. Das weiße Scherzl sieht auf den ersten Blick ähnlich wie ein Lungenbraten aus (Vorsicht beim Einkauf!), ist allerdings in seiner Konsistenz wesentlich trockener und bröseliger. Man erkennt es an seiner viereckigen Struktur und den kurzen Fasern. Als Siedefleisch ist es weniger als zum Dünsten geeignet.
Weißkraut, *s.*: Weißkohl.
Wels, *m.* → Waller.
welscher Hahn, *m.* → Indian.
Welser, Philippine, * 1527, † 24. 4. 1580 Schloß Ambras, Innsbruck. Die zunächst heimliche und später auch offizielle burgerliche Gattin des Habsburger-Erzherzogs Ferdinand II. von Tirol (1529-1595) ist nicht nur für die Tiroler, sondern auch für die Wiener Küche von Bedeutung, da ihr handschriftlich verfaßtes Arznei- und Kochbuch weit über den Innsbrucker Hof hinaus Verbreitung fand und heute auch in der Nationalbibliothek aufbewahrt wird. Ebenso wie ihr Ehemann, dessen Gelage berüchtigt waren,

scheint auch Philippine keine Kostverächterin gewesen zu sein. Ein Zeitgenosse erinnerte sich etwa: »Sie hatte eine so zarte Kehle, daß man ihr den rothen Burgunder sahe hinunterschlüpfen, wenn sie trank.« Lit.: S.-M. Größing, Kaufmannstochter im Kaiserhaus, Wien 1992.

Wespennest, *s.*: Mandelbackwerk.

Wetschina, *w.* (Vedschina) → Virginier.

Wiener Aal, *m.*: mit Wurzelwerk weichgekochter und mit gerissenem Meerrettich angerichteter Aal.

Wiener Erdäpfelsuppe, *w.*: In einer mit Mehl gestaubten Rindsuppe gekochte, rohe → Erdäpfelstücke werden mit Majoran, Kümmel und Zitronenschale abgeschmeckt und mit Sauerrahm verfeinert.

Wiener Frühstück, *s.*: Das klassische Wiener Kaffeehausfrühstück besteht aus → Kipferl, Semmel, Marmelade, Butter und einem weichen Ei.

Wiener Kongreß, *m.*: Nicht ganz zu Unrecht gilt der Wiener Kongreß (1814-1815) als einer der Meilensteine in der Geschichte der Wiener Küche. Besonders die kaiserlichen Hofköche, aber auch alle Restaurateure und → Trakteure waren damals herausgefordert, sich mit den Köchen, die im Gefolge der internationalen Delegationen nach Wien kamen – darunter der große Marie-Antoine Carême als Leibkoch Talleyrands – zu messen. Wie sich zeitgenössischen Berichten entnehmen läßt, taten die Wiener ihr Bestes. So erinnerte sich etwa Hans Graf von Schlitz – dessen Briefe bzw. Aufzeichnungen die folgenden Beobachtungen entnommen sind – an den Anblick der Hofküche bei einem der zahlreichen Feste, auf denen »der Kongreß tanzte«: »Da lagen die Leichen von Vögeln, von Fischen, von vierfüßigen Tieren unabsehbar aneinander gereiht. Mehrere Flammenpfuhle empfingen sie zu weiterer Bereitung. Köche, Küchenjungen liefen wie im Gewühle durcheinander, gegeneinander, indessen die Oberköche über ihren Schüsseln, wie über Systemen brütend, mischten und trennten, formten und zerstückelten, und die Kunst dem toten Tiere, dem reinen Naturstoffe, einen dem Geschmack, Geruche und Gesichte gefälligen Reiz verlieh. Übrigens ward in dieser Küche nicht allein über die Bewohner der Kaiserburg, sondern auch für viele ihres Gefolges außerhalb selbiger, welche ohnedies noch das Recht, Gäste einzuladen, hatten, gekocht, gebraten, gebacken. Man versicherte: Dem Kaiserhaus koste jeder Kongreßtag 500 000 Gulden, und eine der Provinzen, welche der Friede gegeben, war durch die Verhandlung über selbige wohl wieder verzehrt worden.«

Wiener Schnitzel, *s.*: Das Ursprungsgebiet dieses heute weltweit mit Wien assoziierten Gerichts liegt keineswegs in Wien selbst, sondern im Süden und Osten der Donaumetropole. So simpel wie die vielzitierte Legende, daß die kolonialistischen Wiener der Donaumonarchie einfach das berühmte »Costoletta milanese« auf Anregung des Feldmarschalls Joseph Wenzel von Radetzky (1766-1858) hin eingemeindet hätten, verhält sich die Sache allerdings auch nicht. Erste Spuren des bröselgebackenen Fleisches finden sich bereits bei den mittelalterlichen Mauren, die ein dem Wiener Schnitzel durchaus nicht unähnliches Gericht nach Andalusien brachten. Bereits im 12. Jahrhundert erfreute sich ein vergleichbares gebackenes Fleischgericht in Konstantinopel, vor allem bei der jüdischen Bevölkerung, allergrößter Beliebtheit. Eine weitere Fährte auf den Spuren des Wiener Schnitzels führt zu der in der Renaissance weitverbreiteten Sitte, Speisen – nicht nur, um seinen Wohlstand zu beweisen, sondern auch aus (mittlerweile widerlegten) diätetischen Gründen – zu vergolden. Im 16. Jahrhundert verbreitete sich dieser Brauch von Venedig aus über ganz Oberitalien bis nach Mailand. Während die naschhaften Venezianer vor allem Konfekt und Marzipan ein Goldmäntelchen verpaßten, versuchten es die Mailänder mit Kalbskoteletts. Als das Vergolden von Speisen 1514 verboten wurde, besannen sich findige Köche wieder des alten, mittlerweile von Byzanz nach Italien gelangten Brauchs des Umhüllens von Fleisch mit einem Bröselkleid, das – wenn es richtig gemacht wurde – ähnlich gülden zu schimmern vermochte wie die verbotene Blattgoldauflage. Der bereits erwähnte Feldmarschall von Radetzky, der die Lombardei während des italienischen Risorgimento um die Mitte des vorigen Jahrhunderts verwaltete, lernte dieses Gericht in Mailand kennen und erwähnte es sogar in einem strategischen Bericht an den Wiener Hof. Als der politisch letztlich glücklose Militär wieder nach Wien zurückkehrte, soll er von der Hofküche sogar ausdrücklich um dieses Rezept gebeten worden sein. Allerdings hatte Radetzky in Mailand keine

Wiener Schnitzel

Von einer ausgelösten Kalbsnuß schneidet man schöne, fingerdicke Stücke herab, klopft sie mit einem Holzschlägel auseinander und salzt sie etwas, doch erst unmittelbar bevor man sie in Mehl, Ei und Bröseln dreht. Diese verteilt man sehr gleichmäßig. Man bäckt sie dann aus heißem Rind- oder Schweinschmalze, oder beides gemischt. Sie müssen in Fett schwimmen können, daher muß man eine tiefe Kasserolle zum Backen nehmen. Man gibt eine Citronenspalte zu jedem Schnitzel und etwas grüne Petersilie auf die Schüssel.

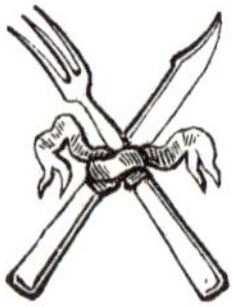

schmalzgebackenen, aus der Schale geschnittenen Kalbsschnitzel, sondern in Olivenöl gebräunte Kalbskoteletts kennengelernt.
Andererseits waren aber die Wiener schon seit einigen Jahrhunderten in ganz Europa für ihre Lust bekannt, alles – vom → Backhendl über Kalbsfüße, Kalbsohren, Kalbshirn und sogar Kalbsschweife – zu panieren.
Die Technik des Ausbackens mit »abgeschlagenen Eyern, Meel und Semmel-Bröslein« war, wie das Backhendl-Rezept in Conrad Haggers »Saltzburger Kochbuch« zeigt, bereits spätestens 1719 bekannt. Es ist also nicht ganz erklärlich, warum die Wiener, bis sie mit dem Backen von Kalbsschnitzeln begannen, ausgerechnet bis in die zweite Hälfte des 19. Jahrhunderts gewartet haben sollten.
Tatsächlich finden sich auch schon wesentlich früher Aufzeichnungen von Reisenden, die – allerdings nicht näher bezeichnete – Schnitzel auf ihre Ausflüge mitnahmen. In einem anonymen Bericht über eine Traunseefahrt des Jahres 1821 heißt es etwa: »Die Wirthin (...) hatte alles, besonders aber kälberne Schnitzel im Überfluße bereitet, welche wir für die → Jause zum Mitnehmen, in ein Tuch einpackten.« Die Wahrscheinlichkeit, daß man Naturschnitzel in ein Tuch einpackt, darf wohl als äußerst gering bezeichnet werden.
Die schwierige Faktenlage wird allerdings dadurch nicht unkomplizierter, daß man bis Ende der achtziger Jahre des vorigen Jahrhunderts in keinem Wiener Kochbuch ein authentisches Rezept für gebackene Schnitzel findet. Auch die Bezeichnung »Wiener Schnitzel« wurde erst um die Jahrhundertwende wirklich geläufig. Bleibt also nur die Vermutung, daß ein gebackenes Schnitzel den Wienern ohnedies so selbstverständlich war, daß sie es lange Zeit gar nicht für nötig hielten, seine Herstellung eigens zu beschreiben. Und so haben die Wiener ihr Schnitzel den Mailändern letztlich wohl auch nicht gestohlen, sondern ein in Wahrheit schon uraltes Wiener Gericht spät, aber doch mit dem unverwechselbaren Gütesiegel der Donaumetropole versehen.
Außerhalb Wiens entwickelte das Wiener Schnitzel indessen schon bald ein Eigenleben. Wer in internationalen Küchenlexika ein »Escalope viennoise« sucht, der wird beispielsweise seine Überraschungen erleben, wenn dessen klassische Garnitur mit gehackten Eiern und → Sardel-

len vorgestellt wird. In Norddeutschland wiederum kann man sich ein Wiener Schnitzel ohne dazugehörige Tunke gar nicht vorstellen.
Trösten wir uns also damit, daß es den Wienern – wie auch immer – gelungen ist, der Welt ein wahrhaft multikulturelles Gericht zu schenken. Grundsätzlich gilt jedoch: Ein Wiener Schnitzel muß immer ein Kalbsschnitzel sein, ansonsten heißt es Schweinsschnitzel gebacken.

Wiener Schweinsbraten, *m.* → Schweinsbraten.

Wiener Wäschermädeln, Mz.:. in Marillenschnaps oder Weinbrand marinierte → Marillen werden in Wein- oder Bierteig gehüllt, in Schmalz ausgebacken und mit Vanillezucker bestreut.

Wiener Würstel, *s.*, Ez. und Mz. → Frankfurter Würstel.

Wiener Zucker, *s.*: Markenzeichen für in Österreich hergestellte Zuckerprodukte.
Lit.: Ch. Wagner, Süßes Gold. Kulturgeschichte des Wiener Zuckers, Wien 1996.

Wieser, *m.*, Mz.: So nannte man früher in Wien die häufig aus dem Burgenland – dem ehemaligen Komitat Wieselburg – stammenden Geflügelhändler.

Wild, *s.* (Wildbret): Wildgerichte spielen in der Wiener Küche allein aufgrund der von den Habsburgern – von Kaiser Maximilian I. (1459-1519) bis zu Kaiser Franz Joseph I. (1830-1916) – mit großer Leidenschaft praktizierten Jagd schon seit Jahrhunderten eine große Rolle. Auch höhere Beamte erhielten ihren Lohn früher auch zu einem Teil in Wilddeputaten. 1820 schrieb Friedrich August Kanne, ein satirischer Beobachter des Wiener Alltags, er habe »ganze Caravanen von vierspännigen Lastwagen« gesehen, »die mit Nichts anderem beladen waren, als todt sich stellenden Hasen, Rehen und Rebhühnern«. In Wien galt der Stefanitag (1. Weihnachsfeiertag) daher auch traditionell als Wildbrettag, und am Wiener »Wildpretmarkt« fand man, einer zeitgenössischen Schilderung aus dem Jahre 1888 zufolge, neben Rehen, Hirschen, Hasen und Gemsen auch wilde Kaninchen, Wildenten, Wildgänse, böhmische Fasane, Auer- und Birkhähne, Rebhühner und Schnepfen, Wildtauben, Kibitze, Krametsvögel, Schneehühner, Raubvögel, Elstern und Wiedehöpfe. In der Wiener Küche wird das Wild traditionell lang abgehangen und anschließend – je nach Beschaffenheit – eine Nacht oder auch mehrere Tage lang gebeizt, wodurch es den – heute nicht mehr sehr beliebten – Haut-goût erhielt, das heißt: es

Allgemeines über Wildpretbereitung

Vor allem muß Wildpret gut abgelegen sein. Man klopft es gut, und wenn es von allen Häuten befreit wurde, reibt man es mit einer Marinade von gestoßenen Wachholderbeeren, fein geschnittenen Limonienschalen und geringelter Zwiebel ein. Dies gilt namentlich bei Reh-, Hirsch- und Gemsenfleisch. Beim Hasen verwendet man keine Wachholderbeeren. Nachdem das Fleisch so einen Tag oder auch nur mehrere Stunden gelegen, spickt man es mit luftgeselchtem Specke, bespritzt es mit etwas Essig und brät es unter fleißigem Schmieren mit Butter. Gegen Ende begießt man es mit saurem Rahme und sprudelt 1 Löffel Mehles in denselben, wodurch eine mollige, lichtbraune Sauce entsteht. Eine Schulter dünstet man vorher mit etwas mehr Speck, 1 gelben Rübe, etwas Essig und Wasser und macht schließlich auch eine Rahm-Sauce darüber.

Beize

1. Zu 1 Liter Wasser mischt man Essig, daß es angenehm säuerlich schmeckt, gibt 1 gelbe Rübe, 1 Petersilienwurzel, 1 große Zwiebel, etwas Selleriewurzel, etwas Pastinakwurzel, alles zu feinen Scheiben geschnitten, 1 Sträußchen Thymian, 1 Lorbeerblatt, 5 Körner Pfeffer, 5 Körner Neugewürz, 1 Zehe Knoblauch hinein und kocht es ½ Stunde.
2. Man nimmt einen Teil Essig, einen Teil Wasser und einen Teil roten Wein, alle oben genannten Wurzeln und Gewürze mit Ausnahme des Knoblauches, dann noch 10-12 gestoßene Wachholderbeeren, einige Fichten- oder Tannennadeln, etwas Salbei, Basilicum und Thymian und kocht alles ½ Stunde.

wildelte. Lit.: J. Nußbaumer: Jagd. Pirschgänge durch Kultur und Küche, Horn 1992.

wildeln: 1. einen Haut-goût haben; 2. prostitutionsverdächtig sein (veraltet).

Wildgans, Anton, * 17. 4. 1881 Wien, † 3. 5. 1932 Mödling/NÖ. Der Wiener Dichter besang die Wiener Küche in wohlgedrechselten Hexametern nach homerischem Vorbild. Zum Thema → Schweinsbraten schmiedete er die folgenden Verse: »Brutzelnd, brätelnd und braun vom prasselnden Brande des Bratherds, / Prangte die prächtige Schnitte, verbrämt mit der breitesten Borte, / Schwellenden Rückenfetts von der helleren Farbe des Bernsteins. / Riesig ragte die Rippe, umrillt von der weißen Manschette, über den Rand des Ovals, indessen das knusprig gebratne / Fleisch, das unter der Kruste die zarteste Faserung aufwies, / Herrlich vom kümmel- und knoblauchgesättigten Safte umspült war.« (›Kirbisch‹, 3. Gesang, 1. Episode).

Wimmerlkasten, *m.*: Das aus kaum einem alten Wiener Gasthaus wegzudenkende Klavier bzw. Harmonium.

Wind, *m.* (Windbäckerei): Das Schaumgebäck aus Eischnee und Zucker ist ein beliebter Christbaumbehang und wird außerdem für Gerichte wie → Eisbaiser oder → Baiser mit Schlag verwendet.

Wirtschaft, *w.*: 1. allgemeiner Begriff für Gasthaus; 2. Unordnung haben.

Wix, *w.*: gekochte Kartoffelstärkelösung zum Bestreichen der heißen Semmeln.

Wollsuppe, *w.* → Eintropfsuppe.

Wuchtel, *w.* (Wuchtl): Verballhornung der böhmischen → Buchtel; ursprünglich ein Ausdruck für jeden gebackenen → Knödel (Kloß), heute ein typisches Hefeteiggebäck, das häufig auch mit dem Powidl genannten Pflaumenmus gefüllt bzw. mit Vanillesauce (→ Kanarimilch) serviert wird.

Würfelzucker, *m.*: gepreßter Kristall- bzw. Grießzucker. Er wurde 1842 in der Wiener Zukkerfabrik Datschitz von dem Österreicher Jakob Christoph Rad (1799-1872) erfunden und löste an der Wende vom 19. zum 20. Jahrhundert – gemeinsam mit dem zunehmend populärer werdenden Kristallzukker – den in blaues und violettes Papier eingeschlagenen Zucker in Hutform ab. Der »Wiener Zuschauer« schrieb im Mai 1843 über den »Thee-Zucker« oder »Wiener Würfelzucker«: »Durch ihre gleichartige Form nicht nur sehr vollkommen,

sondern auch ein sicherer Maßstab, um jedes Getränk genau bis zu dem gewünschten Grade zu versüßen …«
Lit.: Ch. Wagner, Süßes Gold. Kulturgeschichte des Wiener Zuckers, Wien 1996.

Würstel, *s.*: (Würstl): Würstchen.

Würstelmann, *m.*: Die mit dem Wiener Würstelstand untrennbar verbundene Wiener Volkstype ist sehr oft auch eine Würstelfrau.

Wurstelprater, *m.*, Eig.: volksfestartiges Gegenstück zu den früher → Nobelprater genannten Prateralleen mit Riesenrad, Ringelspielen, Geister- und Hochschaubahnen, Schießbuden, → Würstelständen etc. Der seit 1786 genannte Volksprater hat seinen Namen von der Figur des → Hanswurst und wurde 1945 völlig zerstört. Bekannt war er vor allem durch das einstige Prater-Varieté, eine berühmte Kleinkunstbühne.

Würstelstand, *m.*: Die aus den alten Garküchen in den Vorstädten und Praterauen entstandene Wiener Institution trotzt mit Standardgerichten wie Burenhäutl, Krainer, Bosna, → Frankfurtern, Debreziner, Leberkäs und sowie Garnituren wie süßem Kremser oder scharfem Senf, Meerrettich, Pfefferoni oder eingelegten Gurken dem auch in Wien immer stärker werdenden Fast Food made in USA. Schon Ernst Moritz Arndt schrieb in seinem 1781 erschienenen Buch ›Reisen durch Teutschland‹ über Wien von »Buden und Garküchen in den engeren Straßen und in den Vorstädten, wo immer Würste, → Geschlinge und → Gekröse, auch wohl besseres Fleisch über dem Feuer schmoren und lieblich durch die Nase zu Herzen dringen«.

Wurzelfleisch, *s.* → Krenfleisch.

Wurzelkarpfen, *m.*: in Wurzelwerk mit aromatischen Gewürzen und Zitronensaft gesottener Karpfen mit zerlassener Butter und Salzkartoffeln.

Wurzerl, *s.*: Gemisch aus Mehl und Kleie.

Wurzelwerk, *s.* → Suppengrün.

Z

Zander, *m.*: Der auch Schill, Hechtbarsch, Fogosch oder Fogás genannte, besonders zart- und weißfleischige Fisch aus der Familie der Barsche ist sowohl in der Donau als auch im Neusiedler See frequent und spielt daher in der Wiener Küche seit jeher eine große Rolle. Tatsächlich meinen schon Habs und Rosner in ihrem ›Appetitlexikon‹, daß »keine Küche dem Schill (...) mehr Gerechtigkeit widerfahren läßt als die Wiener«, wobei sie auf den enormen Zanderverbrauch der Stadt hinwiesen, der um die Jahrhundertwende 65 000 Kilogramm betrug.

Zapfen, *m.*: auch Kugel, Blumenstück, Oberschale oder Schalörtl genanntes, mageres Stück Rindfleisch in der Mitte des Schlegels, das vor allem zum Dünsten (für Rindsschnitzel) und für Faschiertes (Hackfleisch) geeignet ist.

Zaunerstollen, *m.*: Baumkuchen-Spezialität aus der »Konditorei Zauner« in Bad Ischl, aus der sich seinerzeit schon Kaiser Franz Joseph I., wenn er im Salzkammergut weilte, seinen → Steinkogler Gugelhupf anliefern ließ.

Zecherl, *s.*: Knoblauchzehe.

Zehnerjausen, *w.* → Gabelfrühstück.

Zehrgaden, *m.*: Speisekammer.

Zelena, Franz: Autor des erstmals 1828 in Wien erschienenen Standardwerks ›Die Kochkunst für herrschaftliche und bürgerliche Tafeln, oder Allerneuestes Österreichisches Kochbuch‹.

Zeller, *w.*: Sellerie (in Österreich: die).

Zelny Gulyás, *s.*: tschechischer Ausdruck für → Szegediner Gulasch.

Zelter, *m.* (Zeltl): Zuckerl, Bonbon, Gebäck (von Lebzelter).

Zenker, F. G.: Autor des Kochbuchs ›(Vollständige) theoretisch-praktische Anleitung zur feineren Kochkunst für herrschaftliche und bürgerliche Tafeln‹ (Wien 1817); verfaßte außerdem ›Nicht mehr als sechs Schüsseln. Ein Kochbuch für die mittleren Stände‹ (Wien 1820) und ›Der Zuckerbäcker für Frauen mittlerer Stände‹ (Wien 1823).

Zeppelin, *m.*: quer eingeschnittener Brotwecken aus Weißmehl.

Zibebe, *w.*: große, rötliche Rosinenart – im Gegensatz zu den kleineren, schwärzeren → Weinberln.

Zichori, *w.* (Ziguri) → Cichori.

Gratin von Zander

(Schill)

Man schneidet einen Zander aus Gräten und Haut wäscht ihn sauber und schneidet die dickere Hälfte desselben in kleine Filets, salzt sie ein und läßt sie so 1 Stunde liegen. Von der anderen, dünneren Hälfte, gegen den Schwanz zu, bereitet man eine Fisch-Farce, vermischt diese mit Sardellenbutter, Parmesankäse und etwas in Butter angelaufenen Kräutern. Dann streicht man eine glatte Zylinderform mit Butter aus, belegt den Boden mit Farce, legt abwechselnd die abgetrockneten Fisch-Filets und Farce ein, doch nicht bis an den Rand der Form, da das Gratin beim Backen etwas in die Höhe steigt, setzt die Form in ein Bain-marie und läßt das Gratin ½-1 Stunde backen, worauf es auf eine Schüssel gestürzt wird. Die austretende Flüssigkeit wird beseitigt und das Gratin mit einer Sauce à la Béchamel überzogen. Kann auch auf einer Schüssel gebacken werden.

Fischfarce

1. Zur Bereitung derselben eignen sich am besten Karpfen, Hechte, Schill. Man schneidet einen Fisch genannter Art von etwa ½ kg in kleine Stücke, entgrätet und enthäutet dieselben, wäscht das Fleisch, trocknet es mit einem Tuch ab und hackt es sehr fein. Hierauf laßt man in 20 dkg Butter auf schwachem Feuer eine kleine, zerschnittene Zwiebel nur weich werden (sie darf aber nicht gelb werden, weil die Farce sonst nicht gut schmeckt), zerstößt sie im Mörser sehr fein, fügt noch 3 abgeschälte, in Milch eingeweichte und gut ausgedrückte Semmeln hinzu, mischt dann alles dem gehackten Fische bei, nebst einigen Dottern, 1 Löffel sauren Rahmes, Salz und etwas feinen Kräutern und passiert alles durch ein feines Haarsieb. Wird zu Nocken u. dgl. verwendet.

2. Eine Karpfenmilch überdünstet man mit etwas Suppe, Butter und feinen Kräutern und bereitet wie oben eine Farce.

3. Aus Sardellen, Häringen, geräucherten Fischen kann man auch eine Farce bereiten. Man löst die eine oder andere Gattung aus, entfernt alle Gräten, dünstet das Fleisch in Butter mit feinen Kräutern. Zu 15 dkg Fischfleisch nimmt man 10 dkg Semmelbrei und fügt noch 7 dkg Butter, 3 dkg Krebsbutter und 3 Dotter bei und treibt die Farce durch ein Sieb.

Zichorikaffee, *m.* → Cichori.
Zichorisitzer, *m.*: bei den Wiener Dirnen ziemlich unbeliebter Typus des Kaffeehausgastes, den man nicht wurzen (= ausnehmen) konnte, da er selbst stier (= pleite) war.
Zickl (Zicklein), *s.* → Kitzl.
Ziegenbein, Hans: zusammen mit Julius Eckel Autor des 1931 in Wien erschienenen Standardwerks ›Was koche ich heute?‹; die beiden verfaßten außerdem ›Die gute Wiener Mehlspeise‹ (Wien 1932).
Ziemer, *m.*: Rücken- bzw. Lendenstück vom Wild.
Zigeunergulyás, *s.*: Rahmgulasch aus Rind-, Kalbs- und Schweinefleisch sowie abgebrutzeltem Speck.; als Beilage eignen sich Salzkartoffeln.
Ziment, *m.* (Zimentl): Meßbecher aus Metall, der vom Zimentierungsamt (Eichamt) überprüft wurde; großes Gefäß zum Biertragen (→ Latern).
Zimtschnecke, *m.* → Schnecke.
zipfeln: in kleinen Schlucken trinken; auch: zippen (veraltet).
Znaimer Gulyás, *s.*: Rindsgulasch mit Gurkenjulienne (stiftelig geschnittene Gurken).
Znaimer Gurken, Mz.: Aus der gleichnamigen böhmischen Stadt (tschech. Znojmo) stammende, altösterreichische Spezialität aus in Dill und Kräutern eingelegten Salzgurken.
Znaimer Rostbraten, *m.*, Ez. und Mz.: gedünstete Rostbratenspezialität mit → Znaimer Gurken garniert.
Zöger, *m.*: große geflochtene Achseltasche.
Zuckergoscherl, *s.*: Naschkatze.
Zuckerkandl, *m.*: Kandiszucker.
Zuckerl, *s.*: Bonbon.
Zunge, *w.*: Rinds-, Kalbs- und Schweinszungen zählen, »grün« (natur) oder gepökelt, zu den gebräuchlichsten Innereien der Wiener Küche und werden zumeist gekocht (manchmal auch gekocht und dann gebacken) sowie mit pikanten → Kapern- oder Sardellensaucen serviert.
Zuspeis, *w.*: Beilage.
Zuschroter, *m.* (Zuaschroter): Fleischer.
Zuträger, *m.* (Zuatracher): Kaffeehauskellner, der nicht kassieren darf.
Zuwaag, *w.* (Zuwage): freiwillige Gratisdraufgabe beim Fleischer (z. B. Knochen, Innereien etc.).
Zweckerln, Mz. → Tarhonya.
Zwerchried, *w.*: Gemeinsam mit der sogenannten Palisade bildet dieses Rindfleischstück aus dem Riedhüfel die »Platte«, d. h. die letzten fünf gegen den → Spitz zulaufenden Rippen. Die dünnere Palisade bezeichnet man auch als Tellerfleisch, die dikkere Zwerchried als Rippen- oder Beinfleisch.

Zunge mit Sardellen gedünstet

Eine frische, rein gewaschene Rindszunge kocht man in Salzwasser 3 Stunden, zieht ihr, wenn sie genügend weich geworden ist, die Haut ab und schneidet sie in Scheiben, doch müssen dieselben noch zusammenhängend bleiben. Jede Scheibe bestreicht man mit Sardellenbutter und fein gehackter, grüner Petersilie. In einer Kasserolle läßt man ein Stück Butter heiß werden, gibt die Zunge hinein, läßt sie gut dünsten und schneidet beim Anrichten die Scheibe vollständig durch. Man serviert Erbsen- oder Kartoffelpürée dazu.

Zwetschkenröster

Ungeschälte, entkernte Zwetschken werden mit grob gestoßenem Zucker und etwas Wasser ruhig gekocht, bis sie sulzig werden, doch soll man sie nicht zu stark verrühren. Man ißt sie entweder frisch gekocht zu Schmarren oder Knödeln, Griesnudeln u. dgl. oder man füllt sie in Gläser, welche man verbindet und für den Winter verwahrt. Auf 1 kg Zwetschken nimmt man ½ kg Zucker.

Zwetschken-Knödel mit Topfenteig

250 gr. 35 gr.

¼ kg Topfen wird durchpassiert, mit 3 ½ dkg Butter und 2 Dottern gut abgetrieben, dann 1/10 l saurer Rahm, Salz, 4/10 l Mehl und fester Schnee von 2 Klar beigemengt. Schöne, große, reife Zwetschken wischt man ab; den Teig rollt man ziemlich dick aus, schneidet davon so große Fleckchen herab, daß man eine Zwetschke eindrehen und den Teig gut schließen kann. Die Knödel werden nun in einer großen, weiten Kasserolle in Salzwasser eingekocht, gut abgeseiht und entweder nur mit brauner Butter abgeschmalzen oder zu in Butter angelaufenen Bröseln gegeben.

Zwetschkenknödel mit Erdäpfelteig

Man macht auf dem Brette einen mäßig weichen Teig aus ½ l Mehl, 2 Dottern, Salz, einem eigroßen Stückchen Butter und so viel heiß geriebenen, erkalteten Kartoffeln, als das Mehl aufnimmt. Man soll eine gelbe Gattung von Kartoffeln nehmen, womöglich nicht die sogenannten Rosenkartoffeln. Wenn der Teig gut verarbeitet ist, rollt man ihn zu einer dicken Wurst, schneidet kleine Stücke davon herab und überzieht mit jedem eine frische, abgewischte Zwetschke. Der Teig muß sehr gleichmäßig herumgewickelt werden und darf keine Sprünge haben. Man kocht die Knödel in viel Salzwasser ein; da sie viel Platz zum Kochen brauchen, so nehme man eine große Kasserolle dazu. Nachdem die Knödel abgeseiht wurden, röstet man sie mit in Butter angelaufenen Bröseln.

Zwerchrippe, *w.* → g'stutzte Rippe.
Zwerchspitz, *m.*: Teil des Gnack-Spitzes, auch → Zwerchrippe oder → g'stutzte Rippe genannt.
Zwetschke, *w.* (Zweschbe): Zwetschge, Pflaume.
Die »Zwetschke« ist seit den Kreuzzügen (11. Jahrhundert) bekannt und aus lateinisch »damascena«, was mit »Frucht aus Damaskus« übersetzt werden kann, hervorgegangen.
Zwetschkenbamerner, *m.* → Schlibowitz.
Zwetschkenfleck, *m.*: Pflaumenkuchen.
Zwetschkenknödel, *m.*, Ez. und Mz.: → Erdäpfel- oder → Topfenteigknödel mit Pflaumenfüllung.
Zwetschkenkompott, *s.*: gedünstete Pflaumen.
Zwetschkenkrampus, *m.*: Krampus-(= Klaubauf-)figur aus Dörrzwetschken.
Zwetschkenröster, *m.*: Der Zwetschkenröster aus gedünsteten Pflaumen ist ein geradezu zwingender Begleiter des → Kaiserschmarrens.
Zwicklbier, *s.*: Das unfiltrierte Abzugsbier diente früher als Haustrunk für die Brauknechte, gilt aber heute als beliebte Bierspezialität.
Zwiebelrostbraten, *m.*, Ez. und Mz.: Den auch Wiener Rostbraten genannten »Klassiker des Rostbratens« findet man in einer kurz gebratenen und zartrosa Variante mit knusprigen Röstzwiebeln sowie in Form eines Rezepts, bei dem sowohl der → Rostbraten als auch die Zwiebeln gedünstet werden. Dazu kredenzt man in beiden Fällen Bratkartoffeln, in manchen Gaststätten wird auch scharfer Senf dazu serviert.
Zwiefel, *m.* (Zwiefl): 1. Zwiebel; 2. Taschenuhr.
Zwiefelkrawat, *m.*: Altwiener Straßenhändler mit Zwiebelkorb, der häufig aus Kroatien oder der Slowakei stammte und durch Blasen auf einer Schalmei auf sich aufmerksam machte.
Zwiefelliesel, *w.* → Naschmarktweiber.

Register der Rezepte

Wild- und Geflügelgerichte

Desserts

Literaturverzeichnis

Adlassnig, Hans/Tschirk, Roman: Powidl und Kaiserschmarren, Wien-München 1987

Alexis, Willibald: Wiener Bilder, Wien 1833

Arndt, Ernst Moritz: Reisen durch Teutschland, Leipzig 1821

Ballauf, Theresia: Diue Wiener-Köchinn wie sie seynsoll, Wien 1810

Bamberger/Bruckmüller/Gutkas (Hg.): Österreich-Lexikon, 2 Bde., Wien 1995

Beck, Lydia: Die echte Wiener Küche, Wien 1954

Berger, Severin/Holler, Christiane: Trümmerfrauen. Alltag zwischen Hamstern und Hoffen, Wien 1994

Bermann, Moriz: Alt und Neu Wien. Geschichte der Kaiserstadt und ihrer Umgebungen, Wien 1880

Bertuch, Carl: Tagebuch vom Wiener Kongreß, Berlin 1916

Blümml, Emil Karl/Gugitz, Gustav: Von Leuten und Zeiten im alten Wien, Wien-Leipzig 1922

Braudel, Fernand: Sozialgeschichte des 15.-18. Jahrhunderts, 1. Bd.: Der Alltag, München 1985

Cachée, Josef: Die Hofküche des Kaisers, Wien 1985

Dorn, Anna: Neuestes Universal- oder: Großes Wiener Kochbuch, Wien 1827

Czeike, Felix: Historisches Lexikon Wien (5 Bde.), Wien 1992-1996

Dorninger, Marie: Bürgerliches Wiener Kochbuch für 3-4 Personen, Wien 1906

Duch, Karl: Handlexikon der Kochkunst, Linz 1958/61

Eberl, Ferdinand: Die Limonadehütte und Kasperl, der Mandolettikrämer, Wien 1899

Ehrmann, Jürgen (Hg.): Was auf den Tisch kommt, wird gegessen. Geschichten vom Essen und Trinken, Wien 1995

Fink, Anna: Die Küche des Mittelstandes, Wien 1892-94

Fodermayer, Egon: Mein Leben mit den 3 Husaren, Tulln 1985

Friess, G. E.: Das österreichische Wirtshaus in alter und neuerer Zeit, Steyr 1898

Fuchs, Klara: Die praktische Wiener Vorstadt-Köchin als Meisterin in der Kochkunst, Wien 1860

Gaheis, Freiherr von: Wanderungen und Spazierfahrten in die Gegenden um Wien, Wien 1797-1804
Gartler, Ignaz und Hikmann, Barbara: Wienerisches bewährtes Kochbuch in sechs Absätzen, Wien 1790
Glassbrenner, Adolf: Bilder und Träume aus Wien, Leipzig 1836
Gräffer, Franz: Kleine Wiener Memoiren und Wiener Dosenstücke, München 1918-22
Grünzweig von Eichensieg, Amalie: Wiener Koch- und Wirtschaftsbuch für den bürgerlichen Haushalt, Wien 1885
Habs, Robert und Rosner, Ludwig: Appetitlexikon, Wien 1894
Hagger, Conrad: Neues Saltzburgische Koch-Buch für hochfürstliche und andere Höfe, Clöster, Herren-Häuser, Hof- und Hauß-Meister, Köch und Einkäuffer, Augsburg 1719
Hakel, Hermann (Hg.): Wien von A-Z, Wien 1953
Hampel, Friedrich Jos.: Erster Wiener Kochkunst-Kalender, Wien 1914
Haslinger, Ingrid: Küche und Tafelkultur am kaiserlichen Hof zu Wien, Bern 1993
Heitz, Johann Michael: Die Wiener Bürger-Küche, Wien 1902
Hess, Olga und Adolf: Wiener Küche, Wien 1913
Hohberg, Wolf Helmhard von: Georgica curiosa, Nürnberg 1715
Holzer, Rudolf: Wiener Volkshumor, Wien 1943
Hornberg, Ulrike: Österreichs Küche. Mit Beiträgen von Christoph Wagner, Wien 1984
Dies.: Die feinste Weihnachtsbäckerei, Wien 1988
J.M. (Hg.): Grätzerisches durch Erfahrung geprüftes Kochbuch, Graz 1795
Jakob, Julius: Wörterbuch des Wiener Dialekts, Wien 1929
Kluge, Friedrich: Etymologisches Wörterbuch der deutschen Sprache, Berlin, New York 1995
Kofranek, Albert: Gute Wiener Küche, Wien 1950
Köhler, Anton (Hg.): Curiositäten- und Memorabilien-Lexicon von Wien, Wien 1846
Krammer, Otto: Wiener Volkstypen, Wien 1983
Kudriaffsky, Eufemia von: Historische Küche, Wien 1874
Kuh, Alfred: Der unsterbliche Österreicher, München 1931
Leber, Hermann R. (Hg.): Kleines Praterbüchl, Wien 1940
Maier-Bruck, Franz: Frisch vom Fischmarkt, Wien o.J.
Ders.: Sacher Kochbuch, Wien 1975

Mauthe, Jörg: ... belieben zu speisen, Wien 1962
Mayr, Max: Das Wienerische. Art und Redensart, Wien 1924-1928
Meixner, Maria Elisabetha: Das Linzerische Kochbuch, Linz 1805
Montanari, Massimo: Der Hunger und der Überfluß. Kulturgeschichte der Ernährung in Europa. München 1993
Moser, Josef (Bearb.): Reise ins Salzkammergut anno 1821, in: Oberösterreichische Heimatblätter Jg. 36/1982, Heft 1/2
Nicolai, Friedrich: Beschreibung einer Reise durch Deutschland und die Schweiz im Jahre 1781, 6 Bde., Berlin/Stettin 1783-1796
Petermann, Reinhard E.: Wien im Zeitalter Kaiser Franz Josephs I., Wien 1908
Pezzl, Johann: Skizzen von Wien. Ein Kultur- und Sittenbild aus josephinischer Zeit, hg. von Gustav Gugitz und Anton Schlossar, Graz 1923
Plachutta, Ewald/Wagner, Christoph: Die gute Küche, Wien 1993
Plakolb, Ludwig: Die weltberühmte Wiener Küche, München 1956
Pötzl, Eduard: Die Leute von Wien, Leipzig o. J.
Ders.: Wiener Skizzen, Wien 1907
Ders.: Rund um den Stephansturm, Wien o. J.
Prato, Katharina: Die süddeutsche Küche auf ihrem gegenwärtigen Standpunkte, Graz 1858
Richter, Joseph: Briefe eines Eipeldauers an seinen Herrn Vetter in Kakran über d'Wienerstadt, Wien 1785-97
Reininger, Gisela: Das Wien der Hotels Bristol und Imperial, Zürich o. J.
Rokitansky, Marie von: Die Österreichische Küche, Innsbruck 1897
Rolf, A. (Hg.): Denkwürdigkeiten des Grafen Hans von Schlitz vom letzten Lebensjahre Josef II. bis zum Sturze Napoleons I., Hamburg 1898
Ruhm, Franz: 133 Kochrezepte für 1946. Eine Sammlung von Rezepten aus schwerer Zeit, Wien-Purkersdorf 1946
Schittlersberg, August Veith von: Nemus vulgo Prater, Wien 1811
Schmeltzl, Wolfgang: Lobspruch auf Wien und die Wiener aus dem Jahre 1548, Wien 1915
Schranka, Eduard Maria: Wiener Dialekt-Lexikon, Wien 1905
Schuster, Mauriz/Schikola, Hans: Das alte Wienerisch. Ein kulturgeschichtliches Wörterbuch, Wien 1996

Schwendter, Rolf: Arme Essen – Reiche Speisen: neuere Sozialgeschichte der zentraleuropäischen Gastronomie, Wien 1995
Sealsfield, Charles: Österreich wie es ist, Wien 1828
Seleskowitz, Louise: Wiener Kochbuch, Wien 1880
Stammhammer, Jutta: Mehlsuppe und Hummercocktail, Wien 1996
Stifter, Adalbert: Wien und die Wiener in Bildern, Wien 1844
Stöckel, Elisabeth: Die bürgerliche Küche, Wien 1833
Teuschl, Wolfgang: Wiener Dialektlexikon, Wien 1994
Treichlinger, W. M.: Alt Österreich bittet zu Tisch, Zürich 1960
Urban, Gisela: Österreichisches Kriegs-Kochbuch, Wien 1915
Wechsberg, Joseph: Die Küche im Wiener Kaiserreich, o. O. 1970
Ders.: Kulinarische Städtebilder, Wien 1981
Wehle, Peter: Sprechen Sie Wienerisch? Con Adaxl bis Zwutschkerl, Wien 1980
Wintersberger, Astrid: Wörterbuch Österreichisch-Deutsch, Salzburg-Wien 1995
Witzelsberger, Richard: Das österreichische Mehlspeisen-Kochbuch, Wien 1979
Wolf, Helga Maria: Merkwürdiges aus dem alten Wien von A-Z, Wien 1995
Zelena, Franz: Die Kochkunst für herrschaftliche und bürgerliche Tafeln, oder allerneuestes Österreichisches Kochbuch, Wien 1828
Zenker, F. G.: Nicht mehr als sechs Schüsseln. Ein Kochbuch für die mittleren Stände, Wien 1820
Ziak, Carl: Des Heiligen Römischen Reiches größtes Wirtshaus. Der Wiener Vorort Neulerchenfeld, Wien/München 1979
Ziegenbein, Hans/Eckel, Julius: Was koche ich heute?, Wien 1931

Zu dieser Ausgabe

insel taschenbuch 2266: Das vorliegende Taschenbuch folgt der gebundenen Ausgabe: Christoph Wagner, Das Lexikon der Wiener Küche. Mit den 100 besten Altwiener Rezepten. Franz Deuticke Verlagsgesellschaft m.b.H., Wien 1996.
Umschlagfoto: Studio Teubner, Füssen